国家社会科学基金后期资助项目成果
（项目批准号：11FZX025）

国家社科基金
GUOJIA SHEKE JIJIN HOUQI ZIZHU XIANGMU
后期资助项目

概称句推理研究

The Study on Reasoning of Generic Sentences

张立英　著

社会科学文献出版社
SOCIAL SCIENCES ACADEMIC PRESS (CHINA)

国家社科基金后期资助项目
出版说明

后期资助项目是国家社科基金设立的一类重要项目，旨在鼓励广大社科研究者潜心治学，支持基础研究多出优秀成果。它是经过严格评审，从接近完成的科研成果中遴选立项的。为扩大后期资助项目的影响，更好地推动学术发展，促进成果转化，全国哲学社会科学规划办公室按照“统一设计、统一标识、统一版式、形成系列”的总体要求，组织出版国家社科基金后期资助项目成果。

全国哲学社会科学规划办公室

目　录

CONTENTS

前　言

概称句（generic sentence）指的是“鸟会飞”“种子发芽”等表达一类一般性质的语句。这类语句表达具有一定普适性的规律，但其容忍例外的特性使之区别于全称句，同时导致了包含这种句子的推理通常具有非单调性：随着前提的增加或改变，推理的结论可能被收回。概称句推理是常识推理的重要组成部分，这种非单调推理超出了经典逻辑的处理范围。在人工智能研究的推动下，语言学、计算机科学（人工智能）、逻辑学、哲学以至心理学等多个领域的研究者纷纷把目光投向概称句及其推理。概称句推理研究近三十年得到了迅猛发展，但由于研究难度较高，至今没有统一的观点。研究概称句的意义不仅在于它是目前国际上的热点问题，更在于它可能带来观念上的转变：（我们日常推理所用到的规律大部分都）不是全称句，而是概称句。

根据研究需要，本书将概称句推理分为：（1）结论是事实句的概称句推理；（2）结论是概称句的概称句推理，这一部分有时又被称为获得概称句的推理。其中第二类又具体分为：主要通过演绎方式获得概称句的推理；主要通过归纳方式获得概称句的推理。本书首次全面系统地给出了这三种类型的概称句推理形式刻画。本书的主干部分主要应用条件句逻辑、模态逻辑、谓词逻辑、偏好逻辑等逻辑分支中的方法来研究概称句推理，给出了不同的逻辑系统，完全性证明中用到典范模型方法。在逻辑系统基础上，本书引入前提集的排序来最终刻画非单调的概称句推理。以概称句推理研究的结果为基础，本书还进一步分析了概称句推理与归纳推理的关系以及概称句与语义网理论的关联性。

本书分为七章。第一章绪论详细介绍了本书的研究背景、内容和意义，并给出本书各章节的框架结构；第二章对已有概称句语义进行梳理分析，最终引入双正常语义作为概称句推理研究的基础；第三、四章给出了概称句推理研究的基础逻辑，其中，第三章给出了结论是事实句的概称句推理的一个基础逻辑 G_F，第四章首先给出了通过演绎方式获得概称句的推理的一个基础逻辑 G_D，并研究了通过归纳方式获得概称句的推理基础，指出简单枚举法是最纯粹的归纳法并给出相应形式表达；第五章以第三、四章给出的逻辑系统为基础，定义前提集上的排序；第六章讨论概称句推理与归纳推理之间的关系，作者发现第二、三、四、五章所获得的概称句推理研究的结果可以用于归纳推理研究之中；第七章探讨了概称句与语义网相结合的可能性。

需要指出的是，本书所探讨的三种类型的概称句推理中，“结论是事实句的概称句推理”目前研究成果最多，相对成熟。本书对“结论是事实句的概称句推理”给出的处理方式主要参考了周北海（2004b）和 Mao（2003）的相关成果，但对该成果做了一定的改进和简化，同时为统一性考虑，在内容、术语和符号使用等方面也做了一些调整。其他两种类型的概称句推理是本书作者的原创性结果。

第一章　绪论

1.1 介绍概称句研究的背景。1.2 介绍本书的研究内容和意义。1.3 介绍本书的整体框架以及各章关系示意图。

1.1　研究背景

概称句（generic sentence）指的是“鸟会飞”“种子发芽”等表达一类一般性质的语句。这类语句表达具有一定普适性的规律，但其容忍例外的特性使之区别于全称句，同时导致了包含这种句子的推理通常具有非单调性：随着前提的增加或改变，推理的结论可能被收回。概称句推理是常识推理（default reasoning）的重要组成部分，这种非单调推理超出了经典逻辑的处理范围。20 世纪 70 年代以来，在人工智能研究的推动下，语言学、计算机科学（人工智能）、逻辑学、哲学以至心理学等多个领域的研究者纷纷把目光投向概称句及其推理，概称句推理研究近几十年得到了迅猛发展。

概称句及其推理的研究有两大组成部分。

第一，概称句的语义解释。要研究概称句推理，首先要给概称句一个合理的解释。什么是概称句？概称句是否有真值？怎样表达概称句容忍例外这一特性？各领域的专家为概称句作出过多种解释，可粗略分为以下五类：（1）从语源角度把概称句解释成和文化相关的成规；（2）把概称句看作规则；（3）把概称句看作通过对全称句做某种限制得到的，这一方向下义有相关限制、“不正常”限制、典型说、模态条件句解释、带模态的典型说、双正常语义等多种处理方法，其中双正常语义能较好地处理概称句；（4）基于语词的四层结构分析的涵义语义，这一语义并不只为解释概称句而提出，却能很好地处理概称句；（5）此外还有学者对概称句作出概率解释。

这些解释中，由于第三类做法是在一阶逻辑、模态逻辑、条件句逻辑中已有结果基础上通过扩充、修改和添加算子等得出，所得结果相对“漂亮”“规整”，因此成果相对较多且前后相承，如带模态的典型说是对典型说改进（引入 λ - 表达式），而双正常语义是对模态条件句解释和带模态典型说的改进（引入二元模态算子 $\mathcal{N}$，同时对原有二元模态算子 $*$ 作改进），等等。涵义语义的根基是精细区分和定义的概念、涵义、内涵、外延四层结构，这与以往的做法有很大不同，技术处理上把函数当作初始符号，极大简化了概称句的形式语义。概率解释不能体现概称句的内涵性。

第二，概称句推理的刻画。概称句最核心的特点为容忍例外①。这导致包含概称句的推理是非单调的：随着前提的增加或改变，推理的结论可能被收回。这种非单调推理超出了经典逻辑的处理范围。对大部分逻辑学和人工智能界的专家来说，对概称句作出合理解释的最终目标是刻画概称句推理。目前已得到缺省逻辑、限界理论、相关限制理论、典型个体理论、非单调模态逻辑、正常条件句逻辑、概率推理等一批结果。涉及概称句的推理研究主要可分为两大类：（1）研究当前提中包含概称句时，推理怎样进行；（2）研究概称句的生成，即概称句是怎么得到的。目前，第一类得到了相对充分的研究，已发展出了自己的“试金石”（benchmark）问题。但由于各研究依赖于不同的语义解释，研究结果呈现多样性。第二类则在哲学层面上讨论较多，实质性结果较少，仍处于研究的原始阶段。一般认为本部分涉及归纳推理，处理方法上与第一类会有较大差异。

我国逻辑学界对概称句推理的正式研究起步较晚，始于21世纪初，但研究结果直接和国际接轨，其中最具代表性的是周北海的系列论文。周北海的双正常语义（周北海，2003）和涵义语义（周北海，2008）均可较好地解释概称句。周北海在双正常语义基础上，研究了第一类型推理，给出了可通过几乎所有的“试金石”问题的逻辑后承关系；在涵义语义基础上，研究了GAG和Gaa这两个具体的概称句推理形式。张立英（2005）系统研究了主要通过演绎方式获得概称句的推理，这是第二类型推理的重要组成部分。

---

① 下一章将详细讨论有关概称句推理的特点。

1.2　研究内容和意义

1.2.1　研究内容

本书将在概称句语义分析的基础上，研究不同类型的概称句推理，并在这些工作基础上讨论概称句推理与归纳推理的关系。

第一，概称句的语义解释。由于目前国际上对概称句的研究结果纷繁芜杂，对这些理论进行梳理，理清脉络是非常必要的工作。本书通过分析总结出概称句的七个特点①：概称句表达具有一定普适性的规律；概称句容忍例外；概称句有真值；概称句具有内涵性；概称句的真值判断要对主项作限制，限制中要同时考虑主项和谓项的涵义；概称句的真值判断与作判断的主体和语境等相关；概称句是导致推理非单调的重要原因之一。以是否体现这七个特点为标准，从逻辑学研究视角出发，本书将前人对概称句语义的研究作了总结和梳理，讨论各种分析的特点，最终指出双正常语义及涵义语义对概称句的分析符合本书总结的七个特点。其中，双正常语义通过引入两个模态算子 N 和 $>$ 将主谓结构的概称句 SP 形式化为 $\forall x(N(\lambda x\mathrm{S}x,\lambda x\mathrm{P}x)x>\mathrm{P}x)$，其直观是“正常的 S”“在正常的情况下 P”。经改进和简化的双正常语义将作为本书研究概称句推理的基础。

第二，概称句推理的刻画。本书将全面研究上文提到的两大类概称句推理：（1）研究当前提中包含概称句时，推理怎样进行；（2）研究概称句的生成，即概称句是怎么得到的。

但随着研究的具体化，我们发现“两大类”其实是混在一起的。对于第一类，当前提中包含概称句时，结论可以是事实句，也可以是概称句，而目前这一类下研究者关注更多的是从“鸟会飞，特威蒂是鸟”推出“特威蒂会飞”这样的前提包含概称句而结论是事实句的推理。对于第二类概称句的生成问题最初的提出，是想探讨概称句最初从哪里来的问题。但是，

① 七个特点中有些特点只对概称句的特定类成立，详见第二章。

时至今日，人类绝大多数的知识和信念的获取都需要依赖前提中已有的知识和信念，例如对于概称句“鸟会飞”，绝大多数人都是通过书本、他人教授等方式获得这一知识，而不是通过观察一只一只的鸟的方式。从“鸟会飞，麻雀是鸟”推出“麻雀会飞”这看似简单的推理，实际上是我们获得概称句最重要的方式。

基于以上分析，为了研究和叙述的清晰方便，本书中将把关于概称句的推理具体分为：（1）结论是事实句的概称句推理；（2）结论是概称句的概称句推理，这一部分有时又被称为获得概称句的推理。其中第二类又具体分为：主要通过演绎方式获得概称句的推理；主要通过归纳方式获得概称句的推理。需要说明的是，这种分类也不是严格意义上的划分，这种分类主要是根据研究侧重点的不同以及技术处理上的需要给出的。当这几类推理在后文中被分别讨论后，最终通过前提集的排序这一纽带将三者联系起来。

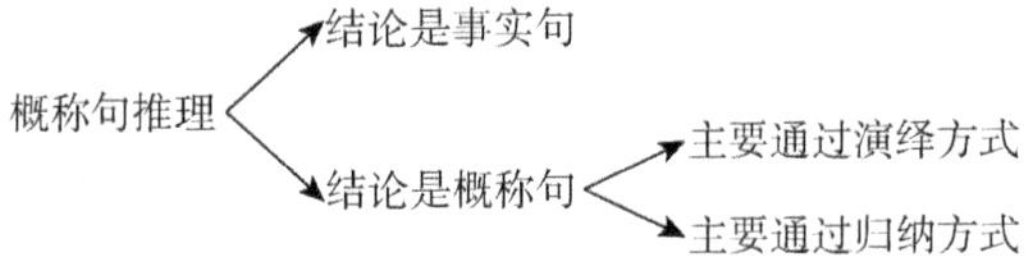

图 1－1　概称句推理分类

这是研究中所作的分类，在日常生活中，各类推理都是互相关联的，我们在分别研究这三种推理之后，会提及它们的融合问题。

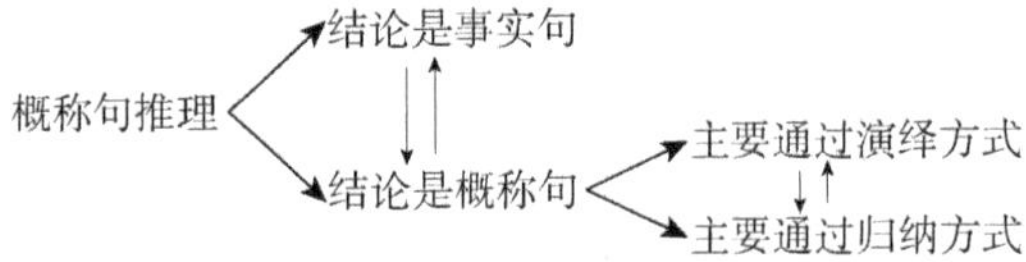

图 1－2　概称句推理融合关系

第三，概称句推理与归纳。本书还将专辟一章讨论概称句推理与归纳推理的关系。在概称句推理的研究过程中，接触归纳推理是因为结论是概称句的推理中包含归纳成分。最初的想法是借用归纳推理中已有的成果用于相关概称句推理的研究。随着研究的深入，我们发现，这里存在一个视角的转变，不是归纳推理用于处理概称句的局部问题，而是概称句推理研究的整体刚好与归纳推理研究所关注的问题相对应，我们可以把概称句推理研究的结果用于归纳推理研究之中。

第四，概称句与语义网。本书最后探讨概称句与互联网世界新兴的语义网技术相结合的可能性。

1.2.2　研究意义

本书对概称句语义解释的综述工作从逻辑学的视角清晰全面地理清了近年来已有的概称句解释，对理解概称句的本质有一定的帮助，对想了解概称句的读者以及有志于进行概称句及相关问题研究的学者均有一定的参考作用。

本书的主体，即概称句推理研究部分有很多原创性结果，包括：结论是概称句的推理（演绎部分、归纳部分），概称句推理与归纳关系的讨论以及概称句视角下的休谟问题等。其中概称句推理部分又独立给出五个有不同直观的逻辑系统，这些系统中的一部分被用来刻画局部推理。结论是概称句的推理的特殊优先序也是独立给出的。具体来讲，内容上，第二类推理的形式化处理是前人没有做的工作；技术上，首次把双正常语义全面引入概称句推理的形式化处理之中，以及对不同类型的概称句推理引入前提集排序来定义后承的方式也是在概称句推理领域中较新的做法。此外，本书主张日常推理的绝大部分是概称句推理而不是全称句推理，同时主张用概称句视角而不完全是概率视角去解释（包含概称句的）归纳推理，这都是观念上的重大变革。应用方面，本书探讨了万维网之后新兴的语义网技术和概称句相结合的可能性。

1.3　整体框架

本书章节主要可以分为以下四个部分。

第一部分（第二章）是从发展的角度对前人给出的概称句语义进行梳理和比较研究，并通过分析确定本书所用的概称句语义。

第二部分（第三、四章）给出概称句推理的基础逻辑。本书将分别给出结论是事实句的概称句推理的逻辑以及结论是概称句的推理的逻辑。这些逻辑分别用来刻画概称句推理的局部推理。也就是说，仅仅通过这些逻辑中给出的推理结论可能会产生“矛盾”①，我们将以这些逻辑为基础，在第三部分通过添加前提集上的排序来定义不同的概称句推演，这些推演将最终刻画包含概称句的非单调推理。

第三部分（第五章）以第二部分给出的逻辑系统为基础，通过前提集带排序的推演的定义来刻画一类概称句推理的规律。通过这一部分的讨论，本书将明确，第二部分的基础逻辑所刻画的是对于局部推理有效的推理规律，系统的内定理表示的是前提集为空或不包含相反的先入之见时的推理规律。而本部分引入前提集的排序来刻画整个推理进程。首先给出排序的一般规律，再根据不同的推理类型给出一些特殊规律。如结论是事实句的推理的特殊规律包括具体常识优先和事实优先两条；而对于结论是概称句的推理，其中主要通过演绎得概称句的推理和主要通过归纳得概称句的推理又分别有不同的排序规律。

第四部分是本书主体工作基础上的衍生品，包括第六章和第七章。第六章将讨论概称句推理与归纳推理的关系。通过对比及分析，作者指出，本书中给出的概称句推理的处理方式可用来研究归纳推理。而一直用来处理归纳的概率解释，只是诸多可能用来处理归纳推理的方式中的一种。第七章是概称句研究的应用前景探讨。

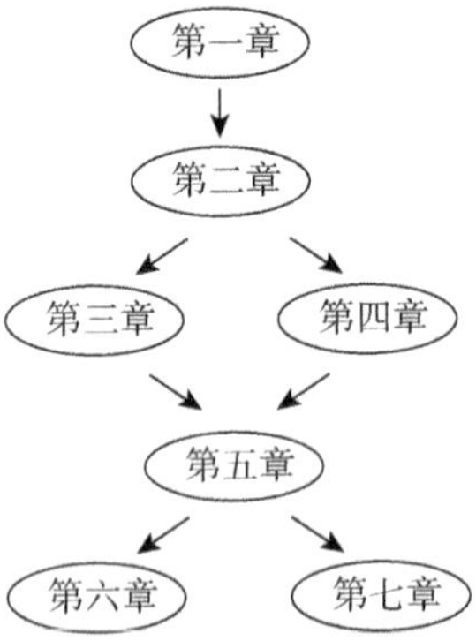

图 1－3　各章关系图

① 推理的局部结论中可能会同时出现 α，$\neg\alpha$ 这种经典的矛盾式，也可能出现 $Gx(\alpha;\beta)$、$Gx(\alpha;\neg\beta)$ 这种同时出现不合常理的结论，第五章中有具体讨论，我们这里暂用打引号的“矛盾”来概括。

第二章　概称句的语义分析述评

要研究概称句推理，首先要分析概称句的语义。逻辑学领域的研究试图找出概称句语义和推理的本质特征，在对象语言中给出概称句的形式表达，通过形式语义分析等技术手段对概称句做更细致的研究，从而进一步验证和找出概称句的推理规律。

这一章以逻辑学为研究视角，以上一章中总结的概称句的特点为依据，将前人对概称句语义的研究进行总结和梳理，讨论各种分析的特点，最终指出 Mao（2003）、Mao 和 Zhou（2003）以及周北海（2004）对概称句的分析符合本文的研究目标。本文的形式化处理将以 Mao（2003）和周北海（2004）对概称句的分析和形式化为基础①。

下文中介绍的关于概称句语义分析的理论主要来自逻辑学、语言学和人工智能（计算机科学）领域。由于概称句的研究是多学科共同关注的，而今各学科无论从思想还是技术上都有交叉，因此本文没有从学科角度对这些研究进行分类。本文将从怎样形式化、怎样作限制的角度来分类介绍，力图抓住各研究方向的思想本质。这里的介绍主要是思想性的，基本不涉及具体的技术细节。

本文的评论是从逻辑学的视角出发并根据本文的研究目标而给出的，不能满足本文研究目标的语义分析，并不一定不会满足作者本身的研究目的。

以下介绍的研究方向中存在一个比较普遍的问题，即研究者的直观背景思想和给出的形式处理不一定一致。这其中有些是因为直观讲得不够清楚明晰，从而相应的技术处理也不能到位，有些是形式化者没有完全体现直观表述的涵义（这些形式化中有些并不是提出直观思想的人自己给出的，而是后人根据前人的直观思想给出的）。本文的讨论和评判主要是参照形式

---

① 同时参考周北海（2008）中的涵义语义对该种语义进行部分简化。

化结果给出的，对形式化处理提出的问题，不等同于对背景思想的评判。

本章分为两节：2.1 介绍概称句的分类及其特点；2.2 是概称句的语义分析述评。

2.1 概称句的分类及其特点

要研究概称句的推理，首先应该了解什么是概称句。本节第一部分是概称句举例及概称句分类的讨论，同时限定本文将要研究的概称句的范围；第二部分是对概称句特点的总结。

2.1.1 概称句分类

概称句指那些不是表示明确的情节（episodic）或独立事实，而是表达一类一般性质的命题。这种句子又被称为特征句（characterizing statements），简称概称句。

以下是一些概称句的例子。

(1) 大熊猫是濒危物种。

(2) 恐龙灭绝了。

(3) 法国人吃马肉。

(4) 蒙古人吃羊肉。

(5) 鸟会飞。

(6) 种子发芽。

(7) 猕猴桃含有维生素 C。

(8) 大猩猩是哺乳动物。

(9) 海龟长寿。

(10) 孔雀生蛋。

(11) 孔雀有华丽的羽毛。

(12) 俱乐部的会员在危难关头互相帮助。

(13) 山鹰社成员每周末拉练。

(14) 小王饭后一杯茶。

(15) 小张处理从南极洲来的信件。

上面的例子都是可以用 SP 表示的具有主谓结构的概称句。

从主项来看，例（14）（15）的主项表示的是单一的个体，而例（1）~（13）的主项表示的是类。

从谓项的制约来看，单从语法角度，例（1）（2）中谓语所表达的性质是不能应用于主项表示的类中的个体的，而例（3）~（13）从理论上讲谓项性质可以应用于主项表示的类中的个体。从语义角度，例（3）（4）可能有两种读法，例（3-1）和例（4-1）所表达的性质不能应用于原句中主项的个体，此时例（3）（4）类似于例（1）（2）的情况；例（3-2）和例（4-2）所表达的性质则既可以表示类又可以应用于类中的个体。

(3-1) 法国这一国家其国民有吃马肉这一特性。

(3-2) 每个典型的法国人吃马肉。

(4-1) 蒙古这个民族其成员有吃羊肉这一特性。

(4-2) 每个典型的蒙古人吃羊肉。

例（1）（2）和例（3）（4）的例（3-1）（4-1）读法与其他例子在语义分析上存在比较明显的差异。例（1）（2）和例（3）（4）的例（3-1）（4-1）读法，其语义分析的重点是怎样明确“濒危动物”“吃马肉这一特性”等的含义；而其他句则体现了下一节将要介绍的容忍例外和内涵性等概称句的核心性质，需要用到内涵语义。

基于以上的讨论，本文的研究范围将限定于谓项性质可以应用于主项个体的那些概称句①。例（14）（15）可以看作主项论域缩小为一个元素的

① 从概称句是否被接受的角度来考虑，作为通常的理解，例（3）应该采取例（3-1）的读法，而例（4）可能通常是例（4-2）的读法，当然，例（4-1）这种读法下这句话也是真的。但例（3）（4）从语法形式上看是一样的，这使得怎样选择读法的界限是模糊的。好在具体概称句怎么读的问题不是逻辑学所关注的，逻辑学关注的是能通过形式化手段进一步研究的那部分规律。

特例，也在该研究范围之内，但不是关注的重点。对于例（3）（4）这样可能有不同读法的句子，如果采取类似于例（3－2）（4－2）的读法就属该研究范围（尽管这可能改变例（3）的真值），而采取另一种读法则不属该研究范围。也就是说，在上面的例（1）～（15）中，例（5）～（15）及例（3）（4）的例（3－2）（4－2）读法都属于本文的研究范围。以下再提到概称句，如不特别说明，通常指上述限定范围内的概称句。

上面所举例子中谓项大都是一元的，而日常生活中的概称句的谓项不都是一元的，例如，“俱乐部的会员在危难关头互相帮助”就包含了多元谓词，本文的研究集中于①谓项一元的情况。此外，作为日常语言的一部分，概称句会和语言的其他部分产生联系，例如“如果每个邮递员都经过训练，那么狗就不会咬邮递员了”是概称句和反事实条件句的结合；概称句自身也有嵌套的出现，例如“猫如果在物体在它面前移动时去追赶就是健康的”，其中整句是概称句，嵌于其中的“物体在它（猫）面前移动时去追赶”也是一个概称句。这些都是希望本书概称句的语义解释能够表现的。

此外，关于概称句的分类，Krifka 等（1995）提到，概称句可依据语形上是否有对应的情节句（episodic sentences）分为惯常句（habitual）和语汇句（lexical）两种。惯常句在语形上有对应的情节句，是对事件的概括；语汇句在语形上没有对应的情节句，是对个体性质的概括。按这种分类，上面的例（13）（14）属于惯常句，而例（5）～（11）属于这种分类下的语汇句。

还有学者针对一些疑难概称句提出了概称句读法上的分类。例如，Eckardt（2000）针对例（9）将概称句分为理想概称陈述和正常概称陈述，Cohen（1999）针对例（3）提出绝对读法和相关读法的区分等。这里不再一一介绍。

---

① 事实上，本书所用的语义解释也可用于多元的情况，但由于本书中所讨论的推理主要集中在谓项一元的情况，为了简化书写和证明，我们这里把目光暂时停留在一元的情况，有对多元谓词处理感兴趣的读者可参见张立英（2005）。

2.1.2　概称句的七个特点

本节根据 2.1.1 给出的例子，讨论概称句所具有的特点。由于不同语言下概称句表达形式可能会略有差异，这里主要考察不同语言下概称句都可能具有的一些关乎思维而不是语言表层形式的核心性质。

第一，概称句表达具有一定普适性的规律。概称句表达的是一类一般性质，如"猕猴桃含有维生素 C"，而不是独立的事实，如"这个猕猴桃含有维生素 C"。概称句所表达的规律通常可以用于辖域内的个体，如通常可以由"猕猴桃含有维生素 C"得出"这个猕猴桃含有维生素 C"。这使得概称句和全称句有某种相似性，概称句可看作某种意义上的全称句。

第二，概称句容忍例外。区别于全称句，概称句所表达的规律是容忍例外的。例如我们通常接受"鸟会飞"，即使我们同时知道"企鹅是鸟"，但"企鹅不会飞"。"容忍例外"是概称句最重要的特点之一，也是吸引众多研究领域共同关注概称句语义解释的主要原因。

第三，概称句有真值。关于概称句有无真值的讨论主要起源于非单调推理研究中 Reiter（1980）所代表的研究方向的兴起，这一方向把概称句看作元语言的规则，认为概称句的涵义是动态的，因此概称句没有真假的问题。而关于概称句有真值的论述具体可参见 Asher 和 Morreau（1995）。本文认为，尽管对概称句作判断与下判断主体和语境等有关是不可否认的，但是即使不同主体在不同语境中对于概称句的判断不同，这些主体都作了判断，因此概称句是有真值的。具体的判断选择是个人的事，具体的真值是什么也不是逻辑学关心的。逻辑学关心的是主体作判断过程中所遵循的共性的可通过形式化表达来刻画的那部分规律。而且，上一节提到过，日常语言中概称句存在嵌套等现象，如果仅仅把概称句看成规则，则不能处理这些问题。

第四，概称句具有内涵性。即使没有一个现实世界的实例能满足概称句的谓项条件，概称句仍可以真。例如"俱乐部的会员在危急关头互相帮助""这台机器榨橙汁"及"小王处理从南极洲来的信件"中，即使俱乐部的会员还没有遇到过危急关头，这台榨汁机一出厂就被摔坏了，小王从来没有处理过从南极洲来的信件，这些句子作为概称句仍可能是真的。概称句具有内涵性这一点被 Eckardt（2000）总结为概称句包含模态成分。

第五，有些概称句的真值判断要对主项作限制，限制中要同时考虑主项和谓项的涵义。对于概称句“孔雀生蛋”和“孔雀有华丽的羽毛”，人们一般认为这两个概称句都是真的，尽管只有雌孔雀生蛋，只有雄孔雀有华丽的羽毛，而雌孔雀和雄孔雀分别对应的个体集是不相交的，如果两句话的主项解释相同（或说对应了相同的个体集），就会出现问题。这一现象通常被称为沉溺问题（drowning problem）。沉溺问题提醒我们对概称句作真值判断时：（1）我们对主项作了限制。由于满足两句谓项性质的个体集是不相交的，我们一定是对主项作了限制。（2）对主项作限制时考虑到了谓项的涵义。这两个概称句不仅对主项作了限制，而且所作的限制还不能是一样的[①]，考虑到主项同为“孔雀”，这种限制一定考虑到了谓项的涵义。由于“孔雀生蛋”和“孔雀开屏”分开来看时与其他概称句没什么区别，因此这样的句子在处理上应与本文考虑范围内的其他概称句（除惯常句）没什么差异，因此（1）（2）的总结对大多数概称句都是适用的，而沉溺问题则是（1）（2）的突出表现而已。

第六，概称句的真值判断与作判断的主体和语境等相关。概称句的判断和作判断主体的知识背景及认知特性等有关，同时还和相应的情境及场景有关。例如，对于“鸟会飞”，动物学家在大多数场景下都不会认为其真，虽然知道某些种类的鸟不会飞的人，在通常情境下会认为这句话是对的，但在脑筋急转弯或智力测试时，也可能认为这句话假，而不知道有些个别种类的鸟不会飞的主体，在不考虑死鸟、病鸟等大多数情况下都会认为该句真。具体怎样选择不是逻辑学所关心的，但概称句的形式表达应反映这一点，给这一部分因素留有空间。

第七，概称句是导致推理非单调的重要原因之一。非单调推理的特点在于当前提增加时，结论集不一定随之单调增加。非单调推理的核心性质是可修改性（defeasibility）：通过非单调推理得出的结论在给出新证据的情

---

① 这里要排除两个主项同时选择空个体集的情况。

况下可能被推翻。由前提集 Γ 可得出结论 ϕ，但由前提集 $\Gamma\cup\psi$ 却可能得不出结论 ϕ。这种推理与传统的经典演绎逻辑有所不同，经典演绎逻辑的特点就在于增加新前提，原有结论不会被推翻。由于概称句容忍例外，前提中包含概称句的推理就可能是非单调的。比如说，由“鸟会飞”和“特威蒂是鸟”可以得到结论“特威蒂会飞”。但当我们知道“特威蒂是只企鹅”，而“企鹅不会飞”时，我们就要把前面得出的“特威蒂会飞”这个结论收回了。

以上总结的特点都是典型概称句所具有的特点，但不意味着每个概称句都必须具有这样的特点。如第五个特点中有些概称句的真值判断要对主项作限制，限制中要同时考虑主项和谓项的涵义的提出是针对“孔雀生蛋”“孔雀有华丽的羽毛”等具有典型意义的概称句，以及它们所带来的沉溺问题。对于概称句中的一个子类惯常句如“小王饭后一杯茶”来说，因为主项仅为一个个体，当然也不存在主项作限制的问题。然而，我们的目标是试图通过对概称句的语义分析来抓住概称句的本质，这也是我们强调抛开语言表层的差异总结共性的原因之一。而作者认为，一个好的概称句语义解释要能体现更多的概称句特点。

概称句本质上是和认知主体的认知及思维特点相关的，虽然不同语言对概称句的表达可能存在具体的差异，但不可否认，满足上面这些特征的句子是每个语言都有的，而且还都普遍存在于日常生活中。很难想象，没有概称句，人们的日常生活将会怎样。

2.2　概称句的语义分析述评

2.2.1　成规说

Declerck（1986）认为概称句所表达的是成规（stereotype）。对于“狮子有鬃毛”和“狮子是雄性的”，任给一头狮子，它更可能是一头雄狮子，而不一定有鬃毛，因为只有雄狮子才有鬃毛，但不是所有雄狮子都有鬃毛。尽管如此，我们通常接受“狮子有鬃毛”，但不接受“狮子是雄性的”。这一观点认为这是由于“狮子有鬃毛”是（英语）文化中关于狮子的一种成规——“狮子狮子有鬃毛”① 是（英语）语言知识的一部分，而“狮子是雄性的”在语言中没有相应的成规。Putnam（1975）在哲学上，Rosch（1978）在心理学上发展了成规的概念。Putnam 认为，成规是语言的一部分，每个说这种语言的人都知道。

从考察概称句来源的角度来看，这一说法有一定的合理性，某种程度上揭示了一部分概称句的可能来源（尽管这些成规的来源还有待考察），但是将此作为概称句的形式化依据是不大可行的。首先，这只是一部分概称句的来源，像“小王饭后一杯茶”这样的概称句显然不是通过成规获得的。其次，即使只考察通过成规得来的概称句，这一部分概称句也不可能有统一的形式化。正如 Krifka 等（1995：48 -49）所说：“如果概称句表达的是成规的话，那我们如果想解释概称句，只需考察成规的形式，但我们基本没有希望找到逻辑学一般所关心的规律。例如，有鬃毛的狮子是成规的一部分的原因是：狮子是唯一有鬃毛的猫科动物，因此这对狮子来说是用以与其它类别相区分的特性。……但这只是一种成规的来源，换一个句子可能就换一个成规，这样如果成规说是正确的，我们会有无数个概称算子。”此外，Putnam（1975）指出，成规是和具体语言相关的，是使用同一语言的人所共享的。如果这种说法是对的，由于本书试图找出不同语言共有的规律，成规说也不能成为本书入手的方向。

2.2.2 规则说

Reiter（1980）重点研究非单调推理，此书中对概称句的处理通常被总结为把概称句看成规则，例如 Krifka 等（1995）。

以非单调推理研究中百举不厌的“鸟会飞”为例，Reiter（1980）将之解释为：如果“x 是鸟”真，且如果“x 会飞”可以被一致地假设，则得出结论“x 会飞”真。这一推理规则允许由句子 A（“x 是鸟”），在给定句子 B（“x 会飞”）与假设事实一致的情况下，得到结论 C（“x 会飞”）。

① Leo Leo that it has a mane：英语俗语。

Reiter（1980）对概称句的处理通常的评述一般集中在以下几点[①]：

（1）这种处理是把概称句当作元语言层面的规则。

（2）如果把概称句看作元语言的规则，而不是对象语言的公式，我们不可能进一步运用逻辑工具去细化研究概称句的含义。

（3）把概称句看成规则，使概称句只有合理与不合理，而没有真假之分。如果采取这种办法，概称句有真值这一特点将不能被反映。

（4）把概称句看作规则，使处理概称句与其他语言成分相复合、概称句的嵌套成为不可能。上一章指出，因为概称句是语言的一部分，它不可避免地会与语言的其他部分发生联系。概称句会嵌套在其他语言结构中，例如，对于语句“如果每个邮递员都经过训练，那么狗就不会咬邮递员了”，其中“狗不会咬邮递员”是否定形式的概称句，而“每个邮递员都经过训练”则是一个反事实条件句的前件；概称句自己也会嵌套，例如“猫如果在物体在它面前移动时去追赶就是健康的”，其中整句是概称句，嵌于其中的“物体在它（猫）面前移动就去追赶”也是一个概称句。把概称句看成规则不能处理这样的概称句。

自认知推理［autoepistemic reasoning，McDermott & Doyle（1980）］也是非单调推理研究中的一个经典分支。以“鸟会飞”为例，自认知推理将其解释为：如果“x是鸟”，且不知道“x不会飞”，则可得结论“x会飞”。

一般而言，这类研究可被描述为正面知识缺乏的情况下的推理，在这一点上它与Reiter（1980）对概称句的处理类似。但自认知推理通过引入模态算子“不知道”，从而使代表概称句的规则在对象语言中得以表示。尽管这种规则可以在对象语言中得以表达，但其本质还是规则，因为这种处理并不关心概称句的真值（当然他们也不认为概称句有真值）。以“鸟开卡车”为例，在这种解释下，如果“x是鸟”，且不知道“x不会开卡车”，那么就可得出结论“x开卡车”吗?！实际上，因为他们所关注的是已经接受了一个概称句（规则）后怎么推理，因此像“鸟开卡车”这样的句子，根本就不在他们考虑的范围之内。

---

① 可参见Krifka等（1995）、Mao（2003）等。

自认知推理和 Reiter（1980）的理论不适合处理概称句的关键原因是相近的，他们想要刻画和描述的是非单调推理的过程，他们所关注的是在接受了一个概称句后怎样来应用，而不是去考察为什么这样用。概称句在他们的研究中所充当的角色是一个既定的规则，他们没有考虑怎样通过解释概称句来深入概称句内部去找原因，而是试图通过外部解释来推理。而如果把概称句看作导致非单调推理的重要原因的话，则应该由内而外，先通过分析概称句的语义，考察清楚概称句的本质，进而找到概称句引发的非单调推理的本质规律。

2.2.3 对全称句作限制

概称句表达具有一定普适性的规律，因此概称句和全称句有相近之处，但由于概称句容忍例外，因此不能把概称句和全称句等同看待，例如，我们同时接受“鸟会飞”和“企鹅是鸟但不会飞”，却不能同时接受“任意的鸟会飞”和“企鹅是鸟但不会飞”。虽然不能把概称句看作全称句，但可以考虑从全称句出发，通过加上可表现概称句特点的限制来刻画概称句。这一节所介绍的方向，都基于把概称句看成在全称句上的某种限制这一直观。而接受这一直观至少表现在概称句上有如下特点：概称句表达具有一定普适性的规律；概称句容忍例外；概称句有真值。

以下为简化问题，如不作特殊说明，一般考虑一个变元的情况。对概称句 SP，我们从 $\forall x\ (Sx \rightarrow Px)$ 出发。

2.2.3.1 相关限制

相关限制（relevant quantification）的思想由 Declerck（1991）提出。这一方向将概称句看作在相关实体上的限制。Declerck（1991）认为存在这样一个原则：当一个陈述由一个集合组成时，听者会根据他（她）自己世界中的知识将该陈述限制到这个“集合”中，该陈述可以以一种适宜的方式来使用集合中的元素。

以“鲸鱼生幼崽”为例，这个陈述是针对雌性、发育成熟的鲸鱼而言的，因为首先只有它们才有可能生幼崽。具体的处理上，这句话被表示为

$\forall x$(鲸鱼(x)&R$(x)\rightarrow x$生幼崽)。

一些学者对这一研究方向提出了批评。如 Krifka 等（1995：45－46）认为：（1）这一原则可以使所有的概称句都成立。对任一概称句，我们很容易就可以找到一个限制，使这个概称句真。例如对“鲸鱼是蓝色的”，如果我们给出的限制 R 是谓词“是蓝色的”，该句就变成了“蓝色的鲸鱼是蓝色的”。（2）尽管这一陈述声称为合理的限制，但这一方向怎样或是否可以发展起来，情况并不明晰。

事实上，如果规定对“鲸鱼是蓝色的”和“鲸鱼不是蓝色的”所作的限制相同，上面提到的问题（1）将会有所改善，这是一阶逻辑可以做到的。关键在于问题（2），从思想上看这一方向的陈述有一定的合理性，但由于陈述不够清晰，作为给出形式化的指导有些不够。从这一方向下所发展出的形式化来看，问题的重点似乎就落在怎样给出 R(x)的问题上。但是，以一阶谓词来表达这种限制，从一开始就注定了不能表达源出思想的命运。R 首先不能是常元，否则无法表现“以适宜的方式”，R 如果是一组 R_i也于事无补。具体给出 R(x)的方法这一方向没有给出，事实上，在这种表达下是无法探讨这一问题的，以一阶谓词作为限制手段，不能为概称句的判断受作判断的主体和语境影响留有余地，也不可能体现概称句的内涵性。

2.2.3.2 “不正常”限制

非单调推理研究中另一分支划界说［circumscription，McCarthy（1980）］把“鸟会飞”解释成：如果“x是鸟”，而且x相对于“会飞”来说不是不正常的鸟，则可得出结论“x会飞”。这一解释从思想上讲有一定合理性，但具体的形式化并没有达到直观所想。具体的，这一理论用一个谓词来囊括所有的例外，该谓词表示这些情况是不正常的，而且仅仅将该谓词的论域限制到给出正面知识就一定“不正常”的那些实体上。简化来讲，这一理论引入了表示“不正常”的谓词常元 Ab，将“鸟会飞”表示为$\forall x$(鸟$(x)\wedge\neg Ab(x)\rightarrow$会飞$(x)$)。这种表达的问题在于，“不正常”被表示为一阶谓词常元，指“不正常的某种东西”，这就像说“是鸟”“不是鸟”这样简单的谓词。但是，“不正常”应该是与语境相关的，没有绝对的不正常，这一处理不能体现出这种相对性。后来的研究者针对这一问题有所改进，引入了一系列的不正常谓词，以 Ab_i 表示，但 Ab_i 仍然是一阶谓词。

抛开背景思想的具体差异，从形式表达来看，由于 R(*x*)与¬ *Ab*(*x*)同是一阶谓词，对于“鸟会飞”，2.2.3.1 的“∀*x*(鸟(*x*) ∧ R(*x*)→会飞(*x*))”和“∀*x*(鸟(*x*) ∧¬ *Ab*(*x*)→会飞(*x*))”有惊人的相似性，因此，这两种形式处理所面临的根本问题是一样的：一阶谓词的表达能力不足以刻画他们想表达的更复杂的选择过程，而且这种经典逻辑公式加限制的方式也不可能处理像“俱乐部的会员在危难关头互相帮助”这样表达概称句内涵性的例子。

Veltman（2011）在这一方向下，对 McCarthy（1980）的解释有了一些改进。他将“鸟会飞”形式化为 $\forall x(Px \wedge \neg Ab_{Px,Qx}x \rightarrow Qx)$，这意味着在选择“不正常的鸟”时，“鸟”和“会飞”将同时作为参数。这样的解释使沉溺问题得以被处理，但由于解释中没有模态成分，仍不能表达出概称句的内涵性。

2.2.3.3 典型说

典型说方向的思想基础是：将一概念的最典型的代表称为 prototype。Prototype 这一概念在认知心理学领域很流行，尤其在 Rosch（1978）的理论中。Heyer（1985）等人将 prototype 这一概念用于处理概称句。在这些研究中，概称句被看作加在一个概念的典型元素上的全称限制。例如，“猫有尾巴”可以被改写成“每一个典型的猫有尾巴”。这一方向通过引入算子 TYP 来限制一个谓词的外延，使之限制到对于该谓词是“典型”的那些实体。

例：猫有尾巴。

∀*x*(TYP(猫)(*x*)→∃*y*(*y* 是尾巴 &*x* 有 *y*))。

Krifka 等（1995：46－47）分析：“如果我们对所有的概称句作统一的处理时，我们必须假设一个相当一般性的典型算子。因为我们所要概称考虑的范围变化非常大，而我们必须允许 TYP 算子对不同情况的谓项都可以应用。还要注意，该算子不能定义为集合或其它的外延实体。该算子所表达的内容一定是通过内涵表达所给出的，因为如果概称算子以外延实体的形式给出的话，比如说，假设现在的世界上除了企鹅其它的鸟都灭绝了，在外延实体形式的解释下，典型的鸟和典型的企鹅的概念是一致的。……这一研究方向其实只是将怎样确定概称句的语义的难题转化成了怎样确定 TYP 算子的语义的难题。”

这一方向并没有指出怎样确定 TYP 算子，这是事实。而 Krifka 等（1995）用来说明这一点的分析，却为典型说方向未来发展给出了一点提示。从上文的分析可以看出，如果想沿着这一研究方向发展：（1）由于概称句变化的范围非常大，TYP 算子的限制只能体现最基本、最普遍的特点，不能过于细致，要多留一些空间，除非要具体研究某一子类型概称句的时候。（2）TYP 算子应体现内涵性，这不仅是根据概称句有内涵性这一点提出的要求，TYP 算子的定义方式也体现了这一需求。TYP 算子是加在谓词上的函数，而不再是一个独立给出的谓词，这较前面介绍的方向有了进步。至少，这一方向已经有了表达概称句的内涵性的苗头。如果说前面用一阶谓词作限制的研究方法表达内涵是不可能的，这一方向却使这一点成为可能。

Krifka 等（1995）还指出，这一方向不能解决沉溺问题。2.1.2 的分析指出，沉溺问题表明对主项作限制要同时考虑到主项涵义和谓项涵义。事实上，在这一方向下这一问题是有可能解决的，可以考虑尝试将一元 TYP 算子转化为二元 TYP 算子，使其辖域同时包括主项和谓项的因素，沉溺问题就有可能得到处理。后面将指出，Mao（2003）等就这一问题给出了比较成功的处理。

沿着这一方向的直观，后人做了进一步的研究。Mao（2003）、Eckardt（2000）都声称自己是沿着典型说方向发展了自己的理论。

2.2.3.4　模态条件句方向

概称句与条件句有相像之处，例如概称句“鸟有羽毛”可以改写成“如果某种东西是鸟，则它有羽毛”，由此可考虑把对条件句的模态处理方

法应用到对概称句的处理上。由 Asher 和 Morreau（1991），Morreau（1991）及 Pelletier 和 Asher（1997）等所给出的概称句的形式化及语义通常被称为模态条件句方向。Asher 和 Morreau（1991）中给出了像“狗吠”这样的概称句的形式表达，该概称句可表示为 $\forall x(D(x) > B(x))$，其直观意思是：对任意对象 x，如果 x 是狗且 x 在一个适当的环境下，则这个环境通常会包含 x 吠这一事件。形式语义以可能世界语义学为基础，形式表达中的 $>$ 是从条件句逻辑中发展来的二元模态算子，形式语义中通过 $W \times \mathscr{P}(W) \rightarrow \mathscr{P}(W)$ 上的选择函数 $*$ 来解释。在模型 M 下，公式 $\alpha > \beta$ 在可能世界 w 上真，当且仅当，$*(w, \| \alpha \|^{M}) \subseteq \| \beta \|^{M}$，从直观上讲，$\alpha > \beta$ 在可能世界 w 上真要求 β 在所有根据可能世界 w 和由 $>$ 的前件所表达的命题 $\| \alpha \|$ 所选择出来的可能世界上真。而 $\forall x(D(x) > B(x))$（代表“狗吠”）真，当且仅当，对任意论域中的对象 x，$D(x) > B(x)$ 真。这一方向的研究重点主要集中在怎样更好地给出 $*$ 的语义上，直到 Mao（2003），Mao 和 Zhou（2003）及周北海（2004）在这一理论基础上引入新的算子。Mao 和周北海的研究将在 2.2.3.6 中介绍。

沿着这一方向，很多概称句都能够得到“解释”①，例如对第一章列出的例（5）~（8）和（12）~（15），其解释基本可以被接受。而且，这种解释较前面几种的一个显著优点是，引入模态算子体现了概称句的内涵性。考虑概称句“这台机器榨橙汁”“小张处理从南极洲来的信件”“俱乐部的会员在紧急关头互相帮助”这些句子都可以是真的，尽管与这些概称句相对应的事实句可能还没有机会实现或者根本不可能有机会实现，例如，榨汁机刚出厂还没用就被摔坏了，根本没有从南极洲来的信件，这个俱乐部的会员还没有遇到什么紧急关头。这些概称句的真说明了，人们在理解概称句时不是仅仅考虑现实世界的实例，而模态条件句方向的解释由于考虑到了可能世界的实例②，所以可以比较好地处理这类句子。

Delgrande 是第一个提出用条件句逻辑的方法来处理非单调推理的学者，

---

① 得以解释，不意味着解释得够准确。

② 出于不认为现实世界比可能世界更真实的观点，本书中可能世界中的事例也被统一称为实例。

Delgrande（1987，1988）指出概称句可以由量化的条件句来表示，他的这一想法不仅为概称句研究开启了新的篇章，也对关注非单调推理的人工智能界产生了很大影响。沿着这一方向，Delgrande（1987，1988），Asher 和 Morreau（1991），Morreau（1991），周北海和毛翊（2003）等也应用这种解释来处理非单调推理，这体现了概称句是导致非单调推理的重要原因之一这一特点。

虽然这种语义可以处理一大批概称句，但在第二章例（9）~（11）这里遇到了问题。

对于“海龟长寿”，虽然可以考虑对每只海龟选择的可能世界中它没有被吃掉，没发生地震，有充足的食物、水、空气，合适的温度，那么海龟会长寿，但是这样的解释总是稍显牵强。人们对这句话作判断时，所想的是那些活着的海龟，那些一出生不久就死掉的海龟已经被我们排除掉了，对每一只海龟都选择相应的可能世界，不符合人们日常认知这一概称句的直观。

对于引发沉溺问题的“孔雀有华丽的羽毛”和“孔雀生蛋”，对任意一只孔雀，在我们参照当下世界选择的可能世界中，该孔雀不可能既有华丽的羽毛同时又能生蛋。2.1.2 的分析指出：沉溺问题说明考虑概称句语义时，要对主项作限制；对主项作限制时要同时考虑主项和谓项的涵义。模态条件句方向的处理没有体现出这些特点。Pelletier 和 Asher（1997）也意识到了这一方向解决沉溺问题的困难，他们给出的解决办法是对两句分别加以限制，用 $\forall x(P(x) \wedge male(x) > C(x))$ 表示“孔雀有华丽的羽毛”，用 $\forall x(P(x) \wedge Female(x) > L(x))$ 表示“孔雀生蛋”，但是这样做相当于把产生沉溺问题的句子单列了出来，规定这样的句子和其他要讨论的概称句有所不同。但是，从句子形式和单句理解上，产生沉溺问题的句子与其他的概称句没有什么区别，因此这种处理方法并不合理。我们需要一种更普遍的概称句解释，在该解释下，第二章例（10）（11）同其他概称句可以以一样的方式来解释。

此外，Cohen（1999）指出 Asher 不能解释“法国人吃马肉”“保加利亚人是举重好手”这样的概称句。事实上，像本文一样，Asher 等人的研究也没有把这样的概称句视为关注的重点。而 Cohen 为了解释“法国人吃马肉”和“保加利亚人是举重好手”这样的句子把概称句分为绝对读法和相关读法[①]也正说明了他承认这种区别，而且，Cohen（1999）并没有为这两类概称句给出统一的解释。

比较模态条件句方向和前面几个方向可以看出，模态条件句方向通过引入可能世界语义体现了概称句的内涵性，这是前面几个方向没有做到的。模态条件句方向与前面几个方向的另一个显著区别是，前面几个方向都考虑对主项作限制，而模态条件句方向在引入可能世界语义解决内涵性的同时却放弃了对主项元素作限制。前面的几个方向共同的追求反映了人们认知概称句时的部分直观，而模态条件句方向引入了可能世界语义学这样一个好工具的同时却忽略了对主项限制的研究。

能否把这两条相融合呢？这将是 2.2.3.5 和 2.2.3.6 所要讨论的问题。

2.2.3.5 带模态的典型说

Eckardt（2000）的研究是对主项个体作限制和模态方向相融合的一个尝试。

Eckardt（2000）指出自己的研究是沿着典型说方向所做的进一步努力，试图在语义中抓住概称句是对所有的典型个体的陈述这一特点。在她的理论中概称句实际上被定义为[②]：$GENx_1,\cdots,x_n(\varphi;\psi) =_{df} \Box\forall x_1,\cdots,x_n((N_n(\lambda s\lambda x_1,\cdots,x_n\varphi)(x_1,\cdots,x_n))\to\psi)$。

其中，N_n用来从一个类中选择出该类的典型/正常对象（例如从所有的鸟中选出典型/正常的鸟）。概称句 $GENx_1,\cdots,x_n(\varphi;\psi)$在可能世界 w 中真，当且仅当，对任意通过≈与 w 相关联的世界 w'，在 w'中使 φ 成立的正常对象 a_1，…，a_n在 w'中也使 ψ 成立。≈是可能世界上的二元关系。$w\approx w'$指 w'与 w 在所有生理特性、因果和统计相关性及规律（disposition，causal，statistical dependency，regularity）方面是一样的，而其他方面可以不同。

---

① 详见 2.2.5。

② Eckardt（2000）给出的是扩展到多元谓词情况的处理，本文的介绍保留了这种形式。Eckardt（2000）没有注意区分概称句的形式表达和语义解释的区别，Mao（2003）注意到了这一点，把两者做了区分，这里给出的是 Mao（2003）区分后的形式。

Eckardt（2000）同时考虑了引入模态成分和对主项个体进行限制，从而发展了典型说方向的研究，通过引入 N_n 在可能世界语义学下比较明确地表现了通过主项涵义来选择典型/正常对象这一点。通过引入可能世界语义学，这一解释考虑到了可能世界中的实例，解释了“这台机器榨橙汁”及“小王处理从南极洲来的信件”这样的例子，表现了概称句具有内涵性这一特点。

但是，这一语义中对主项个体的限制没有考虑到要同时顾及谓项的涵义，因此，目前这一解释不能解决沉溺问题。而根据 $\approx$ 的解释，$\Box$ 这个模态算子并没有像模态条件句中的二元模态算子那样起到选择正常情况的作用。例如，对概称句“鸟会飞”，Eckardt（2000）的解释是：如果所有生理特性、因果和统计相关性及规律方面没什么变化的话（这种限制与具体主项和谓项无关），正常的鸟会飞。由 $\Box$ 引入的限制是一个整体的限制，不因具体的 φ、ψ 的变化而变化。这种限制过于死板，不能体现概称句的多样性。

2.2.3.6　双正常语义

这一节介绍另一个同时考虑对主项个体进行限制和加入模态因素的尝试。Mao（2003）、Mao 和 Zhou（2003）及周北海（2004）对模态条件句方向进行了改进。Mao（2003）指出，这一研究是沿着模态条件句方向的进一步探索，同时也包含典型说的思想。这一方向与 Eckardt（2000）的区别是：Eckardt（2000）是以典型说为基础，同时考虑加入模态成分；而 Mao 和周北海的研究则是以模态条件句方向的研究为基础，考虑在其上加入典型说的成分。

前面提到，“海龟长寿”和沉溺问题的例子可以明显地表现人考虑概称句时要对主项个体作限制，而沉溺问题进一步启发我们，对主项个体作限制时，还同时要参照谓项的涵义，这不仅仅是一两个个例中存在的规律，而且是适用于本书考察范围内几乎所有的概称句。Pelletier 和 Asher（1997）虽然可以“解释”很多种概称句，但是，这种解释还不够精确和精致，事实上，他们把所有作限制的重担都放在了“在正常的情况下”的肩上。Mao（2003）详细地分析论证了单用“正常的”和单用“正常的情况下”作限制都不足以刻画概称句的情形。以“鸟会飞”为例，假设鸟处在一个大气压力异常的环境，鸟儿无论怎样挥动翅膀都是不会飞的，即使再正常的鸟也不会飞，这说明我们需要对概称句加“正常情况”进行限制。而如果在气压、天气等条件一切正常的环境里面，断了翅膀的鸟还是不会飞的，这说明我们需对概称句的主项加“正常”进行限制。

基于上面的分析，这一方向指出概称句 SP 的直观意思是：对任意的个体 x，如果 x 是相对于 P 或非 P 来说正常的 S，那么，在正常情况下，x 是 P。他们同时给出了概称句 SP 的典范解释：对所有主谓结构的概称句 SP，都可以被精确化为“S（在正常的情况下 P）”。如果 S 是复数名词，又可进一步精确化为“（正常的 S）（在正常的情况下 P）”（周北海，2004）。这一形式包含了两层全称概括，外层的全称概括作用于相对于主谓项的正常个体，内层的概括作用于相对某个正常个体的正常环境。以“鸟会飞”为例，不会飞的不正常的鸟被外层的全称量词略去，正常的鸟在不正常环境里而不会飞的现象由内层的全称量词排除。具体的，两个“正常的”分别用两个不同的模态算子来刻画。用于正常情况的“正常的”是二元命题算子 >，在形式语义中用选择函数⊛来刻画，⊛是由模态条件句方向中的 * 进一步发展而来的。用于主项的“正常的”是以谓词为变元的函数，被称为正常个体选择函数。由于这里引入了两个正常算子，以下简称这一语义为双正常语义。双正常语义在“根据涵义来选择个体”这一思想及形式处理上与 Eckardt（2000）有相近之处。但在具体处理上，通过把 Eckardt（2000）中 N_n 的一个参数变为两个，体现了对主项个体作限制要同时考虑谓项涵义这一直观，通过这样处理，沉溺问题得以顺利解决。而且，这一解释给出了限定条件使与谓项涵义相关的选取参数同谓项的肯定和否定无关，直观上，以“鸟会飞”为例，给出的条件限定对于鸟和会飞，以及对于鸟和不会飞，选出的正常个体是相同的，这样的限制避免了循环定义的可能，从而使 2.2.3.1 中提到的“蓝色的鲸鱼是蓝色的”问题得以消解。

概称句 SP 在形式语言的表达式为 $\forall x(N(\lambda xSx,\lambda xPx)x > Px)$。

综合以上分析，可以发现，这种解释体现了：（1）概称句表达具有一定普适性的规律；（2）概称句容忍例外；（3）概称句有真值；（4）概称句具有内涵性；（5）概称句的真值判断要对主项作限制，限制中要同时考虑主项和谓项的涵义；（6）概称句的真值判断与作判断的主体和语境等相关；（7）概称句是导致推理非单调的重要原因之一。

以下各章对概称句的进一步研究将以双正常语义对概称句的语义分析和形式化为基础。

2.2.4　涵义语义

双正常语义可以完美地体现概称句的七个特点，但美中不足的是这种语义解释稍显复杂。周北海（2008：38）也指出："……在已有的处理中，表达涵义用的是 λ－表达式，不够简洁和自然。"在该文中，周北海给出了涵义语义。涵义语义并不是专门为解释概称句而给出的，但同样可以成功地解释概称句，同时形式处理更加简单。但考虑到涵义语义背后的哲学分析需要很多篇幅的解释，本书暂时仍考虑采用（经改良的）双正常语义。

涵义语义的基本观点是：语词首先表达的是涵义，而不是其指称。通过涵义的联系：（1）有了语词的指称（涵义决定指称）；（2）有了语词所表达的概念及内涵。在涵义语义中，涵义是从可能世界到对象域的映射。内涵是涵义的集合。概念是可能世界到内涵域的映射。

一个涵义语义的框架〈W，D，C，⊛〉是一个四元组，其中 W 是可能世界集，D 是个体域，C 是概念范畴映射，⊛是 W 上的集选函数。框架和在框架上对常项和谓词的解释 ε 形成结构。ε 对常项和谓词的解释是函数。在这一语义中，G(S,P) 和 A(S,P) 的解释分别为：

$$\| G(S,P) \|^{M} = \{ w \in W : S^{\varepsilon} \in P^{\varepsilon C}(w) \}$$

$$\| A(S,P) \|^{M} = \{ w \in W : S^{\varepsilon}(w) \subseteq P^{\varepsilon}(w) \}$$

2.2.5　概率方向

用概率方法解释概称句，是概称句语义分析的又一方向。由于这一方向与前面介绍的方向关联不大，因此把它放在本章的最后部分介绍。Cohen（1999）是一本关于概称句涵义分析的专著，书中以概率视角对概称句作了较全面的分析，是近年来概率方向解释概称句的一部代表性著作。本节主要介绍 Cohen（1999）对概称句的解释，指出 Cohen 的解释与本书将要采用的解释之间的本质区别。

Cohen 认为概称句的真要求足够多的相关个体满足谓项的相关性质，他的研究重点就在于怎样解释足够多。区别于前面的做法，Cohen 通过考察相应的现实世界的实例为真的概率来确定概称句的真值。

Cohen 把概称句分为绝对读法（absolute reading）和相关读法（relative reading）两种。其中相关读法的引入是想解释“法国人吃马肉”这样的概称句。

先从绝对读法说起。Cohen 认为概称句不是独立给出的，而是要同时考虑到相应的参考（alternative）集，而参考集则根据关注点、预设和概称陈述的话题来决定。例如：“狗是哺乳动物”的参考集是｛哺乳动物，鱼，爬行动物，鸟｝，“哺乳动物生幼崽”的参考集包含了不同种的生殖方式：｛生幼崽，生蛋，有丝分裂｝。“狗是哺乳动物”真要求相对于参考集中的动物的不同门类来说，狗是哺乳动物的概率大于 50%；“哺乳动物生幼崽”真要求哺乳动物的生殖方式是生幼崽的可能性大于 50%。Cohen 根据以上分析给出：

定义 1：$\boldsymbol{gen}(\psi;\phi)$表示概称句，其中 ψ，ϕ 表示性质。令 $A=\mathbf{ALT}(\phi)$ 是 ϕ 的相关参考集。$\boldsymbol{gen}(\psi;\phi)$真，当且仅当，$P(\phi|\psi\wedge\vee A)>0.5$，$P(\phi|\psi\wedge\vee A)$表示给定 $\psi\wedge\vee A$ 后 ϕ 的概率，而 $\vee A$ 是 A 中所有性质的并集（可能是无穷的）。

参考集中的项可以是相交的，即不同项所表达的性质允许对同一个体成立，如对“鸟会飞”的参考集：｛飞，走，游泳｝，会飞的鸟可能也同样会走，当然，“鸟会走”也是真概称句。此外，Cohen 还规定当 $P(\phi|\psi\wedge\vee A)=0$ 时，该概称句是缺乏真值的。

这样的定义也存在问题。从直观上讲，“人大于三岁”“初等学校的教师是女性”“蜜蜂是不能生育的”“书是平装的”等都是假的。但是，由于这些句子都满足 $P(\phi|\psi\wedge\vee A)>0.5$ 这一条件，按定义 1，它们却是真的。Cohen 为此引入了相关论域上的同性质限制（homogeneity constraint），简单来讲，对 $P(\alpha|\beta)$，相关类 β 相对性质 α 是同性质的，当且仅当，不能有这

样一个对相关类β的划分（partition），使得α相对通过划分得到的相关类的子集的概率与α相对整体相关类所得到的概率是不同的。在这样一个限制下，Cohen 认为上面的几个例子违反了这个限制，因而是假的。以“人大于三岁”为例，人可以依年龄分为不同的类，而“相对于三岁以下的人，人大于三岁的概率”当然与“相对人来说，人大于三岁的概率”不同。这样说来，对于年龄，人这个论域不是同性质的。其他几个例子的分析类似。但是，这种同性质要求太强了，同性质限制可以使大多数概称句都不能应用定义 1，甚至像“鸟会飞”这样的例子。鸟这个类可以按生物学上的分类来划分，而企鹅显然是可以明显地划分为一类的，因为企鹅是有绝对高的概率不会飞的，所以，鸟这个论域是不满足同性质限制的。Cohen 也意识到了这个问题，为此又提出了显著划分（salient partition）这一概念，指出一个论域如果相对所有显著划分而不是所有划分满足上面关于同性质限制这样的条件，那么它就是同性质的。Cohen 认为显著划分是随文化、前后文背景和个体而变化的（cultures, contexts and individuals）。

针对“法国人吃马肉”这样的例子，Cohen 提出了相关读法的概念。“法国人吃马肉”在 Cohen 这里面临的问题是，如果按定义 1，$P(\phi|\psi \wedge \vee A) > 0.5$ 不成立，从而这个句子不真，尽管我们通常接受这个概称句。Cohen的解释是，这句话应该采取相关读法，虽然针对法国人所吃东西的参考集：{猪肉，鸡肉，鱼肉，牛肉，蔬菜，水果等}，只有很少的一部分法国人吃马肉（肯定少于百分之五十），人们还是可以认为该句为真。相关读法的基本思想是，参考集中的元素不仅由概称句的谓项引入，还要来源于概称句的主项。给出概称句 $\boldsymbol{gen}(\psi;\phi)$，现在概称句的参考集要扩展为 $A=\{\psi' \wedge \phi' | \psi' \in \mathrm{ALT}(\psi), \phi' \in \mathrm{ALT}(\phi)\}$。虽然 $P(\phi|\psi \wedge \vee \mathrm{ALT}(\phi))$ 的概率非常低，但是只要其高于平均概率 $P(\phi|\vee A)$ 就可以了。注意 $P(\phi|\psi \wedge \vee \mathrm{ALT}(\phi)) = P(\phi|\psi \wedge \vee A)$，在相关读法下，概称句的真定义如下：

定义 2：$\boldsymbol{gen}(\psi;\phi)$ 表示概称句，其中 ψ，ϕ 表示性质。令 $A=\{\psi' \wedge \phi' | \psi' \in \mathrm{ALT}(\psi), \phi' \in \mathrm{ALT}(\phi)\}$，是 ψ 和 ϕ 的相关参考集。$\boldsymbol{gen}(\psi;\phi)$ 真，当且仅当，$P(\phi|\psi \wedge \vee A) > P(\phi|\vee A)$。

因为法国人吃马肉的可能性要高于任何其他国家的人吃马肉的可能性，

即使当有其他肉时法国人吃马肉的可能性很小，人们还是认为“法国人吃马肉”是真的。Mao（2003）指出，定义2虽然可以解释“法国人吃马肉”这样的例子，但同时也给一些不能用定义1来解释的概称句开了一个后门。例如，对“郁金香是黑的”“绵羊通过克隆生产后代”，由定义1，郁金香是黑色的情况非常少见，通常只可以在公园里通过特别的科技和精心的栽培才可能出现；人类公开记载的历史中，只有一个叫多利的绵羊是通过克隆得来的。但是如果以相关读法来考虑这两句的话，它们却是真的。比如黑郁金香虽然很罕见，但毕竟还是有的，而其他花是黑色的可能性则更小。虽然绵羊通过克隆方式得来的只有一只，但其他品种通过克隆方式得来的却一只也没有。然而，这两句在直观上却是假的。为了避免这种情况出现，同时保持相关读法对“法国人吃马肉”这类句子的解释能力，Cohen把判定一个概称句应采取哪种读法的任务推到了我们大家身上。

综上所述，尽管Cohen通过相关读法给很多句子开了后门，但还是有很多句子不能解释，如体现概称句内涵性的句子“这台机器榨橙汁”“小张处理从南极洲来的信件”。这些现实世界里没有实例的句子，在Cohen的解释下其概率为0，按Cohen的规定，这些句子没有真值，这与人们日常对这些句子的直观并不相符。

Cohen的研究实际上是一个不断修补漏洞的过程。对绝对读法，定义1太弱了，就加上同性质限制，但同性质限制却使所有满足定义1同时$P(\phi|\psi\wedge\vee A)\neq1$[①]的概称句都可以假。而显著划分的提出虽然提供了一个挽回的空间，但没有给出具体判断显著划分的标准，作为“解释”，Cohen指出显著划分随文化、前后文背景和个体的变化而变化，虽然这没有错，但是由于同性质限制和显著划分的概念并不是人直观立刻就能认知到的，所以，这种可对可错的判断就让人有点无所适从了。尽管对概称句的语义解释要给判断主体和语境等因素留有空间，但还是要尽可能多地找出概称句所共有的能形式化表达的性质。事实上，Mao和Zhou（2003）、周北海（2004）在这一方面更进了一步。Cohen的理论如此复杂，只能说明他所总

---

① $P(\phi|\psi\wedge\vee A)=1$情况对应没有例外的那部分概称句。

结的形式没有抓住概称句最核心的本质。

考虑一下 2.1.1 对概称句特点的总结可以看出，除了第四条外，其他几条都是 Cohen 考虑到的并且希望表达的。Cohen 认为概称句表达一定规律性的东西；Cohen 所做的种种努力也是要刻画概称句容忍例外的特性；Cohen 整篇的讨论都是概称句的真条件；Cohen 的定义 1 说明他也考虑到了对主项个体作限制要考虑到谓项的涵义（体现在给出对谓项的参考集），只不过他对主项的限制方法与前人都不一样，他不是直接缩小主项个体的范围，而是考虑所有现实世界的个体，通过与其他相关实例的比较来刻画足够多从而起到限制的作用；Cohen 讨论最多的就是概称句的判断是随文化、语境和个体变化而变化的；Cohen 在书中指出是概称句的语义引导常识推理（default reasoning），而不是常识推理给出概称句的语义解释，这表明了 Cohen 认为概称句是导致推理非单调的原因。

通过以上的分析可以看出，Cohen 的方法和本书将要接受的方法的本质区别就在于是否可以体现概称句的内涵性。由于 Cohen 没有考虑到内涵性这一点，虽然在其他各点上这两个方向的认识基本一致，研究结果却呈现出很大的差异。事实上，两个方向正是分别以有内涵和无内涵为研究的基点，而从基点就开始的区别，导致了结果上巨大的差异。

第三章　结论是事实句的概称句推理的基础逻辑*

本章分为两节：3.1是结论是事实句的概称句推理研究综述；3.2给出结论是事实句的概称句推理的一个基础逻辑 G_F。

3.1　结论是事实句的概称句推理研究综述

3.1.1　结论是事实句的概称句推理

结论是事实句的概称句推理。如从“鸟会飞”“特威蒂是鸟”推出“特威蒂会飞”就是这种类型推理的一个典型案例①。这类推理前提中包含概称句，而所得结论是具体的事实句。由于概称句的作用，推理的结论当增加新前提时有可能会有所改变，因此这类推理是非单调推理。根据本书的分类，将这类推理称为结论是事实句的概称句推理。

以下是一些结论是事实句的概称句推理的例子。

(1) 鸟会飞，特威蒂是鸟，所以，特威蒂会飞。

(2) 鸟会飞，特威蒂是鸟，但特威蒂不会飞，所以，特威蒂不会飞。

---

* 本章内容参考了周北海（2004b）和Mao（2003）。

① 通常所说的常识推理/缺省推理（default reasoning）研究中的核心部分刚好是结论是事实句的概称句推理。这里有两个问题需要说明：(1) 翻译问题。计算机界通常把“default reasoning”和“default”翻译为“缺省推理”和“缺省”，周北海将其翻译为“常识推理”和“常识”，并有专门的讨论，详见周北海（2003）。(2) 事实上，常识推理/缺省推理所涵盖的并不仅仅是结论是事实句的概称句推理，像“如果下雨则地湿，如果地湿则路滑，所以，如果下雨则路滑”涉及传递性的例子也偶尔被这一领域的学者讨论。但总的来说，就目前为止，被称为常识推理/缺省推理的研究，其核心问题仍是结论是事实句的概称句推理。

（3）贵格会教徒是和平主义者，共和党人不是和平主义者，尼克松是贵格会教徒，所以，尼克松是和平主义者。

（4）贵格会教徒是和平主义者，共和党人不是和平主义者，尼克松是贵格会教徒，尼克松是共和党人，所以，尼克松是？（是不是和平主义者?）

（5）企鹅是鸟，鸟会飞，企鹅不会飞，特威蒂是鸟，特威蒂是企鹅，所以，特威蒂不会飞。

3.1.2　“试金石”问题

这一研究领域下有些经常被讨论的例子（3.1.1 中的例子就是其中一部分），俗称试金石例（benchmark example），顾名思义，这些推理的例子用来检验研究者的理论是否成功刻画了这种类型的推理，一个理论能解释的试金石问题越多，就被看作越成功。其中有些例子还有专门的名称，如 3.1.1 中例（4）被称为尼克松菱形（Nixon Diamond），例（5）被称为企鹅原则（Penguin Principle），除此之外还有二层企鹅原则等。3.1.1 中：

例（1）表达的是一种分离规则，但它不同于经典命题逻辑中的分离规则，结合例（2）我们可看出这种分离规则的结论是可废止的。周北海（2003）称之为常识分离，我们沿用这种叫法。

例（2）表明在结论是事实句的概称句推理中，当由事实命题直接得到的结论和由概称句推理得到的结论有冲突时，得到的是前者。这个性质称为“事实优先”。

例（3）表明当前提中的事实命题与概称句推理的内容无关时，事实命题在概称句推理中不起作用。

例（4）表明在结论是事实句的概称句推理中，在前提没矛盾可以同真的情况下，在推理中的结论却出现了矛盾，导致推不出最终的结论。该例与例（3）合在一起，还说明原来可以推出的结论在增加前提后反而推不出了，显示了结论是事实句的概称句推理的非单调性。

例（5）表明了结论是事实句的概称句推理对诸前提的依赖是不同的。

该例所表明的是从关于相对特殊或具体对象的命题推出的结论优先。就“企鹅”和“鸟”来说，前者相对特殊些，具体些，所以从“企鹅不会飞”得到的“特威蒂不会飞”要优先于从“鸟会飞”得到的“特威蒂会飞”。该例所呈现的性质称为“特殊者优先”（specificity）。类似于概念的外延与内涵的反比关系，外延小则内涵多，这一例子即通常所说的企鹅原则，后文中我们称为“具体概称句优先”①。

从前面的例子来看，在以命题为最小单位的情况下，这些例子可以初步形式化为：

p，$p>q/q$ [常识分离，例（1）]

$\neg q$，p，$p>q/\neg q$ [事实优先，例（2）]

r，p，$p>q/q$ [无关事实，例（3）]

p，q，$p>\neg r$，$q>r/?$ [尼克松菱形，例（4）]

p，q，$p>q$，$p>\neg r$，$q>r/\neg r$ [企鹅原则，例（5）]

其中/表示至此我们还不完全明确的推出关系。

3.1.3 刻画局部推理的逻辑

根据上面的例子和初步形式化分析，结论是事实句的概称句推理有以下重要的特点②：

区别于古典的单调推理，这种推理是非单调的：推理的基本要求只能是前提真则结论可接受，不是前提真则结论真；而且前提真“结论”可能矛盾。在可能的情况下，可以消除矛盾，从矛盾的“结论”中得到可接受的结论。

例如，在3.1.1例（1）中我们得到“特威蒂会飞”，而事实上，特威蒂可能因受伤而不会飞，也可能是企鹅而不会飞，如例（2）中的特威蒂。在这些情况下，“特威蒂是鸟”和“鸟会飞”都是真的，但“特威蒂会飞”是假的。不过，尽管“特威蒂会飞”有可能是假的，但是，从“特威蒂是

① 在周北海、毛翊（2004b）中又称为“多信息优先”。

② 在后面的章节中我们将看到，以下对局部推理整体推理的讨论对整个概称句推理都是成立的，而不仅仅是结论是事实句的概称句推理。

鸟”和“鸟会飞”通常我们还是接受“特威蒂会飞”这个结论。这也是我们平时进行概称句推理的实际情况。前提真则结论真是我们所熟悉的关于正确推理的基本要求，但是对概称句来说，我们却不得不放弃这个要求。原因就在于概称句容忍例外，使得正确的概称句推理不是也无法做到前提真则结论真，而只能是前提真则结论可接受。

结论是事实句的概称句推理实际上是根据一般情况或正常情况从前提推出结论。既然概称句容忍例外，就可能在例外的情况下产生矛盾。在例（4）中，“贵格会教徒是和平主义者”“共和党人不是和平主义者”，是常识命题，说的是“贵格会教徒一般地来说是和平主义者”“共和党人一般地来说不是和平主义者”，都不排斥例外。事实上尼克松可以是贵格会教徒而不是和平主义者，也可以是共和党人而且也是和平主义者，所以，例（4）的前提可以都是真的。但是，从例（4）的前提“贵格会教徒是和平主义者”和“尼克松是贵格会教徒”，我们可以得出“尼克松是和平主义者”，从“共和党人不是和平主义者”和“尼克松是共和党人”，又可以得出“尼克松不是和平主义者”，这是矛盾的。

实际上，不仅尼克松菱形的例子，按同样的方法，体现企鹅原则的例（5）和事实优先的例（2）等，都可以推出矛盾，尽管它们的前提都不矛盾。遇到矛盾还要推，这个“还要推”指的是，不是由矛盾可以推出任何命题的推，而是要从矛盾的结论中得出可接受的结论，这正是常识推理对我们来说最有意义和最重要的地方。

从上面的例子来看，除尼克松菱形外，在企鹅原则和事实优先的例子中，尽管也有矛盾，我们还是得到了应有的结论。为什么产生矛盾，而又觉得应该可以消除或避免矛盾？是因为我们暗中用了两种推理：一种是根据部分前提的推理，并且把部分前提推出的结论看成全部前提推出的结论；一种是把全部前提看作一个整体，考虑到整个前提全体的推理。这两种推理以下分别称为“局部推理”和“整体推理”。如果把推理理解为推出关系，相应的也就有局部推出和整体推出两种推出关系。我们熟悉的古典逻辑所刻画的推理或推出（关系）就是这里的局部推理或局部推出（关系）。

以企鹅原则为例说明这两种推理及其相互关系。在企鹅原则的前提中，从“鸟会飞”和“特威蒂是鸟”，可以推出“特威蒂会飞”；从“特威蒂是企鹅”和“企鹅不会飞”，可以推出“特威蒂不会飞”。注意这里的推出都是无矛盾的推出，即所推出的结论无矛盾。它们就是从部分前提得到的推理。如果我们还认为部分前提推出即全体前提推出，那么，从企鹅原则的这组前提既可推出“特威蒂会飞”，又可推出“特威蒂不会飞”，得出了矛盾的结论。所谓常识推理可能推出矛盾，也是指这个层次上的结论出现的矛盾。但是，从这整组前提来看，根据“特殊优先”的原则，我们通常只会得到“特威蒂不会飞”，不会得到“特威蒂会飞”。这两个局部推理的结论只有“特威蒂不会飞”是整个前提的最终结论，在这个层次上所谈论的结论并不矛盾。

这个例子说明，概称句推理的（最终）结论是整体推出的结论。整体推出的结论首先是局部推出的结论。局部推出的结论并非一定都是整体推理的结论。在局部推出的结论不矛盾的情况下，它们都是整体推理的结论，否则，就要去掉一些局部推理的结论，消除矛盾。消除矛盾后的局部推理结论是整体推出的结论。局部推理可能产生矛盾，整体推理消除矛盾。

这样，在考虑这个推理过程时，我们考虑用逻辑来刻画局部推理，而整个推理过程则需结合前提集上的排序。因此，我们以下所给出的逻辑系统是用来刻画局部推理的逻辑，所刻画的逻辑规律是有关局部推理的，而上面所描述的整个非单调推理需结合所给逻辑基础上定义的前提集上的排序以及后承关系来整体刻画。具体见第五章。

3.2 结论是事实句的概称句推理的一个基础逻辑 G_F

3.2.1 语言 L_G

形式语言记作 L_G，包含以下初始符号。

（1）可数无穷多个个体变元 v_0，v_1，…

（2）可数无穷多个个体常元 c_0，c_1，…

（3）可数无穷多个一元谓词变元（n≥0）P_0，P_1，…

（4）命题常元⊥，真值算子→，二元算子>

（5）量词符号∀

（6）二元算子λ，N

（7）括号“)”，“(”

（8）“,”

L_G－公式定义如常。其中所有原子公式的集合记作$P(L_G)$。所有L_G－公式的集合记作$Form(L_G)$。语法符号p，q，r等表示任意的原子公式。α，β，γ，δ，φ，ψ等表示任意的公式。Γ，Φ等表示任意的公式集。被定义符号有⊤，¬，∧，∨，↔。括号的省略按如下顺序：¬，∧，∨，>，→，↔。形式语言L_G有可数无穷多个变元符号、常项符号以及一元谓词符号，命题常项符号⊥，联结词→，量词符号∀，辅助符号(,)。在此基础上，新加命题联结词符号>，λ，N。个体变元x，y，z；常项a，b，c。t表示任意的个体词；谓词符号P，Q等。

公式 $\alpha := \bot \mid Pt \mid \alpha\to\beta \mid \forall x\alpha \mid \alpha>\beta \mid (\lambda x\alpha)t \mid N(\lambda x\alpha,\lambda x\beta)t \mid$

⊤，¬，∧，∨，↔，∃，G及；是被定义符号。其中⊤，¬，∧，∨，↔，∃定义如常；G及；如下：

定义 3.1 $Gx(\alpha;\beta) =_{df} \forall x(N(\lambda x\alpha,\lambda x\beta)x>\beta)$

3.2.2 语义

定义 3.2 设W，D是任意非空集，S：{s：s是W→$\mathscr{P}$(D)的映射}。对任意s_1，$s_2\in S$，

（1）$s_1\subseteq s_2$，当且仅当，对任意的$w\in W$，$s_1(w)\subseteq s_2(w)$。

（2）$s_1=s_2$，当且仅当，对任意的$w\in W$，$s_1(w)\subseteq s_2(w)$且$s_2(w)\subseteq s_1(w)$。

（3）$s_1=s_2^{\sim}$，当且仅当，对任意的$w\in W$，$s_1(w)=(s_2(w))^{\sim}$。（对任意的集合A，$A^{\sim}$是A的补集）

（4）对任意的$w\in W$，$(s_1\cup s_2)(w)=s_1(w)\cup s_2(w)$，从而$(s_1\cap s_2)(w)=s_1(w)\cap s_2(w)$。

(5) 空涵义 $s_{\top}$，对任意 $w \in W$，$s_{\top}(w) = D$。

(6) 全涵义 $s_{\bot}$，对任意 $w \in W$，$s_{\bot}(w) = \varnothing$。

定义 3.3 设 W，D 是任意非空集，$S = \mathscr{P}(D)^{W}$，$\mathscr{N}$是 $S \times S \to S$ 上的正常个体选择函数，当且仅当，$\mathscr{N}$满足，对任意的 s_1，$s_2 \in S$，

(1) $\mathscr{N}(s_1, s_2) \subseteq s_1$，并且

(2) $\mathscr{N}(s_1, s_2) = \mathscr{N}(s_1, s_2^{\sim})$。

定义 3.4 设 W，D 是任意非空集，[，] 是 $D \times S \to \mathscr{P}(W)$ 上的函数，满足：对任意 $d \in D$，$s \in S$，$[d, s] = \{w \in W : d \in s(w)\}$。

定义 3.5 设 W，D 是任意非空集，⊛是 W 上的集选函数，$\mathscr{N}$是 $I(W, D)$ 上的正常个体选择函数。函数 $g: S \times S \to \mathscr{P}(W)$ 是 W 和 D 上概称函数，当且仅当，对任意的 s_1，$s_2 \in S$，$g(s_1, s_2) = \{w \in W$：对任意的 $d \in D$，$⊛(\{w\}, [d, \mathscr{N}(s_1, s_2)]) \subseteq [d, s_2]\}$。

定义 3.6 设 W，D 是任意非空集，⊛是 W 上的集选函数，$\mathscr{N}$是 S 上的正常个体选择函数。函数 $u: S \times S \to \mathscr{P}(W)$ 是 W 和 D 上全称函数，当且仅当，对任意的 s_1，$s_2 \in S$，$u(s_1, s_2) = \{w \in W$：对任意的 $d \in D$，$⊛(\{w\}, [d, s_1]) \subseteq [d, s_2]$，并且如果 $⊛(\{w\}, [d, s_1]) = \varnothing$，则 $w \in [d, s_1] \cap [d, s_2]\}$。

定义 3.7 一个集选框架是一个二元组〈W，⊛〉，其中 W 是任意非空集，⊛是 W 上的集选函数，即 $⊛: \mathscr{P}(W) \times \mathscr{P}(W) \to \mathscr{P}(W)$，满足：对 W 的任意子集 X，Y，Z，

(1) 如果 $X \subseteq X'$，则 $⊛(X, Y) \subseteq ⊛(X', Y)$。

(2) 如果对 X 中任意的 w 都有 $⊛(\{w\}, Y) \subseteq Z$，则 $⊛(X, Y) \subseteq Z$。

(3) 如果 $⊛(X, Y) \subseteq Z$，则 $⊛(W, X \cap Y) \subseteq Z$。

(4) $⊛(X, Y) \subseteq Y$。

(5) 若 $⊛(X, Y) \subseteq Z$ 且 $⊛(X, Y') \subseteq Z$，则 $⊛(X, Y \cup Y') \subseteq Z$。

(6) 若 $⊛(X, Y) \subseteq Y'$ 且 $⊛(X, Y') \subseteq Z$，则 $⊛(X, Y) \subseteq Z$。

(7) 对所有的 s_1，$s_2 \in S$，如果 $Y = g(s_1, s_2)$，则 $⊛(X, Y) \subseteq u(s_1, s_2)$。

命题 3.8 设〈W，⊛〉是任意的集选框架，X，Y，Z 是 W 的任意子集。

(1) 如果 $X \subseteq X'$，那么，对任意的 Z，若 $\circledast(X', Y) \subseteq Z$，则 $\circledast(X, Y) \subseteq Z$。

(2) 如果 $\circledast(X, Y) \subseteq Z$，则对任意 $w \in X$，$\circledast(\{w\}, Y) \subseteq Z$。

(3) 对任意 $w \in X$，$\circledast(\{w\}, Y) \subseteq Z$，当且仅当，$\circledast(X, Y) \subseteq Z$。

证明：(1) 是定义 3.7 (1) 的等价形式。

(2) 由定义 3.7 (1) 可得。

(3) 由 (2) 和定义 3.7 (2) 可得。

命题 3.9 设〈W，⊛〉是任意的集选框架，Y 是 W 的任意子集。对任意的指标集 I，

(1) $\circledast(\bigcup\{X_i : i \in I\}, Y) \subseteq \bigcup\{\circledast(X_i, Y) : i \in I\}$。

(2) 对任意子集 Z，如果对任意 $i \in I$，$\circledast(X_i, Y) \subseteq Z$，则 $\circledast(\cup\{X_i : i \in I\}, Y) \subseteq Z$。

易证 (1) 和 (2) 等价。只证 (2)。设有 Z，$\circledast(\bigcup\{X_i : i \in I\}, Y) \not\subseteq Z$。由定义 3.1 (2)，有 $w^* \in \bigcup\{X_i : i \in I\}$，$\circledast(\{w^*\}, Y) \not\subseteq Z$。因 $w^* \in \bigcup\{X_i : i \in I\}$，所以存在 $i^* \in I$，$w^* \in X_i^*$。再由命题 3.1 (2)，$\circledast(X_i^*, Y) \not\subseteq Z$。

定义 3.10 四元组 $F = <W, D, \mathscr{N}, \circledast>$ 是框架，如果 W，D 是非空集合，$\mathscr{N}$ 是 $S \times S \to S$ 上的函数，⊛是 W 上的集选函数，且对任意的 $w \in W$，任意 s_1，$s_2 \in S$，如果 $s_1(w) \subseteq s_2(w)$，则对任意 $d \in D$，$\circledast(\{w\}, [d, s_1]) \subseteq [d, s_2]$。

一般的，我们称 W 为可能世界集，D 为个体域。

定义 3.11（对非逻辑符号的解释） 给定框架 $F = <W, D, \mathscr{N}, \circledast>$，$\eta$ 是个体常元和谓词符号在 F 上的解释，当且仅当，

(1) 对任意的个体常元 $c \in C$，$\eta(c) \in D$。

(2) 对任意一元谓词 P，$\eta(P, w) \in D$。

定义 3.12 有序对 $\mathscr{S} = <F, \eta>$ 是结构，如果 F 是一个框架，η 是 F 上的解释。

定义 3.13 有序对 $M = <\mathscr{S}, \sigma>$ 是模型，如果 $\mathscr{S}$ 是一个结构，σ 是变元集到个体域的映射，称为指派。

$F = <W, D, \mathscr{N}, \circledast>$，$\mathscr{S} = <F, \eta>$ 又记为 $<W, D, \mathscr{N}, \circledast, \eta>$，

$M=<W, D, \mathscr{N}, \circledast, \eta, \sigma>$，以下用 W_M，D_M，η_M，σ_M 等表示该模型中相应的成分，F_M，$\mathscr{S}_M$ 表示相应的框架和结构。

定义 3.14 M，M′是任意的模型，称 M′是 M 在 x 上的变体，记为 $M'=M(d/x)$。如果：(1) $F_{M'}=F_M$；(2) $\sigma_{M'}=\sigma_M(d/x)$。$\sigma_M(d/x)$ 称为 $\sigma_{M'}$ 在 x 上的变体，定义如下：

$$\sigma_M(d/x)(y)=\begin{cases} d_i, & \text{若 } y=x_i,\ x_i \text{ 是 } x \text{ 的第 } i \text{ 个元素；} \\ \sigma_M(y), & \text{否则} \end{cases}$$

定义 3.15 设 M，M′是任意的模型，t 是任意的项。t 在模型 M 中的解释 t^M 是满足以下条件的映射：

$$t^M=\begin{cases} \eta_M(c), & \text{若 } t=c \\ \sigma_M(x), & \text{若 } t=x \end{cases}$$

定义 3.16 设 $M=\langle W,\circledast,\sigma\rangle$ 是任一模型，φ 是任一公式，$\|\varphi\|^M$ 是满足如下条件的集合：

(1) $\|\bot\|^M=\varnothing$。

(2) $\|p\|^M=\sigma(p)$。

(3) $\|\alpha\rightarrow\beta\|^M=(W-\|\alpha\|^M)\cup\|\beta\|^M$。

(4) $\|\alpha>\beta\|^M=\bigcup\{X\subseteq W:\circledast(X,\|\alpha\|^M)\subseteq\|\beta\|^M\}$。

(5) $\|\forall x\alpha\|^M=\{w\in W$：对任意 $d\in D_M$，$w\in\|\alpha\|^{M(d/x)}\}$。

(6) $\|(\lambda x\alpha)t\|^M=\{w\in W:t^M\in(\lambda x\alpha)^M(w)\}$，$(\lambda x\alpha)^M\in I(W,D)$，满足：$(\lambda x\alpha)^M(w)=\{d\in D_M:w\in\|\alpha\|^{M(d/x)}\}$，其中 x 是 α 中顺序出现的自由变元组成的序列。

(7) $\|N(\lambda x\alpha,\lambda x\beta)t\|^M=\{w\in W:t^M\in\mathscr{N}((\lambda x\alpha)^M,(\lambda x\beta)^M)(w)\}$。

命题 3.17 设 M 是任意的模型，X 是 W_M 的任意子集，α 和 β 是任意的公式。

(1) $\circledast(\|\alpha>\beta\|^M,\|\alpha\|^M)\subseteq\|\beta\|^M$。

(2) $X\subseteq\|\alpha>\beta\|^M$，当且仅当，$\circledast(X,\|\alpha\|^M)\subseteq\|\beta\|^M$。

证 证 (1)。由定义 3.16 (4)，$\circledast(\|\alpha>\beta\|^M,\|\alpha\|^M)=\circledast(\bigcup\{X\subseteq W:\circledast(X,\|\alpha\|^M)\subseteq\|\beta\|^M\},\|\alpha\|^M)$。由命题 3.9 (1)，$\circledast(\bigcup\{X\subseteq$

$W:\circledast(X,\|\alpha\|^M)\subseteq\|\beta\|^M\}$, $\|\alpha\|^M)\subseteq\bigcup\{\circledast(X,\|\alpha\|^M):\circledast(X,\|\alpha\|^M)\subseteq\|\beta\|^M\}$。又 $\bigcup\{\circledast(X,\|\alpha\|^M):\circledast(X,\|\alpha\|^M)\subseteq\|\beta\|^M\}\subseteq\|\beta\|^M$，所以，$\circledast(\|\alpha>\beta\|^M,\|\alpha\|^M)\subseteq\|\beta\|^M$。

证（2）。设 $X\subseteq\|\alpha>\beta\|^M$。由定义 3.16（4），$X\subseteq\bigcup\{X'\subseteq W:\circledast(X',\|\alpha\|^M)\subseteq\|\beta\|^M\}$。因此，对任意的 $w\in X$，有 $w\in\bigcup\{X'\subseteq W:\circledast(X',\|\alpha\|^M)\subseteq\|\beta\|^M\}$。由命题 3.8（2），$\circledast(\{w\},\|\alpha\|^M)\subseteq\|\beta\|^M$。再由定义 3.7（2），$\circledast(X,\|\alpha\|^M)\subseteq\|\beta\|^M$。另一方向显然，从略。■

命题 3.18 设 M 是任意的模型。

（1）$\|\top\|^M=W_M$

（2）$\|\neg\alpha\|^M=W_M-\|\alpha\|^M$

（3）$\|\alpha\wedge\beta\|^M=\|\alpha\|^M\cap\|\beta\|^M$

（4）$\|\alpha\vee\beta\|^M=\|\alpha\|^M\cup\|\beta\|^M$

（5）$\|Gx(\alpha;\beta)\|^M=g((\lambda x\alpha)^M,(\lambda x\beta)^M)$

（6）$\|\forall x(\alpha;\beta)\|^M=u((\lambda x\alpha)^M,(\lambda x\beta)^M)$

证明由符号定义和定义 3.16 可得，可参见 Mao（2003），略。

命题 3.19 对任意模型 M，$\|\alpha(y/x)\|^{M(d/y)}=[d^M,(\lambda x\alpha)^M]$。

证：由定义 3.4，$\|\alpha(y/x)\|^{M(d/y)}=\{w\in W:d\in(\lambda x\alpha)^M(w)\}=[d^M,(\lambda x\alpha)^M]$。■

定义 3.20 设 M 是任一模型，X 是 W_M 的任一非空子集，α 是任一公式。α 在 X 上为真，记作 $M\models_X\alpha$，当且仅当，$X\subseteq\|\alpha\|^M$。

命题 3.21 设 M 是任一模型，X 和 w 分别是 W_M 的任一子集和任一元素。

（1）$M\models_X\neg\alpha$，当且仅当，$X\cap\|\alpha\|^M=\varnothing$。

（2）$M\models_X\alpha\wedge\beta$，当且仅当，$M\models_X\alpha$ 并且 $M\models_X\beta$。

（3）$M\models_{\{w\}}\alpha\vee\beta$，当且仅当，$M\models_{\{w\}}\alpha$ 或者 $M\models_{\{w\}}\beta$。

（4）$M\models_{\{w\}}\alpha\to\beta$，当且仅当，如果 $M\models_{\{w\}}\alpha$ 则 $M\models_{\{w\}}\beta$。

（5）$M\models_X\alpha>\beta$，当且仅当，$\circledast(X,\|\alpha\|^M)\subseteq\|\beta\|^M$。

证明参见 Mao（2003），略。■

命题 3.22 对任意的 $X \subseteq W_M$，$M \models_X \alpha \rightarrow \beta$，当且仅当，$X \cap \|\alpha\|^M \subseteq \|\beta\|^M$。特别的，如果 $M \models_{W_M} \alpha \rightarrow \beta$，当且仅当，$\|\alpha\|^M \subseteq \|\beta\|^M$。

命题 3.23 设 M 和 α 分别是任意的模型和公式，$M \models_{W_M} \alpha$，当且仅当，对任意的 $w \in W_M$，$M \models_{\{w\}} \alpha$。

定义 3.24 设 α 是任意的公式。α 是有效的，记作 $\models \alpha$，当且仅当，对任意的模型 M，$M \models_{W_M} \alpha$，又记作 $M \models \alpha$。

定义 3.25 设 α 是任意的公式。α 是可满足的，当且仅当，$\neg\alpha$ 不是有效的。

定理 3.26 下列公式都是有效的。

（1）所有重言式。

（2）$(\alpha \wedge (\alpha > \beta)) > \beta$

（3）$(\alpha > (\beta \rightarrow \gamma)) \rightarrow ((\alpha > \beta) \rightarrow (\alpha > \gamma))$

（4）$\forall x(\alpha > \beta) \rightarrow (\alpha > \forall x\beta)$（$x$ 不是 α 中的自由变元）

（5）$\forall y(N(\lambda x\alpha, \lambda x\beta)y \rightarrow \alpha(y/x))$

（6）$\forall y(N(\lambda x\alpha, \lambda x\beta)y \rightarrow N(\lambda x\alpha, \lambda x\neg\beta)y)$

（7）$Gx(\alpha;\beta) > \forall x(\alpha;\beta)$

证明：只证（4）（5），其他可参考下一章或 Mao（2003）。

（4）对任意的模型 M，任意的 $w \in W_M$，

假设

$$w \in \|\forall x(\alpha > \beta)\|^M \text{①}。$$

对任意的 $d \in D_M$，有

$$w \in \|\alpha > \beta\|^{M(d/x)} \text{②}。$$

从而

$$\circledast(\{w\}, \|\alpha\|^{M(d/x)}) \subseteq \|\beta\|^{M(d/x)} \text{③}。$$

已知 x 不是 α 中的自由变元，有

$$\|\alpha\|^M = \|\alpha\|^{M(d/x)} \text{④}。$$

由③④，

$$\text{对任意的 } d \in D，\circledast(\{w\}, \|\alpha\|^M) \subseteq \|\beta\|^{M(d/x)} \text{⑤}。$$

由⑤及 d 的任意性，

$$\circledast(\{w\},\|\alpha\|^{M})\subseteq\|\forall x\beta\|^{M}$$

从而

$$w\in\|\alpha>\forall x\beta\|^{M}⑥。$$

由①⑥得，

对任意 $w\in W_M$，$w\in\|\forall x(\alpha>\beta)\to(\alpha>\forall x\beta)\|^{M}$（$x$ 不是 α 中的自由变元）

由 w 的任意性，

对任意的模型 M，$M\models\forall x(\alpha>\beta)\to(\alpha>\forall x\beta)$（$x$ 不是 α 中的自由变元）。■

（5）对任意的模型 M，任意的 $w\in W_M$，任意的 $d\in D_M$，

假设

$$w\in\|N(\lambda x\alpha,\lambda x\beta)y\|^{M(d/y)}①。$$

由 $\|\cdot\|^{M}$ 定义，

$$w\in\{w\in W:d\in\mathcal{N}((\lambda x\alpha)^{M},(\lambda x\beta)^{M})(w)\}②。$$

已知模型满足

$$\mathcal{N}((\lambda x\alpha)^{M},(\lambda x\beta)^{M})\subseteq(\lambda x\alpha)^{M}③。$$

由②③，

$$w\in\{w\in W:d\in(\lambda x\alpha)^{M}(w)\}④。$$

由④、定义 3.16 及命题 3.19 有，

$d\in(\lambda x\alpha)^{M}(w)$ 当且仅当 $w\in\|\alpha\|^{M(d/x)}=\|\alpha(y/x)\|^{M(d/y)}$⑤。

由①⑤，

对任意 $w\in W_M$，任意 $d\in D_M$，有 $w\in\|N(\lambda x\alpha,\lambda x\beta)y\to\alpha(y/x)\|^{M(d/y)}$⑥。

由 d 的任意性，

对任意的 $w\in W_M$，$w\in\|\forall y(N(\lambda x\alpha,\lambda x\beta)y\to\alpha(y/x))\|^{M}$。

由 w 的任意性，

对任意的模型 M，$M\models\forall y(N(\lambda x\alpha,\lambda x\beta)y\to\alpha(y/x))$。■

定理 3.27　设 M 是任意的模型。

（1）如果 $M\models\alpha$，$M\models\alpha\to\beta$，则 $M\models\beta$。

（2） 如果 $M \models \beta \leftrightarrow \gamma$，则 $M \models (\beta > \alpha) \leftrightarrow (\gamma > \alpha)$。

（3） 如果 $M \models \beta$，则 $M \models \alpha > \beta$。

（4） 如果 $M \models \alpha > \beta$，则 $M \models \alpha \wedge \gamma > \beta$。

（5） 如果 $M \models \alpha$，则 $M \models \forall x\alpha$

证明为常规方法，从略。

以上给出了语言 L_G 下的一个形式语义。这个语义的特点在于引入了两个正常算子，这里称之为双正常语义。根据前面的分析，设 $G_F = \{\alpha \in F(L_{G_F}) : \models \alpha\}$，$G_F$ 即关于局部推出层次上的结论是概称句的一个逻辑。下面给出 G_F 的形式系统。

3.2.3 基础逻辑 G_F

公理模式

PL	所有重言式。
CK	$(\alpha > (\beta \rightarrow \gamma)) \rightarrow ((\alpha > \beta) \rightarrow (\alpha > \gamma))$
CMP	$(\alpha \wedge (\alpha > \beta)) > \beta$
$\forall^-$	$\forall x\alpha \rightarrow \alpha(x/t)$
$\forall_{\rightarrow}$	$\forall x(\alpha \rightarrow \beta) \rightarrow (\forall x\alpha \rightarrow \forall x\beta)$
$>_{BF}$	$\forall x(\alpha > \beta) \rightarrow (\alpha > \forall x\beta)$ （x 不是 α 中的自由变元）
CK	$(\alpha > (\beta \rightarrow \gamma)) \rightarrow ((\alpha > \beta) \rightarrow (\alpha > \gamma))$
$>_{MP}$	$(\alpha \wedge (\alpha > \beta)) > \beta$
ID	$(\alpha > \alpha)$
TRAN	$(\alpha > \beta) \rightarrow ((\beta > \gamma) \rightarrow (\alpha > \gamma))$
A_D	$(\alpha > \gamma) \wedge (\beta > \gamma) \rightarrow (\alpha \vee \beta > \gamma)$
N	$\forall y(N(\lambda x\alpha, \lambda x\beta)y \rightarrow \alpha(y/x))$
N¬	$\forall y(N(\lambda x\alpha, \lambda x\beta)y \rightarrow N(\lambda x\alpha, \lambda x\neg\beta)y)$
GU	$Gx(\alpha;\beta) > \forall x(\alpha;\beta)$

初始规则

MP	从 α 和 $\alpha \rightarrow \beta$ 可得 β（分离）
RCEA	从 $\beta \leftrightarrow \gamma$ 可得 $(\beta > \alpha) \leftrightarrow (\gamma > \alpha)$（前件等值置换）

R_N 从 β 可得 $\alpha>\beta$（正常化规则）

R_M 从 $\alpha>\beta$ 可得 $\alpha\wedge\gamma>\beta$（对定理的单调性）

$\forall^+$ 由 α 得 $\forall x\alpha$

由以上公理模式和初始规则可以看出，G_F是古典命题逻辑（记作 PC）增加公理模式 C_K 和 C_{MP}，以及规则 R_{CEA}，R_N 和 R_M 的扩张。

G_F有以下内定理：

$Th_{G_F}1$ $(\alpha>(\beta\wedge\gamma))\rightarrow((\alpha>\beta)\wedge(\alpha>\gamma))$

$Th_{G_F}2$ $((\alpha>\beta)\wedge(\alpha>\gamma))\rightarrow(\alpha>(\beta\wedge\gamma))$

只证 $Th_{G_F}2$，$Th_{G_F}1$ 类似。

(1) $\beta\rightarrow(\gamma\rightarrow(\beta\wedge\gamma))$ [P_L]

(2) $\alpha>(\beta\rightarrow(\gamma\rightarrow(\beta\wedge\gamma)))$ [(1), R_N]

(3) $(\alpha>\beta)\rightarrow(\alpha>(\gamma\rightarrow(\beta\wedge\gamma)))$ [(2), C_K, MP]

(4) $(\alpha>(\gamma\rightarrow(\beta\wedge\gamma)))\rightarrow((\alpha>\gamma)\rightarrow(\alpha>(\beta\wedge\gamma)))$ [C_K]

(5) $(\alpha>\beta)\rightarrow((\alpha>\gamma)\rightarrow(\alpha>(\beta\wedge\gamma)))$ [(3), (4), PC]

(6) $((\alpha>\beta)\wedge(\alpha>\gamma))\rightarrow(\alpha>(\beta\wedge\gamma))$ [(5), PC]

G_F有以下导出规则：

R_{CEC} 从 $\beta\leftrightarrow\gamma$ 可得$(\alpha>\beta)\leftrightarrow(\alpha>\gamma)$。（后件等值置换）

R_{EQ} 从 $\beta\leftrightarrow\gamma$ 和 α 可得 $\alpha[\gamma/\beta]$。（$\alpha[\gamma/\beta]$是对 α 中的 β 用 γ 置换后得到的公式）

R_{IC} 从 $\alpha\rightarrow(\beta>\gamma)$可得$(\alpha\wedge\beta)>\gamma$。

R_{CK} 从$\beta_1\wedge\cdots\wedge\beta_n\rightarrow\beta$ 可得$(\alpha>\beta_1)\wedge\cdots\wedge(\alpha>\beta_n)\rightarrow(\alpha>\beta)$，$n\geqslant1$。

R_{AM} 从 $\alpha\rightarrow\beta$ 和 $\beta>\gamma$ 可得 $\alpha>\gamma$。

R_{CI} 从 $\alpha>\beta$ 和 $\beta\rightarrow\gamma$ 可得 $\alpha>\gamma$。

R_{CEC} 可以由 C_K 和 R_N 得到。R_{EQ} 可以由 R_{CEA}，R_{CEC} 以及 PC 的等值置换规则得到。R_{CK} 可以由 R_N，C_K，MP，$Th_{G_F}2$，以及 PC 证明得到。R_{AM} 可以由 R_M 和 R_{EQ} 得到。R_{CI} 可以由 C_K 和 R_N 得到。详细证明从略。以下只证 R_{IC}。

(1) $\vdash\alpha\rightarrow(\beta>\gamma)$ [假设]

(2) $\vdash\alpha\leftrightarrow(\alpha\wedge(\beta>\gamma))$ [(1), PC]

(3) $\vdash(\alpha\wedge\beta)\leftrightarrow(\alpha\wedge\beta\wedge(\beta>\gamma))$ [(2),PC]

(4) $\vdash(\beta\wedge(\beta>\gamma))>\gamma$ [C_{MP}]

(5) $\vdash(\alpha\wedge\beta\wedge(\beta>\gamma))>\gamma$ [(4),R_M]

(6) $\vdash(\alpha\wedge\beta)>\gamma$ [(5),(3),R_{EQ}]

G_F还有内定理：

$Th_{G_F}3$ $(\alpha\wedge\gamma\wedge(\alpha>\beta))>\beta$ [C_{MP}, R_M]

$Th_{G_F}4$ $(\alpha\wedge\gamma\wedge(\alpha>\beta)\wedge(\gamma>\neg\beta))>\bot$ [C_{MP}, $Th_{G_F}2$, PC]

$Th_{G_F}5$ $(\alpha\wedge\gamma\wedge(\gamma>\alpha)\wedge(\alpha>\beta)\wedge(\gamma>\neg\beta))>\bot$ [$Th_{G_F}4$, R_M]

$Th_{G_F}6$ $Gx(\alpha;\beta)>\neg Gx(\alpha;\neg\beta)$ (G¬ G) [N¬ , R_{EQ}]

C_{MP} 和 $Th_{G_F}3$ 表明 G_F可以通过 3.1.1 的例（1）（3）（5）。但是，$Th_{G_F}4$ 和 $Th_{G_F}5$ 分别表明尼克松菱形和企鹅原则在局部推出下会导致矛盾。直观上例（4）应该得不出结论，但是因为矛盾，例（4）的前提在 G_F 下可以推出所有命题。这是我们不希望看到的。再有，虽然 G_F 可以通过例（5），但是，因为矛盾可以推出所有命题，所以这个“通过”不是我们可以接受的通过。这些问题将在有关整体推出的讨论和处理中解决。

3.2.4 G_F的可靠性和完全性

可靠性：需证公理在模型下有效，推理规则对模型保持有效性。

根据定理 3.26、3.27，系统 G_F是可靠的。

完全性：完全性的证明与模态谓词逻辑、条件句逻辑相似。主要思路：构造典范模型使得所有非内定理在典范模型下无效。完全性的证明主要分为两步：第一，要定义饱和集（使得每一含存在量词的公式都有一个证据的极大一致集），这些饱和集将作为典范模型的可能世界集，像在模态谓词逻辑中一样，处理量词公式时，用到了 Henkin 方法；第二，证明典范模型中定义的 $\mathcal{N}_{G_F}$，$\circledast_{G_F}$分别是正常个体选择函数和集选函数，从而使典范模型是模型。

定义 3.28（Henkin 集） Γ 是 L_G中的公式集，α 是 L_G中的公式，称 Γ 是一个 Henkin 集，如果 Γ 满足（1）或（2）（（1），（2）等价），

(1) 若对任意 L_G 中的项 t，有 $\Gamma\vdash\alpha(x/t)$，则对任意变元 x，有

$\Gamma \vdash \forall x\alpha(x)$。

（2）若 $\Gamma \cup \{\neg \forall x\alpha(x)\}$ 是一致的，则对 L_G 中的某个项 t，有 $\Gamma \cup \{\neg \alpha(x/t)\}$ 是一致的。

定义 3.29 称极大一致的 Henkin 集为饱和集。

引理 3.30 若 Γ 是 Henkin 集，且 Δ 是有穷的，则 $\Gamma \cup \Delta$ 也是 Henkin 集。

证明可参见 Mao（2003），从略。■

引理 3.31 任一 L_G 中的一致 Henkin 集 Γ 都可扩张为一个饱和集。

证 由于 L_G 是可数语言，可以把所有的 L_G 公式排成一个序列。设 α_1，α_2，…，α_n…是一个 L_G－公式序列，令

$$M_0 = \Gamma$$

$$M_{i+1} = \begin{cases} M_i \cup \{\neg \forall x\alpha_i(x), \neg \alpha_i(x/t)\}, & \text{如果 } M_i \cup \{\neg \forall x\alpha_i(x)\} \text{ 是 } G_0 \text{一致的;} \\ M_i, & \text{否则} \end{cases}$$

$M = \bigcup_{n=1}^{\infty} M_i$。证 M 是 Γ 的饱和扩张。

因为 Γ 是 Henkin 集，由引理 3.30，M_i 是 Henkin 集。因为 $M_i \cup \{\neg \forall x\alpha_i(x)\}$ 是 G_0 一致的，由定义 3.28（2），存在 L_G 中的某个项 t，$M_i \cup \{\neg \alpha_i(x/t)\}$ 是 G_0 一致的，选取此 $\neg \alpha_i(x/t)$。又因为 $\neg \alpha_i(x/t)$ 蕴涵 $\neg \forall x\alpha_i(x)$，从而 $M_i \cup \{\neg \forall x\alpha_i(x), \neg \alpha_i(x/t)\}$ 是 G_0 一致的。因此 M 是 Γ 的饱和扩张。■

引理 3.32 若 Γ 是包含 $\neg(\alpha > \beta)$ 的饱和集，则 $\Gamma^* = \{\gamma : \alpha > \gamma \in \Gamma\} \cup \{\neg \beta\}$ 是一个一致 Henkin 集。

证 首先证 Γ^* 是一致的。设 $\Delta = \{\gamma : \alpha > \gamma \in \Gamma\}$。

假设

$\Delta \cup \{\neg \beta\}$ 不一致①。

存在 β_1，…，$\beta_n \in \Delta$，

$$\vdash \neg(\beta_1 \wedge \cdots \wedge \beta_n \wedge \neg \beta),$$

由 PC 规则，

$$\vdash \beta_1 \wedge \cdots \wedge \beta_n \rightarrow \beta,$$

由 R_{CK},

$$\vdash(\alpha>\beta_1)\wedge\cdots\wedge(\alpha>\beta_n)\rightarrow(\alpha>\beta),$$

从而

$$\vdash\neg((\alpha>\beta_1)\wedge\cdots\wedge(\alpha>\beta_n)\wedge\neg(\alpha>\beta))。$$

因此,

$\{\alpha>\beta_1,\cdots,\alpha>\beta_n,\neg(\alpha>\beta)\}$是不一致的②。

而由 $\beta_1,\cdots,\beta_n\in\Delta$ 有

$\alpha>\beta_1,\cdots,\alpha>\beta_n\in\Gamma$③。

已知 Γ 是包含$\neg(\alpha>\beta)$的饱和集，由③,

$\alpha>\beta_1,\cdots,\alpha>\beta_n,\neg(\alpha>\beta)$是一致的④。

②④得出矛盾，从而①假设不成立，所以 Γ^* 是一致的。

再证 Γ^* 是 Henkin 集。

由引理 3.30，如果 $\Delta=\{\gamma:\alpha>\gamma\in\Gamma\}$是 Henkin 集，则 Γ^* 是 Henkin 集。假设对任意的项 t，有

$$\Delta\vdash\varphi(x/t),$$

则存在 $\beta_1,\cdots,\beta_m,\gamma_1,\cdots,\gamma_n\in\Delta$，满足

$\beta_1,\cdots,\beta_m\vdash(\gamma_1\wedge\cdots\wedge\gamma_n)\rightarrow\varphi(x/t)$⑤。$(m\geqslant0)$

由 R_{CK} 及⑤有

$$\beta_1,\cdots,\beta_m\vdash(\alpha>\gamma_1)\wedge\cdots\wedge(\alpha>\gamma_n)\rightarrow(\alpha>\varphi(x/t))。$$

而 $\alpha>\gamma_1,\cdots,\alpha>\gamma_n\in\Gamma$，因此

$\beta_1,\cdots,\beta_m,\Gamma\vdash\alpha>\varphi(x/t)$⑥。

选取不在 α 中自由出现的变元 x，得

$\beta_1,\cdots,\beta_m,\Gamma\vdash\forall x(\alpha>\varphi(x))$⑦。

由公理 $>_{BF}$及⑦,

$\beta_1,\cdots,\beta_m,\Gamma\vdash\alpha>\forall x\varphi(x)$⑧。

假设$\{\beta_1,\cdots,\beta_m\}$与 Γ 一致，由 Γ 是饱和集,

$$\beta_1,\cdots,\beta_m\in\Gamma,$$

从而

$\Gamma\vdash\alpha>\forall x\varphi(x)$⑨,

由 Γ 是饱和集及⑨，

$$\alpha > \forall x\varphi(x) \in \Gamma。$$

因此，

$$\forall x\varphi(x) \in \Delta。$$

从而

$$\Delta \vdash \forall x\varphi(x)。$$

假设$\{\beta_1,\cdots,\beta_m\}$与 Γ 不一致，

情况 1，$\{\beta_1,\cdots,\beta_m\}$不一致，则有 Δ 不一致，从而 $\Delta \vdash \forall x\varphi(x)$。

情况 2，存在 $\beta_i \in \{\beta_1,\cdots,\beta_m\}$

$$\Gamma \vdash \neg \beta_i,$$

由 R_N，

$$\Gamma \vdash \alpha > \neg \beta_i,$$

由 Γ 是饱和集，得

$$\alpha > \neg \beta_i \in \Gamma,$$

从而

$$\neg \beta_i \in \Delta。$$

而已知

$$\beta_i \in \Delta,$$

从而

Δ 不一致，$\Delta \vdash \forall x\varphi(x)$。

综上，

Δ 是 Henkin 集，

从而

Γ^* 是 Henkin 集。■

引理 3.33 若 Γ 是包含$\neg(\alpha > \beta)$的饱和集，则 $\Gamma^* = \{\gamma:\alpha > \gamma \in \Gamma\} \cup \{\neg \beta\}$可以扩张为一个 L_G饱和集。

证 由引理 3.32，Γ^* 是一致 Henkin 集，再由引理 3.31，得结论。■

G_F的典范模型

令$|\varphi|_{G_F}$代表包含 φ 的所有 G_F饱和集，W_{G_F}是所有 G_F饱和集的集合。

引理 3.34 $*_{G_F}$是 $W_{G_F}\times\mathscr{P}(W_{G_F})\to\mathscr{P}(W_{G_F})$上的部分函数，满足 $*_{G_F}(w,|\alpha|_{G_F})=\bigcap\{|\beta|_{G_F}:\alpha>\beta\in w\}$，对任意 $w\in W_{G_F}$和公式 α，α'，有

（1）若$|\alpha|_{G_F}\subseteq|\alpha'|_{G_F}$，则 $*_{G_F}(w,|\alpha|_{G_F})\subseteq *_{G_F}(w,|\alpha'|_{G_F})$

（2）$*_{G_F}(w,|\alpha|_{G_F})\subseteq|\alpha|_{G_F}$

（3）$*_{G_F}(w,|\alpha\vee\alpha'|_{G_F})\subseteq *_{G_F}(w,|\alpha|_{G_F})\cup *_{G_F}(w,|\alpha'|_{G_F})$

证 考虑（1）。w 是饱和集。假设$|\alpha|_{G_F}\subseteq|\alpha'|_{G_F}$，有

$\alpha\to\alpha'\in W_{G_F}$①。

对于

$\beta\in\{\beta:\alpha'>\beta\in w\}$，

由①及 R_{AM}，

$\beta\in\{\beta:\alpha>\beta\in w\}$，

从而

$\{\beta:\alpha'>\beta\in w\}\subseteq\{\beta:\alpha>\beta\in w\}$，

从而

$\bigcap\{|\beta|_{G_0}:\alpha>\beta\in w\}\subseteq\bigcap\{|\beta|_{G_0}:\alpha'>\beta\in w\}$，

由$*_{G_F}$定义，

$*_{G_F}(w,|\alpha|_{G_F})\subseteq *_{G_0}(w,|\alpha'|_{G_F})$。

考虑（2）。因为 $\alpha>\alpha$ 是 G_F的内定理，由饱和集定义，对任意的 $w\in W_{G_F}$，$(\alpha>\alpha)\in w$。由$*_{G_F}$定义，$*_{G_F}(w,|\alpha|_{G_F})\subseteq|\alpha|_{G_F}$。

考虑（3）。

假设

$x\notin *_{G_F}(w,|\alpha|_{G_F})\cup *_{G_F}(w,|\alpha'|_{G_F})$①。

由$*_{G_0}$定义，

存在 β，β'，使得 $\alpha>\beta\in w$，但 $x\notin|\beta|_{G_F}$②；

$\alpha'>\beta'\in w$，但 $x\notin|\beta'|_{G_F}$③。

由②③有

$x\notin|\beta\vee\beta'|_{G_F}$④。

由 $\alpha>\beta\in w$，$\alpha'>\beta'\in w$，$\beta\to\beta\vee\beta'$，$\beta'\to\beta\vee\beta'$是 PC 定理及 C_I 可得，

$(\alpha > \beta \vee \beta') \in w$⑤，$(\alpha' > \beta \vee \beta') \in w$⑥。

由 A_D 及⑤⑥可得

$((\alpha \vee \alpha') > (\beta \vee \beta')) \in w$，

从而

$*_{G_F}(w, |\alpha \vee \alpha'|_{G_F}) \subseteq |\beta \vee \beta'|_{G_F}$⑦。

由④⑦，

$x \notin *_{G_F}(w, |\alpha \vee \alpha'|_{G_F})$⑧。由①⑧得结论。■

定义 3.35　$M_{G_F} = < W_{G_F}, D_{G_F}, \mathscr{N}_{G_F}, \circledast_{G_F}, \eta_{G_F}, \sigma_{G_F} >$是 G_F的典范模型，当且仅当，M_{G_F}满足以下条件：

（1）$W_{G_F} = \{w: w$ 是 G_{G_F}饱和公式集$\}$

（2）$D_{G_F} = \{t: t$ 是 L_{G_F}的项$\}$

（3）对任意 $w \in W_{G_F}$，$s_1, s_2 \in I(W_{G_F}, D_{G_F})$

$$\mathscr{N}_{G_F}(s_1, s_2)(w) = \begin{cases} \{t: N(\lambda x\alpha, \lambda x\beta)t \in w\}, & \text{若存在公式 } \alpha, \beta \text{ 分别与 } s_1, s_2 \text{对应;} \\ s_1(w), & \text{否则} \end{cases}$$

（4）对任意 $w \in W_{G_F}$，X，$Y \subseteq W_{G_F}$，

$$\circledast_{G_F}(X, Y) = \begin{cases} Y \cap *_{G_F}(w, |\top|_{G_F}), & \text{若 } X = \{w\}; \\ \bigcup_{w \in X} \circledast_{G_F}(\{w\}, Y), & \text{否则} \end{cases}$$

（5）对任意的常元符号 c，任意的 n 元谓词符号 P，有

a. $\eta_{G_F}(c) = c$

b. $\eta_{G_F}(P, w) = \{t \in D_{G_F}: Pt \in w\}$

（6）对任意的个体变元 x，$\sigma_{G_F}(x) = x$

由定义 3.35（4）可得$\circledast_{G_F}(X, Y) = Y \cap \circledast_{G_F}(X, |\top|_{G_F})$。

证　$\circledast_{G_F}(X, Y) = \bigcup_{w \in X}(Y \cap *_{G_F}(w, |\top|_{G_F}))$

$= Y \cap (\bigcup_{w \in X} *_{G_F}(w, |\top|_{G_F})) = Y \cap (\bigcup_{w \in X}(|\top|_{G_F} \cap *_{G_F}(w, |\top|_{G_F})))$

$= Y \cap \circledast_{G_F}(X, |\top|_{G_F})$。

由$\circledast_{G_F}(X, Y) = Y \cap \circledast_{G_F}(X, |\top|_{G_F})$可得，若 $Y \subseteq Y'$，则有$\circledast_{G_F}(X, Y) \subseteq \circledast_{G_F}(X, Y')$。■

引理 3.36 对任意 $w \in W_{G_F}$，$\varphi \in L_{G_F}$，$*_{G_F}(w, |\varphi|_{G_F}) = \circledast_{G_F}(\{w\}, |\varphi|_{G_F})$。

证 先证 $*_{G_F}(w, |\varphi|_{G_F}) \subseteq \circledast_{G_F}(\{w\}, |\varphi|_{G_F})$。

由引理 3.34（1）（2）有

$$*_{G_F}(w, |\varphi|_{G_F}) \subseteq *_{G_F}(w, |\top|_{G_F})①,$$

$$*_{G_F}(w, |\varphi|_{G_F}) \subseteq |\varphi|_{G_F}②。$$

由①②，

$$*_{G_F}(w, |\varphi|_{G_F}) \subseteq |\varphi|_{G_F} \cap *_{G_F}(w, |\top|_{G_F}),$$

由定义 3.35（4），

$$*_{G_F}(w, |\varphi|_{G_F}) \subseteq \circledast_{G_F}(\{w\}, |\varphi|_{G_F})③。$$

再证 $\circledast_{G_F}(\{w\}, |\varphi|_{G_F}) \subseteq *_{G_F}(w, |\varphi|_{G_F})$。

假设

$$x \in \circledast_{G_F}(\{w\}, |\varphi|_{G_F}) = |\varphi|_{G_F} \cap *_{G_F}(w, |\top|_{G_F})$$

$$= |\varphi|_{G_F} \cap *_{G_F}(w, |\varphi \vee \neg \varphi|_{G_F})④,$$

由④，

$$x \in *_{G_F}(w, |\varphi \vee \neg \varphi|_{G_F})⑤。$$

由⑤及引理 3.34（3），

$$x \in *_{G_F}(w, |\varphi \vee \neg \varphi|_{G_F}) \subseteq *_{G_F}(w, |\varphi|_{G_F}) \cup *_{G_F}(w, |\neg \varphi|_{G_F})⑥。$$

假设

$$x \in *_{G_F}(w, |\neg \varphi|_{G_F}),$$

由引理 3.34（2），

$x \in |\neg \varphi|_{G_F}$，这与④中 $x \in |\varphi|_{G_F}$ 矛盾，

因此，

$$x \in *_{G_F}(w, |\varphi|_{G_F})⑦。$$

由④⑦，

$$\circledast_{G_F}(\{w\}, |\varphi|_{G_F}) \subseteq *_{G_F}(w, |\varphi|_{G_F})⑧。$$

由⑧③，

$$*_{G_F}(w, |\varphi|_{G_F}) = \circledast_{G_F}(\{w\}, |\varphi|_{G_F})。■$$

引理 3.37 对任意 $(\alpha > \beta) \in L_{G_F}$，$w \in W_{G_F}$，$*_{G_F}(w, |\alpha|_{G_F}) \subseteq |\beta|_{G_F}$ 当且

仅当 $w \in |\alpha > \beta|_{G_F}$。

证 充分性。假设

$$w \in |\alpha > \beta|_{G_F},$$

有

$$\alpha > \beta \in w①。$$

对任意 x，$x \in *_{G_F}(w, |\alpha|_{G_F})$②，由 $*_{G_F}$ 定义，

$$x \in \bigcap \{|\gamma|_{G_F} : \alpha > \gamma \in w\}③。$$

由①③，

$$x \in |\beta|_{G_F}④。$$

由②④，

$$*_{G_F}(w, |\alpha|_{G_F}) \subseteq |\beta|_{G_F}。$$

必要性。假设

$$w \notin |\alpha > \beta|_{G_F},$$

由 w 是饱和集可得

$$\neg(\alpha > \beta) \in w⑤。$$

由⑤及引理 3.33，

$\{\gamma : \alpha > \gamma \in w\} \cup \{\neg \beta\}$ 可被扩张为饱和集 w'，

使得

$$\{\gamma : \alpha > \gamma \in w\} \cup \{\neg \beta\} \subseteq w'⑥。$$

由⑥，

$$\{\gamma : \alpha > \gamma \in w\} \subseteq w'⑦；\neg \beta \in w'⑧。$$

由⑦及 $*_{G_F}$ 定义有，

$$w' \in *_{G_F}(w, |\alpha|_{G_F})⑨。$$

由⑧及 w' 是饱和集，

$$w' \notin |\beta|_{G_F}⑩。$$

由⑨⑩，

$$*_{G_F}(w, |\alpha|_{G_F}) \not\subseteq |\beta|_{G_F}。\blacksquare$$

定理 3.38 令 $< W_{G_F}, D_{G_F}, \mathscr{N}_{G_F}, \circledast_{G_F}, \eta_{G_F}, \sigma_{G_F} >$ 是 G_F 的典范模型，对

任意的$(\alpha>\beta)\in L_{G_F}$和$X\subseteq W_{G_F}$，$\circledast_{G_F}(X,|\alpha|_{G_F})\subseteq|\beta|_{G_F}$当且仅当$X\subseteq|\alpha>\beta|_{G_F}$。

证 对任意的$(\alpha>\beta)\in L_{G_F}$，任意$X\subseteq W_{G_F}$，任意$w\in X$，

由引理3.37，

$*_{G_F}(w,|\alpha|_{G_F})\subseteq|\beta|_{G_F}$当且仅当$w\in|\alpha>\beta|_{G_F}$①。

由①及引理3.36，

$\circledast_{G_0}(\{w\},|\alpha|_{G_F})\subseteq|\beta|_{G_F}$当且仅当$w\in|\alpha>\beta|_{G_F}$②。

由②，

$\bigcup_{w\in X}\circledast_{G_F}(\{w\},|\alpha|_{G_F})\subseteq|\beta|_{G_F}$当且仅当$X\subseteq|\alpha>\beta|_{G_F}$③。

由③及定义3.35（4），

$\circledast_{G_F}(X,|\alpha|_{G_F})\subseteq|\beta|_{G_F}$当且仅当$X\subseteq|\alpha>\beta|_{G_F}$。■

定理3.39 $M_{G_F}=<W_{G_F}, D_{G_F}, \mathscr{N}_{G_F}, \circledast_{G_F}, \eta_{G_F}, \sigma_{G_F}>$是$G_F$的典范模型，对$L_{G_F}$中所有形如$N(\lambda x\alpha,\lambda x\beta)t$的公式和$w\in W_{G_F}$有$N(\lambda x\alpha,\lambda x\beta)t\in w$当且仅当$w\in\|N(\lambda x\alpha,\lambda x\beta)t\|^{M_{G_F}}$。

证 由定义3.35（3），

$N(\lambda x\alpha,\lambda x\beta)t\in w$

当且仅当

$t\in\{t:N(\lambda x\alpha,\lambda x\beta)t\in w\}=\mathscr{N}_{G_F}((\lambda x\alpha)^{M_{G_F}}, (\lambda x\beta)^{M_{G_F}})(w)$

当且仅当

$t=t^{M_{G_F}}\in\mathscr{N}_{G_F}((\lambda x\alpha)^{M_{G_F}}, (\lambda x\beta)^{M_{G_F}})(w)$（由定义3.35（5）（6）及定义3.15）

当且仅当

$w\in\|N(\lambda x\alpha,\lambda x\beta)t\|^{M_{G_F}}$（由定义3.16）。■

定理3.40 $M_{G_F}=<W_{G_F}, D_{G_F}, \mathscr{N}_{G_F}, \circledast_{G_F}, \eta_{G_F}, \sigma_{G_F}>$是$G_F$的典范模型，对任意公式$\varphi\in L_G$和任意$w\in W_{G_F}$，$\varphi\in w$当且仅当$w\in\|\varphi\|^{M_{G_F}}$，即$|\varphi|_{G_F}=\|\varphi\|^{M_{G_F}}$。

证 依据φ的复杂性进行归纳证明。

（1）φ是原子公式的情况，令$\varphi=Pt$。由η_{G_F}及σ_{G_F}定义，

$Pt\in w$当且仅当$t\in\eta_{G_F}(P,w)$。

而 $t = t^{M_{G_F}}$，

因此，

$t^{M_{G_F}} \in \eta_{G_F}(P, w)$ 当且仅当 $w \in \| Pt \|^{M_{G_F}}$。

（2）$\varphi = \neg \alpha$。由 w 是饱和集，

$\neg \alpha \in w$ 当且仅当 $\alpha \notin w$。

由归纳假设，

$\alpha \notin w$ 当且仅当 $w \notin \| \alpha \|^{M_{G_F}}$ 当且仅当 $w \in \| \neg \alpha \|^{M_{G_F}}$。

（3）$\varphi = \alpha \rightarrow \beta$。由 w 是饱和集，

$\alpha \rightarrow \beta \in w$ 当且仅当 $\neg \alpha \in w$ 或 $\beta \in w$。

由归纳假设，

$\neg \alpha \in w$ 或 $\beta \in w$。

当且仅当

$w \in \| \neg \alpha \|^{M_{G_F}}$ 或 $w \in \| \beta \|^{M_{G_F}}$。

当且仅当

$w \in (W_{G_0} - \| \alpha \|^{M_{G_F}}) \cup \| \beta \|^{M_{G_F}}$。

当且仅当

$w \in \| \alpha \rightarrow \beta \|^{M_{G_F}}$。

（4）$\varphi = \alpha > \beta$。$\| \varphi \|^{M_{G_F}} = \| \alpha > \beta \|^{M_{G_F}} = \bigcup \{X \subseteq W_{G_F} : \circledast_{G_F}(X, \| \alpha \|^{M_{G_F}}) \subseteq \| \beta \|^{M_{G_F}}\}$。

由归纳假设，

$\| \varphi \|^{M_{G_F}} = \bigcup \{X \subseteq W_{G_F} : \circledast_{G_F}(X, |\alpha|_{G_F}) \subseteq |\beta|_{G_F}\}$。

由定理 3.38，

$\| \varphi \|^{M_{G_F}} = \bigcup \{X \subseteq W_{G_F} : X \subseteq |\alpha > \beta|_{G_F}\} = |\alpha > \beta|_{G_F} = |\varphi|_{G_F}$。

（5）$\varphi = N(\lambda x\alpha, \lambda x\beta)t$。证明见定理 3.39。

（6）$\varphi = \forall x\alpha$。必要性。假设 $\forall x\alpha \in w$。

由 w 是饱和集，

对任意的 $t \in D_{G_F}$，$\alpha(t/x) \in w$。

由归纳假设，

对任意的 $t \in D_{G_F}$，$w \in \| \alpha(t/x) \|^{M_{G_F}} = \| \alpha \|^{M_{G_F(t/x)}}$。

所以有

$w \in \| \forall x\alpha \|^{M_{G_0}}$。

充分性。假设 $\forall x\alpha \notin w$。

由 w 是极大一致集，有

$\neg \forall x\alpha \in w$。

由 w 是饱和集，

存在 $t_0 \in D_{G_F}$，使得 $\neg \alpha(t_0/x) \in w$。

由归纳假设，

$w \in \| \neg \alpha(t_0/x) \|^{M_{G_F}} = \| \neg \alpha \|^{M_{G_F(t_0/x)}}$。

所以，

$w \in \| \neg \forall x\alpha \|^{M_{G_F}}$，

所以，

$w \notin \| \forall x\alpha \|^{M_{G_F}}$。■

定理 3.41 $M_{G_F} = < W_{G_F}, D_{G_F}, \mathscr{N}_{G_F}, \circledast_{G_F}, \eta_{G_F}, \sigma_{G_F} >$ 是 G_F 的典范模型，对任意形如 $Gx(\alpha;\beta)$ 的公式和任意 $w \in W_{G_F}$，$Gx(\alpha;\beta) \in w$ 当且仅当 $w \in \| Gx(\alpha;\beta) \|^{M_{G_F}}$。

证 $Gx(\alpha;\beta) = \forall x(N(\lambda x\alpha, \lambda x\beta)x > \beta)$，由定理 3.40 易得。■

引理 3.42 对任意 $w \in W_{G_F}$，Y，Y′，$Y_i \subseteq W_{G_F}$，有

(1) $\circledast_{G_F}(\{w\}, Y) \subseteq Y$;

(2) 若 $\circledast_{G_F}(\{w\}, Y) \subseteq Y'$，则 $\circledast_{G_F}(\{w\}, Y) \subseteq \circledast_{G_F}(\{w\}, Y')$;

(3) 若 $Y \subseteq Y'$，则 $\circledast_{G_F}(\{w\}, Y) \subseteq \circledast_{G_F}(\{w\}, Y')$;

(4) $\circledast_{G_F}(\{w\}, \bigcup_{i \in I} Y_i) = \bigcup_{i \in I} \circledast_{G_F}(\{w\}, Y_i)$，I 是任意指数集。

证 考虑 (1)。由定义 3.35 (4) 易得。

考虑 (2)。

假设

$\circledast_{G_F}(\{w\}, Y) \subseteq Y'$,

由定义 3.35 (4)，

$\circledast_{G_F}(\{w\},Y)=Y\cap *_{G_F}(w,|\top|_{G_F})\subseteq Y'\cap *_{G_F}(w,|\top|_{G_F})=\circledast_{G_F}(\{w\},Y')$。

考虑（3）。由（1）（2）可得。

考虑（4）。由定义 3.35（4），

$$\circledast_{G_F}(\{w\},\bigcup_{i\in I}Y_i)=(\bigcup_{i\in I}Y_i)\cap *_{G_F}(w,|\top|_{G_F})$$

$$=\bigcup_{i\in I}(Y_i\cap *_{G_F}(w,|\top|_{G_F}))=\bigcup_{i\in I}\circledast_{G_F}(\{w\},Y_i)。■$$

引理 3.43 对任意 $w\in W_{G_F}$，X，X′，Y，Y′，Z⊆W_{G_F}，有

（1）若 X⊆X′，则 $\circledast_{G_F}(X,Y)\subseteq\circledast_{G_F}(X',Y)$；

（2）若对任意 $w\in X$，有 $\circledast_{G_F}(\{w\},Y)\subseteq Z$，则 $\circledast_{G_F}(X,Y)\subseteq Z$；

（3）$\circledast_{G_F}(X,Y)\subseteq Y$；

（4）若 $\circledast_{G_F}(X,Y)\subseteq Z$ 且 $\circledast_{G_F}(X,Y')\subseteq Z$，则 $\circledast_{G_F}(X,Y\cup Y')\subseteq Z$；

（5）若 $\circledast_{G_F}(X,Y)\subseteq Y'$ 且 $\circledast_{G_F}(X,Y')\subseteq Z$，则 $\circledast_{G_F}(X,Y)\subseteq Z$。■

证 （1）（2）由定义 3.35（4）易得。

（3）由定义 3.35（4）及引理 3.42（1）可得。

（4）由定义 3.35（4）及引理 3.42（4）可得。

（5）由定义 3.35（4）及引理 3.42（2）可得。■

引理 3.44 对任意 $w\in W_{G_F}$，$\circledast_{G_F}(W_{G_F},\{w\})=\circledast_{G_F}(\{w\},\{w\})$。

证 由定义 3.35（4），

$$\circledast_{G_F}(W_{G_F},\{w\})=\bigcup_{w'\in W_{G_F}}\circledast_{G_F}(\{w'\},\{w\}),$$

由 $w\in W_{G_F}$，

$$\circledast_{G_F}(\{w\},\{w\})\subseteq\bigcup_{w'\in W_{G_F}}\circledast_{G_F}(\{w'\},\{w\}),$$

从而

$$\circledast_{G_F}(\{w\},\{w\})\subseteq\circledast_{G_F}(W_{G_F},\{w\})①。$$

由定义 3.35（4），

$$\circledast_{G_F}(\{w\},\{w\})=\{w\}\cap *_{G_F}(w,|\top|_{G_F})\subseteq\{w\},$$

从而

$$\circledast_{G_F}(\{w\},\{w\})=\varnothing\text{或}\circledast_{G_F}(\{w\},\{w\})=\{w\}\text{②。}$$

由定义 3.35（4），

$$\circledast_{G_F}(W_{G_F},\{w\})=\bigcup_{w'\in W_{G_F}}\circledast_{G_F}(\{w'\},\{w\})$$

$$=\bigcup_{w'\in W_{G_F}}(\{w\}\cap *_{G_F}(w',|\top|_{G_F}))=\{w\}\cap(\bigcup_{w'\in W_{G_F}}*_{G_F}(w',|\top|_{G_F}))\subseteq\{w\},$$

从而

$$\circledast_{G_F}(W_{G_F},\{w\})=\varnothing\text{或}\circledast_{G_F}(W_{G_F},\{w\})=\{w\}\text{③。}$$

如果能证明$\circledast_{G_F}(\{w\},\{w\})=\{w\}$，由①③得结论。

现证$\circledast_{G_F}(\{w\},\{w\})=\{w\}$。

由定义 3.35（4），

$$\circledast_{G_F}(\{w\},\{w\})=\{w\}\cap *_{G_F}(w,|\top|_{G_F})\text{④。}$$

由$*_{G_F}$定义，

$$*_{G_F}(w,|\top|_{G_F})=\cap\{|\varphi|_{G_F}:\top>\varphi\in w\}\text{⑤。}$$

对任意满足$\top>\varphi\in w$的φ，由w是饱和集有

$$\top\in w,$$

由$>_{MP}$，

$$\varphi\in w\text{。}$$

由φ的任意性，可知

$$\{w\}\subseteq\bigcap\{|\varphi|_{G_F}:\top>\varphi\in w\}\text{⑥。}$$

由⑤⑥，

$$\{w\}\subseteq *_{G_F}(w,|\top|_{G_F})\text{⑦。}$$

由④⑦，

$$\circledast_{G_F}(\{w\},\{w\})=\{w\}\text{。}\blacksquare$$

定义 3.45 对任意 X，$Y\in W_{G_F}$，$f_>(X,Y)=\{w:\circledast_{G_0}(\{w\},X)\subseteq Y\}$。

引理 3.46 对任意公式φ，ϕ，X，Y，Y′，$Z\subseteq W_{G_0}$，有

（1）$f_>(|\varphi|_{G_F},|\phi|_{G_F})=|\varphi>\phi|_{G_F}$；

（2）$\circledast_{G_F}(f_>(X,Y),X)\subseteq Y$；

（3）若$\circledast_{G_F}(Z,X)\subseteq Y$，则$Z\subseteq f_>(X,Y)$。

证　考虑（1）。由定义 3.45 及定理 3.40，

$$w \in f_{>}(|\varphi|_{G_F}, |\phi|_{G_F})$$

当且仅当

$$\circledast_{G_F}(\{w\}, |\varphi|_{G_F}) \subseteq |\phi|_{G_F}$$

当且仅当

$$w \in |\varphi > \phi|_{G_F}。$$

（2）（3）由定理 3.40 及（1）可得。■

引理 3.47　对任意 X，$Y \subseteq W_{G_F}$，$\circledast_{G_F}(W_{G_F}, X \cap f_{>}(X, Y)) \subseteq Y$。

证　对任意的 x，$w \in W_{G_F}$，

假设

$$x \in \circledast_{G_F}(\{w\}, X \cap f_{>}(X, Y))①。$$

由 $\circledast_{G_F}$ 定义，

$$x \in X \cap f_{>}(X, Y) \cap *_{G_F}(w, |\top|_{G_F})②。$$

由 $x \in f_{>}(X, Y)$（据②）及定义 3.45，

$$\circledast_{G_F}(\{x\}, X) \subseteq Y③。$$

由 $x \in X \cap *_{G_F}(w, |\top|_{G_F})$（据②）及 $x \in \{x\}$，有

$$x \in X \cap *_{G_F}(w, |\top|_{G_F}) \cap \{x\}④。$$

由引理 3.43（1），

$$X \cap *_{G_F}(w, |\top|_{G_F}) \cap \{x\} = X \cap \circledast_{G_F}(\{w\}, \{x\}) \subseteq X \cap \circledast_{G_F}(W_{G_F}, \{x\})⑤。$$

由引理 3.44，

$$\circledast_{G_F}(W_{G_F}, \{x\}) = \circledast_{G_F}(\{x\}, \{x\})⑥。$$

由④⑤⑥，

$$x \in X \cap \circledast_{G_F}(\{x\}, \{x\})⑦。$$

而

$$X \cap \circledast_{G_F}(\{x\}, \{x\}) = X \cap *_{G_F}(x, |\top|_{G_F}) \cap \{x\}$$

$$\subseteq X \cap *_{G_F}(x, |\top|_{G_F}) = \circledast_{G_F}(\{x\}, X)⑧。$$

由③⑦⑧，

$$x \in Y⑨。$$

由①⑨，

$$\text{对任意 } w \in W_{G_F},\ \circledast_{G_F}(\{w\}, X \cap f_>(X,Y)) \subseteq Y,$$

从而

$$\bigcup_{w' \in W_{G_F}} \circledast_{G_F}(\{w\}, X \cap f_>(X,Y)) \subseteq Y,$$

即

$$\circledast_{G_F}(W_{G_F}, X \cap f_>(X,Y)) \subseteq Y。\blacksquare$$

引理 3.48 对任意 X，$Y \subseteq W_{G_F}$，$\circledast_{G_F}(W_{G_F}, X \cap Y) \subseteq \circledast_{G_F}(X,Y)$。

证 设 $Z = \circledast_{G_F}(X,Y)$，

有

$$\circledast_{G_F}(X,Y) \subseteq Z①。$$

由引理 3.46（3）及①有

$$X \subseteq f_>(Y,Z)②。$$

由定义 3.35（4）推论，

$$\text{若 } Y \subseteq Y'\text{，则} \circledast_{G_F}(X,Y) \subseteq \circledast_{G_F}(X,Y'),$$

由②及引理 3.47，

$$\circledast_{G_F}(W_{G_F}, X \cap Y) \subseteq \circledast_{G_F}(W_{G_F}, Y \cap f_>(Y,Z)) \subseteq Z,$$

即

$$\circledast_{G_F}(W_{G_F}, X \cap Y) \subseteq \circledast_{G_0}(X,Y)。\blacksquare$$

引理 3.49 对任意的 $w \in W_{G_F}$，任意 s_1，$s_2 \in S_{G_F}$，如果 $s_1(w) \subseteq s_2(w)$，则对任意 $d \in D_{G_F}$，$[d, s_1] \cap \bigcap \{|\beta|_{G_F}: (\top \to \beta)(d) \in w\} \subseteq [d, s_2]$。

证 对任意的 $w \in W_{G_F}$，任意 $d \in D_{G_F}$，

已知

$$(\top \to \beta) \leftrightarrow \beta \in w,$$

$$[d, s_1] \cap \bigcap \{|\beta|_{G_F}: (\top \to \beta)(d) \in w\}$$

$$= [d, s_1] \cap \bigcap \{|\beta|_{G_0}: \beta(d) \in w\} = [d, s_1] \cap \{w\}。$$

假设

$w \in [d, s_1]$，

由 $s_1(w) \subseteq s_2(w)$，

$$w \in [d, s_2],$$

从而

$$[d, s_1] \cap \{w\} \subseteq [d, s_2] ①;$$

否则，即 $w \notin [d, s_1]$，

$$[d, s_1] \cap \{w\} = \varnothing \subseteq [d, s_2] ②。$$

由①②，

$$[d, s_1] \cap \bigcap \{|\beta|_{G_0} : (\top \to \beta)(d) \in w\} \subseteq [d, s_2]。■$$

引理 3.50　对任意的 $w \in W_{G_F}$，任意 s_1，$s_2 \in S_{G_F}$，如果 $s_1(w) \subseteq s_2(w)$，则对任意 $d \in D_{G_F}$，$\circledast(\{w\}, [d, s_1]) \subseteq [d, s_2]$。

证　对任意 $d \in D_{G_F}$，

$$\circledast_{G_F}(\{w\}, [d, s_1]) = [d, s_1] \cap *_{G_0}(w, |\top|_{G_0})$$

$$= [d, s_1] \cap \bigcap \{|\beta|_{G_F} : (\top > \beta)(d) \in w\} ①。$$

假设

对任意 $d \in D_{G_F}$，$(\top \to \beta)(d) \in w$，

由 $\forall x(\top \to \beta) \to \forall x(\top > \beta) \in w$，有

对任意 $d \in D_{G_F}$，$(\top > \beta)(d) \in w$。

从而，对任意 d，$d \in D_{G_F}$，$(\top \to \beta)(d) \in w$，有

$$(\top > \beta)(d) \in w。$$

从而

$$\{|\beta|_{G_F} : (\top \to \beta)(d) \in w\} \subseteq \{|\beta|_{G_F} : (\top > \beta)(d) \in w\},$$

从而

$$\bigcap \{|\beta|_{G_F} : (\top > \beta)(d) \in w\} \subseteq \bigcap \{|\beta|_{G_F} : (\top \to \beta)(d) \in w\} ②。$$

由②及引理 3.49，

$$[d, s_1] \cap \bigcap \{|\beta|_{G_F} : (\top > \beta)(d) \in w\} \subseteq [d, s_2] ③。$$

由①③，

对任意 $d \in D_{G_F}$，$\circledast(\{w\}, [d, s_1]) \subseteq [d, s_2]$。■

引理 3.51 对任意 s_1，$s_2 \in S_{G_F}$，有

(1) $\mathscr{N}_{G_F}(s_1, s_2) \subseteq s_1$；

(2) $\mathscr{N}_{G_F}(s_1, s_2) = \mathscr{N}_{G_0}(s_1, s_2^{\sim})$。

证 (1) $\mathscr{N}_{G_F}(s_1, s_2) \subseteq s_1$。分情况证明。

a. 设存在公式 α，β 对任意的 $w \in W_{G_F}$，$s_1(w) = (\lambda x\alpha)^{M_{G_F}}(w)$，$s_2(w) = (\lambda x\beta)^{M_{G_F}}(w)$，则有

$$\mathscr{N}_{G_F}(s_1, s_2)(w) = \{t : N(\lambda x\alpha, \lambda x\beta)t \in w\} ①。$$

由 M_{G_F} 定义及公理 N，

$$\forall y(N(\lambda x\alpha, \lambda x\beta)y \rightarrow \alpha(y/x)) \in w ②。$$

由②，

对任意 $t \in \mathscr{N}_{G_F}(s_1, s_2)(w)$ ③有，

$$(N(\lambda x\alpha, \lambda x\beta)t \rightarrow \alpha(t/x)) \in w ④。$$

由①④，

$$\alpha(t/x) \in w,$$

即

$$t \in (\lambda x\alpha)^{M_{G_F}}(w) ⑤。$$

由③⑤，

$$\mathscr{N}_{G_F}(s_1, s_2) \subseteq s_1。$$

b. 否则。由定义 3.35，$\mathscr{N}_{G_F}(s_1, s_2) = s_1 \subseteq s_1$。■

(2) $\mathscr{N}_{G_F}(s_1, s_2) = \mathscr{N}_{G_F}(s_1, s_2^{\sim})$。分情况证明。

a. 设存在公式 α，β，对任意的 $w \in W_{G_F}$，

$$s_1(w) = (\lambda x\alpha)^{M_{G_F}}(w), s_2(w) = (\lambda x\beta)^{M_{G_F}}(w),$$

则有

$$\mathscr{N}_{G_F}(s_1, s_2)(w) = \{t : N(\lambda x\alpha, \lambda x\beta)t \in w\}。$$

由 M_{G_F} 定义及公理 $N\neg$，

$$\forall y(N(\lambda x\alpha, \lambda x\beta)y) \rightarrow \forall y(N(\lambda x\alpha, \lambda x\neg\beta)y) \in w ①。$$

对任意 $t \in \mathscr{N}_{G_F}(s_1, s_2)(w)$ ②，由①有

$$N(\lambda x\alpha, \lambda x\neg\beta)t \in w,$$

从而

$$t\in\mathcal{N}_{G_F}(s_1,s_2\tilde{\ })(w)③。$$

由②③，

$$\mathcal{N}_{G_F}(s_1,s_2)\subseteq\mathcal{N}_{G_F}(s_1,s_2\tilde{\ })④。$$

同理可得

$\mathcal{N}_{G_F}(s_1,s_2\tilde{\ })\subseteq\mathcal{N}_{G_F}(s_1,s_2)$⑤。综④⑤得结论。

b. 否则。$\mathcal{N}_{G_F}(s_1,s_2)=s_1=\mathcal{N}_{G_F}(s_1,s_2\tilde{\ })$。■

引理 3.52 对任意 s_1，$s_2\in S_{G_F}$，如果 $Y=g(s_1,s_2)$，则 $\circledast(X,Y)\subseteq u(s_1,s_2)$。

证明参见 Mao（2003），略。■

定理 3.53 $M_{G_F}=<W_{G_F}$，D_{G_F}，$\mathcal{N}_{G_F}$，$\circledast_{G_F}$，η_{G_F}，$\sigma_{G_F}>$是 G_F的典范模型，$\circledast_{G_F}$满足定义 3.7 中的性质；$\mathcal{N}_{G_F}$满足定义 3.3 中的条件；同时有对任意 s_1，$s_2\in I(W_{G_F},D_{G_F})$，如果 $s_1(w)\subseteq s_2(w)$，则对任意 $d\in D_{G_F}$，$\circledast(\{w\},[d,s_1])\subseteq[d,s_2]$；从而 $F_{G_F}=<W_{G_F}$，D_{G_F}，$\mathcal{N}_{G_F}$，$\circledast_{G_F}>$是框架，M_{G_F}是模型。

证 由引理 3.43，引理 3.48，引理 3.50，引理 3.51，引理 3.52 可得。■

第四章　结论是概称句的推理的基础逻辑

本章我们来讨论结论是概称句的推理的逻辑。这一问题的起源是概称句的生成问题，即概称句是哪里来的，这一问题在具体研究中又可转化为结论是概称句的推理。而结论中的概称句可以通过演绎和归纳两种方式获得，在现实生活中，这两种方式是交错在一起起作用的，但具体研究中，由于两种方式有较大的差异，因此本章我们又人为地将结论是概称句的推理分为主要通过演绎得概称句的推理[①]和主要通过归纳得概称句的推理，分别进行研究。由“鸟会飞”“麻雀是鸟”得到“麻雀会飞”，是一种典型的主要通过演绎方式得概称句的推理；而“鸟会飞”这样的概称句最初是从哪里得来的，则涉及归纳推理。

与上一章对结论是事实句的概称句推理的讨论类似，我们在本章只给出刻画局部推理的逻辑，而如果想刻画整个推理过程，就需要引入前提集的排序。我们将在下一章看到，这三种类型的推理在定义前提集上的排序时，各有不同的特殊排序规则。

本章分三节：4.1 是结论是概称句的推理研究综述；4.2 给出通过演绎方式得概称句的推理的基础逻辑 G_D，以及与之平行的其他几个逻辑系统；4.3 是通过归纳方式得概称句的推理基础。

---

① 需要一提的是，由于命题逻辑中有公理 $\alpha \to \alpha$，那么当 $\alpha = Gx(\beta;\gamma)$ 时，从 $Gx(\beta;\gamma)$ 和 $Gx(\beta;\gamma) \to Gx(\beta;\gamma)$，根据分离规则，可得 $Gx(\beta;\gamma)$。这样，在可以表达概称句的语言下，凡是包含经典命题逻辑的逻辑，都可以得到一部分概称句，这样第三章给出的逻辑 G_F 也可以得到一些概称句。但是，其一，这种得出的意义不大；其二，G_F 的侧重点还是在于得出有关个体的结论，或称事实句。

4.1　结论是概称句的推理研究综述

4.1.1　结论是概称句的推理研究简述

目前，国际上概称句推理研究的重点大都集中在上一章所讨论的推理。像常识推理/缺省推理领域，虽然在讨论传递性问题时偶尔也涉及像“如果下雨则地湿，如果地湿则路滑，所以，如果下雨则路滑”这样的例子，但其重点仍在像“如果卡特在1979年去世，那么他就不会在1980年的总统竞选中失败；如果卡特在1980年的竞选中没有失败，那么里根就不会在1981年当总统。所以，如果卡特在1979年去世，那么里根就不会在1981年当总统”这样结论是事实句的概称句推理。

这一领域的专家们也同样关注概称句的生成问题，即概称句是从哪里来的，这种关注体现在各种会议上、私下里的口头讨论较多，却不见成文。其原因是多方面的：一是概称句的生成以及起源更像是哲学问题，而不是逻辑学问题；二是即使有逻辑学可以处理的部分，也因为涉及归纳推理，和结论是事实句的概称句推理差别较大。

4.1.2　结论是概称句的推理分类

作者认为，这一部分推理只要找到了合适的切入点，仍旧可以应用逻辑学的方法在一定程度上得到进一步的刻画。上面提到，概称句的生成或起源涉及很多复杂的因素，逻辑学研究者只负责把逻辑学方法能描述的那部分找出来。我们首先把结论是概称句的推理进行分类：本章第一段所提到的两种推理，依次被归结为主要通过演绎方式得概称句的推理和主要通过归纳方式得概称句的推理。

由“鸟会飞”“麻雀是鸟”得到“麻雀会飞”，是一种通过演绎得到概称句的推理，这是人们在日常生活中最常用到的推理之一，这种结论是概称句的推理看似平常，却是我们日常生活中获取（用概称句表示的）知识最重要的途径之一。可以想象，时至今日，像“鸟会飞”这样的概称句，我们通常是从书本或他人那里习得而不是通过观察一定数量会飞的鸟的实例来接受它的，也就是说现在我们一般主要通过演绎获得这类概称句。这种看似平常的推理却并不简单：通过演绎得到概称句的推理是一种非单调推理，我们可以由“企鹅是鸟”“鸟会飞”得到“企鹅会飞”，而当前提集变为“企鹅是鸟”“鸟会飞”“企鹅不会飞”时，得到的结论就不再是“企鹅会飞”而变为“企鹅不会飞”了。前提增加，结论收回，体现了推理的非单调性。4.2 将给出刻画演绎方式得概称句推理的局部推理的逻辑，整个的推理过程，需定义前提集上的排序后得到。

而“鸟会飞”这样的概称句最初是从哪里得来的，则涉及归纳推理[①]。后文中我们将看到，涉及归纳推理的案例通常是和演绎推理部分混在一起的，也就是说如果想把一个涉及归纳得到的概称句背后的推理分析清楚，演绎和归纳两部分的推理都会用到，换种说法就是在日常生活中已经很难找到纯粹的只通过归纳获得概称句的推理了。而这里的研究则试图把两部分暂时剥离开来，放大来看，有助于更清晰地分层次认清这种推理。4.3 中将具体讨论主要通过归纳得概称句推理的逻辑内容，而涉及归纳的概称句推理的整体刻画仍需引入前提集的排序。

4.2 通过演绎方式得概称句的推理的一个基础逻辑 G_D

4.2.1 语言 L_G

同第三章 L_G。

4.2.2 语义

定义 4.1 W 是非空集合，⊛是定义在 W：$\mathscr{P}(W)\times\mathscr{P}(W)\rightarrow\mathscr{P}(W)$ 上的

---

① 有关归纳推理这个词有不同的用法，在第六章的分析中我们将看到，整个三种类型的概称句合在一起刚好可以解释归纳推理领域所讨论的归纳推理，而本章提到的通过归纳方式得概称句的推理中所说的归纳，主要是指后文将会分析说明的“纯粹的归纳”，即简单枚举归纳法等。

集选函数，满足对任意 X, Y, Z, X′, Y′⊆W：

(1) 若 $X\subseteq X'$，则 $⊛(X,Y)\subseteq ⊛(X',Y)$；

(2) 若对 X 中任意的 w 都有 $⊛(\{w\},Y)\subseteq Z$，则 $⊛(X,Y)\subseteq Z$；

(3) 若 $⊛(X,Y)\subseteq Z$，则 $⊛(W,X\cap Y)\subseteq Z$；

(4) 若 $⊛(X,Y)\subseteq Z$ 且 $⊛(X,Y')\subseteq Z$，则 $⊛(X,Y\cup Y')\subseteq Z$；

(5) 若 $⊛(X,Y)\subseteq Y'$ 且 $⊛(X,Y')\subseteq Z$，则 $⊛(X,Y)\subseteq Z$。

定义 4.2 对任意 s_1, $s_2\in S$,

(1) $s_1\subseteq s_2$，当且仅当，对任意的 $w\in W$，$s_1(w)\subseteq s_2(w)$；

(2) $s_1=s_2$，当且仅当，对任意的 $w\in W$，$s_1(w)\subseteq s_2(w)$ 且 $s_2(w)\subseteq s_1(w)$；

(3) $s_1=s_2{}^{\sim}$，当且仅当，对任意的 $w\in W$，$s_1(w)=(s_2(w))^{\sim}$；（对任意的集合 A，$A^{\sim}$ 是 A 的补集）

(4) 对任意的 $w\in W$，$(s_1\cup s_2)(w)=s_1(w)\cup s_2(w)$，从而 $(s_1\cap s_2)(w)=s_1(w)\cap s_2(w)$；

(5) 空涵义 $s_{\top}$，对任意的 $w\in W$，$s_{\top}(w)=D$；

(6) 全涵义 $s_{\bot}$，对任意的 $w\in W$，$s_{\bot}(w)=\varnothing$。

定义 4.3 设 W, D 是任意非空集，$\mathscr{N}$: $S\times S\rightarrow S$ 是 S 上的正常个体选择函数，当且仅当，$\mathscr{N}$满足，对任意的 s_1, $s_2\in S$,

(1) $\mathscr{N}(s_1,s_2)\subseteq s_1$，并且

(2) $\mathscr{N}(s_1,s_2)=\mathscr{N}(s_1,s_2{}^{\sim})$

定义 4.4 设 W, D 是任意非空集，[,] 是 $D\times S\rightarrow\mathscr{P}(W)$ 上的函数，满足：对任意 $d\in D$, $s\in S$, $[d,s]=\{w\in W:d\in s(w)\}$。

定义 4.5 设 W, D 是任意非空集，⊛是 W 上的集选函数，$\mathscr{N}$是 S 上的正常个体选择函数。函数 $g:S\times S\rightarrow\mathscr{P}(W)$ 是 W 和 D 上概称函数，当且仅当，对任意的 s_1, $s_2\in S$, $g(s_1,s_2)=\{w\in W$: 对任意的 $d\in D$, $⊛(\{w\},[d,\mathscr{N}(s_1,s_2)])\subseteq[d,s_2]\}$。

定义 4.6 四元组 F = <W, D, $\mathscr{N}$, ⊛>是框架，如果 W, D 是非空集合，$\mathscr{N}$是 $S\times S\rightarrow S$ 上的函数，⊛是 W 上的集选函数，且对任意的 $w\in W$,

任意 s_1，$s_2 \in S$，如果 $s_1(w) \subseteq s_2(w)$，则对任意 $d \in D$，$\circledast(\{w\},[d,s_1]) \subseteq [d,s_2]$。

定义 4.7（对非逻辑符号的解释） 给定框架 $F=<W, D, \mathcal{N}, \circledast>$，$\eta$ 是个体常元和谓词符号在 F 上的解释，当且仅当，

（1）对任意的个体常元 $c \in C$，$\eta(c) \in D$；

（2）对谓词 P，$\eta(P,w) \in D$。

定义 4.8 有序对 $\mathcal{S}=<F, \eta>$ 是结构，如果 F 是一个框架，η 是 F 上的解释。

定义 4.9 有序对 $M=<\mathcal{S}, \sigma>$ 是模型，如果 S 是一个结构，σ 是变元集到个体域的映射，称为指派。

$F=<W, D, \mathcal{N}, \circledast>$，$\mathcal{S}=<F, \eta>$ 又记为 $<W, D, \mathcal{N}, \circledast, \eta>$，$M=<W, D, \mathcal{N}, \circledast, \eta, \sigma>$，以下用 W_M，D_M，η_M，σ_M 等表示该模型中相应的成分，F_M，$\mathcal{S}_M$ 表示相应的框架和结构。

定义 4.10 一个 $<W, D, \mathcal{N}, \circledast>$ 框架是概称框架，当且仅当，该框架满足：对任意的 s_1，$s_2 \in S$，$\mathcal{N}(s_1,s_2) \subseteq s_1$，并且 $\mathcal{N}(s_1,s_2)=\mathcal{N}(s_1,s_2^{\sim})$（即 $\mathcal{N}$ 是正常个体选择函数）。一个模型 $<W, D, \mathcal{N}, \circledast, \eta, \sigma>$ 是概称模型，当且仅当，$<W, D, \mathcal{N}, \circledast>$ 是概称框架。

定义 4.11 一个 $<W, D, \mathcal{N}, \circledast>$ 框架是主项单调框架，当且仅当，该框架是概称框架且满足：对任意的 s_1，s_2，$s_3 \in \mathcal{P}(D)^W$，任意 $w \in W$，如果 $s_1(w) \subseteq s_2(w)$，则 $\mathcal{N}(s_1,s_3)(w) \subseteq \mathcal{N}(s_2,s_3)(w)$。一个模型 $<W, D, \mathcal{N}, \circledast, \eta, \sigma>$ 是主项单调模型，当且仅当，$<W, D, \mathcal{N}, \circledast>$ 是主项单调框架。

定义 4.12 M，M′是任意的模型，称 M′是 M 在 x 上的变体，记为 $M'=M(d/x)$。如果 $F_{M'}=F_M$，$\sigma_{M'}=\sigma_M(d/x)$，$\sigma_M(d/x)$ 称为 $\sigma_{M'}$ 在 x 上的变体，定义如下：

$$\sigma_M(d/x)(y)=\begin{cases} d_i, & \text{若 } y=x_i\text{，}x_i\text{ 是 } x \text{ 的第 } i \text{ 个元素；} \\ \sigma_M(y), & \text{否则} \end{cases}$$

定义 4.13 设 M，M′是任意的模型，t 是任意的项。t 在模型 M 中的解释 t^M 是满足以下条件的映射：

$$t^{M}=\begin{cases}\eta_{M}(c), & 若\ t=c\\ \sigma_{M}(x), & 若\ t=x\end{cases}$$

定义 4.14　设 $M=<W, D, \mathcal{N}, \circledast, \eta, \sigma>$ 是任意模型，φ 是任意公式，$\|\varphi\|^{M}$ 是满足如下条件的集合：

（1）$\|\bot\|^{M}=\varnothing$

（2）$\|Pt\|^{M}=\{w\in W: t^{M}\in\eta_{M}(P,w)\}$

（3）$\|\alpha\to\beta\|^{M}=(W-\|\alpha\|^{M})\cup\|\beta\|^{M}$

（4）$\|\alpha>\beta\|^{M}=\bigcup\{X\subseteq W:\circledast(X,\|\alpha\|^{M})\subseteq\|\beta\|^{M}\}$

（5）$\|\forall x\alpha\|^{M}=\{w\in W$：对任意的 $d\in D_{M}$，$w\in\|\alpha\|^{M(d/x)}\}$

（6）$\|(\lambda x\alpha)t\|^{M}=\{w\in W: t^{M}\in(\lambda x\alpha)^{M}(w)\}$，$(\lambda x\alpha)^{M}\in S$，满足：$(\lambda x\alpha)^{M}(w)=\{d\in D_{M}: w\in\|\alpha\|^{M(d/x)}\}$，其中 x 是 α 中顺序出现的自由变元组成的序列。

（7）$\|N(\lambda x\alpha,\lambda x\beta)t\|^{M}=\{w\in W: t^{M}\in\mathcal{N}((\lambda x\alpha)^{M},(\lambda x\beta)^{M})(w)\}$

命题 4.15　对任意变元序 x，任意的公式 α，β 对任意的模型 M，有

（1）$(\lambda x\neg\alpha)^{M}=((\lambda x\alpha)^{M})^{\sim}$

（2）$(\lambda x(\alpha\vee\beta))^{M}=(\lambda x\alpha)^{M}\cup(\lambda x\beta)^{M}$

（3）$(\lambda x(\alpha\wedge\beta))^{M}=(\lambda x\alpha)^{M}\cap(\lambda x\beta)^{M}$

（4）$(\lambda x(\alpha\to\beta))^{M}=((\lambda x\alpha)^{M})^{\sim}\cup(\lambda x\beta)^{M}$

证　（1）对任意 $w\in W$，

$$\begin{aligned}&(\lambda x\neg\alpha)^{M}(w)\\&=\{d\in D_{M}: w\in\|\neg\alpha\|^{M(d/x)}\}\\&=D_{M}-\{d\in D_{M}: w\in\|\alpha\|^{M(d/x)}\}\\&=D_{M}-(\lambda x\alpha)^{M}\\&=((\lambda x\alpha)^{M})^{\sim}\end{aligned}$$

（2）对任意 $w\in W$，$(\lambda x(\alpha\vee\beta))^{M}(w)=\{d\in D_{M}: w\in\|\alpha\vee\beta\|^{M(d/x)}\}$

$$\begin{aligned}&=\{d\in D_{M}: w\in\|\alpha\|^{M(d/x)}\cup\|\beta\|^{M(d/x)}\}\\&=\{d\in D_{M}: w\in\|\alpha\|^{M(d/x)}\}\cup\{d\in D_{M}: w\in\|\beta\|^{M(d/x)}\}\\&=(\lambda x\alpha)^{M}(w)\cup(\lambda x\beta)^{M}(w)=((\lambda x\alpha)^{M}\cup(\lambda x\beta)^{M})(w)\end{aligned}$$

(3) 证明与 (2) 类似。

(4) 对任意 $w \in W$，$(\lambda x(\alpha \to \beta))^M(w) = \{d \in D_M : w \in \|\alpha \to \beta\|^{M(d/x)}\}$

$= \{d \in D_M : w \in (W - \|\alpha\|^{M(d/x)}) \cup \|\beta\|^{M(d/x)}\}$

$= (\lambda x \neg \alpha)^M(w) \cup (\lambda x\beta)^M(w)$

$= ((\lambda x \neg \alpha)^M \cup (\lambda x\beta)^M)(w)$

$= ((\lambda x\alpha)^M)^{\sim} \cup (\lambda x\beta)^M$ ■

命题 4.16 对任意模型 M，$\|\alpha(y/x)\|^{M(d/y)} = [d^M, (\lambda x\alpha)^M]$。

证 由定义 4.4，$\|\alpha(y/x)\|^{M(d/y)} = \{w \in W : d \in (\lambda x\alpha)^M(w)\} = [d^M, (\lambda x\alpha)^M]$。■

命题 4.17 设 M 是任一模型，α，β 是任意公式。$\|Gx(\alpha;\beta)\|^M = g((\lambda x\alpha)^M, (\lambda x\beta)^M)$。

证 由定义 3.1，

$\|Gx(\alpha;\beta)\|^M = \|\forall x(N(\lambda x\alpha, \lambda x\beta)y > \beta)\|^M$①，

由 $\|\cdot\|^M$ 定义，

$\|\forall x(N(\lambda x\alpha, \lambda x\beta)x > \beta)\|^M = \{w \in W$：对任意的 $d \in D_M$，$\circledast(\{w\}, \|N(\lambda x\alpha, \lambda x\beta)x\|^{M(d/y)}) \subseteq \|\beta(y/x)\|^{M(d/y))}\}$②，

由定义 4.4、命题 4.16 及②，

$\|\forall x(N(\lambda x\alpha, \lambda x\beta)x > \beta)\|^M = \{w \in W$：对任意的 $d \in D_M$，$\circledast(\{w\}, [d, \mathcal{N}((\lambda x\alpha)^M, (\lambda x\beta)^M)]) \subseteq [d, (\lambda x\beta)^M]\}$③，

由定义 4.5，

$\{w \in W$：对任意的 $d \in D_M$，$\circledast(\{w\}, [d, \mathcal{N}((\lambda x\alpha)^M, (\lambda x\beta)^M)]) \subseteq [d, (\lambda x\beta)^M]\} = g((\lambda x\alpha)^M, (\lambda x\beta)^M)$④。

由①③④，

$\|Gx(\alpha;\beta)\|^M = g((\lambda x\alpha)^M, (\lambda x\beta)^M)$ ■

以下简称

"在模型 $M = \langle W, D, \mathcal{N}, \circledast, \eta, \sigma \rangle$ 下，对 $s \in S$，存在公式 α，对任意 $w \in W$，$s(w) = (\lambda x\alpha)^M(w)$" 为

"在模型 $M = \langle W, D, \mathcal{N}, \circledast, \eta, \sigma \rangle$ 下，s 与公式 α 对应"。

命题 4.18　对任意的模型 $M=<\mathbb{W}, D, \mathscr{N}, \circledast, \eta, \sigma>$，$s_1$，$s_2$，$s_3 \in S$。

（1）s_1 在 M 下有公式对应，当且仅当，$s_1^{\sim}$ 在 M 下有公式对应；并且，对任意的 $w \in \mathbb{W}$，若 $s_1(w)=(\lambda x\alpha)^M(w)$，则 $s_1^{\sim}(w)=(\lambda x\neg\alpha)^M(w)$。

（2）在 M 下，若 s_1，s_2 有公式对应，则 $s_1 \cup s_2$，$s_1 \cap s_2$ 有公式对应；并且，对任意的 $w \in \mathbb{W}$，若 $s_1(w)=(\lambda x\alpha)^M(w)$，$s_2(w)=(\lambda x\beta)^M(w)$，则 $(s_1 \cup s_2)(w)=(\lambda x(\alpha \vee \beta))^M$，$(s_1 \cap s_2)(w)=(\lambda x(\alpha \wedge \beta))^M$。

（3）在 M 下，若 $s_1 \subseteq s_2$，且 s_1，s_2 有公式对应，则存在有公式对应的 s_3，满足 $s_1 \cup s_3 = s_2$。

（4）对任意的 $w \in \mathbb{W}$，$s_{\top}(w)=(\lambda x\top)^M(w)$，$s_{\perp}(w)=(\lambda x\perp)^M(w)$。

证　（1）若 s_1 在 M 下有公式对应，

假设

$$\text{对任意的 } w \in \mathbb{W}，s_1(w)=(\lambda x\alpha)^M(w)，$$

由命题 4.15，

$$(\lambda x\neg\alpha)^M(w)=((\lambda x\alpha)^M)^{\sim}(w)=s_1^{\sim}(w)。$$

若 s_1 没有公式对应，假设 $s_1^{\sim}$ 有公式对应，设 $s_1^{\sim}$ 与 α 对应，与上面证明类似，有 s_1 与 $\neg\alpha$ 对应，与假设矛盾。

（2）对任意的 $w \in \mathbb{W}$，

由定义 4.2 及命题 4.15，

$$\begin{aligned}(s_1 \cup s_2)(w) &= s_1(w) \cup s_2(w)\\ &= (\lambda x\alpha)^M(w) \cup (\lambda x\beta)^M(w)\\ &= (\lambda x(\alpha \vee \beta))^M(w)\end{aligned}$$

所以，

$$(s_1 \cup s_2)(w)=(\lambda x(\alpha \vee \beta))^M。$$

$(s_1 \cap s_2)(w)=(\lambda x(\alpha \wedge \beta))^M$ 证明类似。

（3）在模型 M 下，设 s_1，s_2 分别与公式 α，β 对应，取 $\gamma=\beta \wedge \neg\alpha$，则 γ 是与 s_3 对应的公式。

（4）对任意的 $w \in \mathbb{W}$，由 $(\lambda x\alpha)^M$ 定义及定义 4.2，

$$(\lambda x\top)^M(w)=\{d \in D_M : w \in \|\top\|^{M(d/x)}\}=D_M=s_{\top}(w);$$

$(\lambda x \bot)^{M}(w) = \{d \in D_M : w \in \| \bot \|^{M(d/x)}\} = \varnothing = s_{\bot}(w)$。■

命题 4.19 对任意的模型 M = < W, D, $\mathscr{N}$, ⊛, η, σ >，任意 $w \in W$，$w \in \| \forall y(\beta \to \gamma)(y/x) \|^{M}$，当且仅当，$(\lambda x\beta)^{M}(w) \subseteq (\lambda x\gamma)^{M}(w)$。

证 必要性。对任意模型 M，任意 $w \in \| \forall y(\beta \to \gamma)(y/x) \|^{M}$①，任意 $d \in D_M$，若

$d \in (\lambda x\beta)^{M}(w)$②，

由 $(\lambda x\beta)^{M}$ 定义，

$w \in \| \beta \|^{M(d/x)}$③。

由①，

$w \in \| \beta \to \gamma \|^{M(d/x)}$。

由③④及 $\| \beta \to \gamma \|^{M}$ 定义，

$w \in \| \gamma \|^{M(d/x)}$⑤。

由 $(\lambda x\gamma)^{M}$ 定义及⑤，

$d \in (\lambda x\gamma)^{M}(w)$⑥。

由②⑥，

$(\lambda x\beta)^{M}(w) \subseteq (\lambda x\gamma)^{M}(w)$。

充分性。对任意模型 M，任意 $d \in D_M$，任意 w，已知

$(\lambda x\beta)^{M}(w) \subseteq (\lambda x\gamma)^{M}(w)$①。

令

$w \in \| \beta \|^{M(d/x)}$②。

由 $(\lambda x\beta)^{M}$ 定义有

$d \in (\lambda x\beta)^{M}(w)$③。

由①③有，

$d \in (\lambda x\gamma)^{M}(w)$④。

由 $(\lambda x\gamma)^{M}$ 定义及④，

$w \in \| \gamma \|^{M(d/x)}$⑤。

由②⑤，

$w \in \| \beta \to \gamma \|^{M(d/x)}$。■

由 d 的任意性，

$$w \in \| \forall y(\beta \rightarrow \gamma)(y/x) \|^{M}。$$

推论 4.20　对任意的模型 $M = <W, D, \mathcal{N}, \circledast, \eta, \sigma>$，任意的 $w \in W$，$w \in \| \forall y(\beta \leftrightarrow \gamma)(y/x) \|^{M}$，当且仅当，$(\lambda x\beta)^{M}(w) = (\lambda x\gamma)^{M}(w)$。

证　由命题 4.19 及定义 4.2 即得。■

定义 4.21　对任意的模型 $M = <W, D, \mathcal{N}, \circledast, \eta, \sigma>$，$X \subseteq W_M$，$X \neq \varnothing$，$\alpha$ 是任意公式，α 在 X 上真（记为 $M \models_X \alpha$），当且仅当，$X \subseteq \| \alpha \|^{M}$

当 $X = \{w\}$ 时，称 α 在 w 上是真的。

当 $X = W_M$ 时，称 α 在 M 上有效，记作 $M \models \alpha$。

定义 4.22　对任意的公式 α，α 是有效的（记作 $\models \alpha$），当且仅当，对任意的模型 M，$M \models \alpha$。

定理 4.23　下列公式对概称模型是有效的。

(1) $(\forall x(\alpha > \beta) \rightarrow (\alpha > \forall x\beta))$（$x$ 不是 α 中的自由变元）

(2) $\forall y(N(\lambda x\alpha, \lambda x\beta)y \rightarrow \alpha(y/x))$

(3) $\forall y(N(\lambda x\alpha, \lambda x\beta)y \rightarrow N(\lambda x\alpha, \lambda x\neg \beta)y)$

(4) $\forall x(\alpha \rightarrow \beta) \rightarrow \forall x(\alpha > \beta)$

证　(1) 对任意的概称模型 M，任意的 $w \in W_M$，

假设

$$w \in \| \forall x(\alpha > \beta) \|^{M} ①。$$

对任意的 $d \in D_M$，有

$$w \in \| \alpha > \beta \|^{M(d/x)} ②。$$

从而

$$\circledast(\{w\}, \| \alpha \|^{M(d/x)}) \subseteq \| \beta \|^{M(d/x)} ③。$$

已知 x 不是 α 中的自由变元，有

$$\| \alpha \|^{M} = \| \alpha \|^{M(d/x)} ④。$$

由③④，

对任意的 $d \in D_M$，$\circledast(\{w\}, \| \alpha \|^{M}) \subseteq \| \beta \|^{M(d/x)}$ ⑤。

由⑤及 d 的任意性，

$$\circledast(\{w\}, \| \alpha \|^{M}) \subseteq \| \forall x\beta \|^{M},$$

从而

$w \in \| \alpha > \forall x\beta \|^{M}$⑥。

由①⑥得，

对任意的 $w \in W_M$，$w \in \| \forall x(\alpha > \beta) \to (\alpha > \forall x\beta) \|^{M}$。（$x$ 不是 α 中的自由变元）

由 w 的任意性，

对任意的概称模型 M，$M \models \forall x(\alpha > \beta) \to (\alpha > \forall x\beta)$。（$x$ 不是 α 中的自由变元）

（2）对任意的概称模型 M，任意的 $w \in W_M$，任意的 $d \in D_M$，

假设

$w \in \| N(\lambda x\alpha, \lambda x\beta)y \|^{M(d/x)}$①，

由 $\| \cdot \|^{M}$定义，

$w \in \{w \in W : d \in \mathcal{N}((\lambda x\alpha)^{M}, (\lambda x\beta)^{M})(w)\}$②。

已知概称模型满足

$\mathcal{N}((\lambda x\alpha)^{M}, (\lambda x\beta)^{M}) \subseteq (\lambda x\alpha)^{M}$③。

由②③，

$w \in \{w \in W : d \in (\lambda x\alpha)^{M}(w)\}$④。

由④、定义 4.4 及命题 4.16 有

$d \in (\lambda x\alpha)^{M}(w)$，当且仅当，$w \in \| \alpha \|^{M(d/x)} = \| \alpha(y/x) \|^{M(d/x)}$⑤。

由①⑤，

对任意 $w \in W_M$，任意 $d \in D_M$，有 $w \in \| N(\lambda x\alpha, \lambda x\beta)y \to \alpha(y/x) \|^{M(d/x)}$⑥。

由 d 的任意性，

对任意的 $w \in W_M$，$w \in \| \forall y(N(\lambda x\alpha, \lambda x\beta)y \to \alpha(y/x)) \|^{M}$。

由 w 的任意性，

对任意的概称模型 M，$M \models \forall y(N(\lambda x\alpha, \lambda x\beta)y \to \alpha(y/x))$。

（3）对任意的概称模型 M，任意的 $w \in W_M$，任意的 $d \in D_M$，

设

$w \in \| N(\lambda x\alpha, \lambda x\beta)y \|^{M(d/x)}$①。

由 $\|\cdot\|^{M}$ 定义，

$$w \in \{w \in W : d \in \mathscr{N}((\lambda x\alpha)^{M},(\lambda x\beta)^{M})(w)\}②。$$

由概称模型定义，

$$\mathscr{N}((\lambda x\alpha)^{M},(\lambda x\beta)^{M}) = \mathscr{N}((\lambda x\alpha)^{M},((\lambda x\beta)^{M})^{-})③。$$

由命题 4.15 及③有

$$\mathscr{N}((\lambda x\alpha)^{M},(\lambda x\beta)^{M}) = \mathscr{N}((\lambda x\alpha)^{M},(\lambda x\neg\beta)^{M})④。$$

由②④，

$$w \in \{w \in W : d \in \mathscr{N}((\lambda x\alpha)^{M},(\lambda x\neg\beta)^{M})(w)\} = \| N(\lambda x\alpha,\lambda x\neg\beta)y \|^{M(d/x)}⑤。$$

由①⑤，

对任意 $w \in W_M$，任意 $d \in D_M$，$w \in \| N(\lambda x\alpha,\lambda x\beta)y| \to N(\lambda x\alpha,\lambda x\neg\beta)y \| |^{M(d/x)}$。

由 d 的任意性，

对任意的 $w \in W_M$，$w \in \| \forall y|(N(\lambda x\alpha,\lambda x\beta)y| \to N(\lambda x\alpha,\lambda x\neg\beta)y|) \|^{M}$。

由 w 的任意性，

对任意的概称模型 M，$M \models \forall y|(N(\lambda x\alpha,\lambda x\beta)y| \to N(\lambda x\alpha,\lambda x\neg\beta)y|)$。

（4）对任意的概称模型 M，任意的 w，

假设

$$w \in \| \forall x(\alpha \to \beta) \|^{M}①,$$

由命题 4.19，

$$(\lambda x\alpha)^{M}(w) \subseteq (\lambda x\beta)^{M}(w)②。$$

由②及概称模型定义，

对任意 $d \in D_M$，$\circledast(\{w\},[d,(\lambda x\alpha)^{M(d/x)}]) \subseteq [d,(\lambda x\beta)^{M(d/x)}]$③，

由命题 4.16 及③，

对任意 $d \in D_M$，$\circledast(\{w\},\|\alpha(y/x)\|^{M(d/x)}) \subseteq \|\beta(y/x)\|^{M(d/x)}$④，

由定义 4.14 及④，

$$w \in \| \forall x(\alpha > \beta) \|^{M}⑤。$$

由①⑤及 w 的任意性，

对任意概称模型 M，$M \models \forall x(\alpha \to \beta) \to \forall x(\alpha > \beta)$。■

定理 4.24 $\forall y(\alpha\to\gamma)(y/x)\to\forall y(N(\lambda x\alpha,\lambda x\beta)y\to N(\lambda x\gamma,\lambda x\beta)y)$ 在主项单调模型下有效。

证 对任意的主项单调模型 M，任意的 $w\in W_M$，

假设

$$w\in\|\forall y(\alpha\to\gamma)(y/x)\|^M,$$

由命题 4.19 有

$$(\lambda x\alpha)^M(w)\subseteq(\lambda x\gamma)^M(w)①。$$

由①及主项单调模型定义有

$$\mathcal{N}((\lambda x\alpha)^M,(\lambda x\beta)^M)(w)\subseteq\mathcal{N}((\lambda x\gamma)^M,(\lambda x\beta)^M)(w)②。$$

对任意 $d\in D_M$，设

$$w\in\|N(\lambda x\alpha,\lambda x\beta)y\|^{M(d/y)}③,$$

则

$$w\in\{w\in W:d\in\mathcal{N}((\lambda x\alpha)^{M(d/y)},(\lambda x\beta)^{M(d/y)})(w)\}④。$$

由②④有

$$w\in\{w\in W:d\in\mathcal{N}((\lambda x\gamma)^{M(d/y)},(\lambda x\beta)^{M(d/y)})(w)\}$$

$$=\|N(\lambda x\gamma,\lambda x\beta)y\|^{M(d/y)}⑤。$$

由③⑤，

对任意的 $w\in W_M$，$d\in D_M$，$w\in\|N(\lambda x\alpha,\lambda x\beta)y\to N(\lambda x\gamma,\lambda x\beta)y\|^{M(d/y)}$⑥。

由 d 的任意性，

对任意的 $w\in W_M$，$w\in\|\forall y(N(\lambda x\alpha,\lambda x\beta)y\to N(\lambda x\gamma,\lambda x\beta)y)\|^M$；

由 w 的任意性，

对任意的主项单调模型 M，$M\models\forall y(\alpha\to\gamma)(y/x)\to\forall y(N(\lambda x\alpha,\lambda x\beta)y\to N(\lambda x\gamma,\lambda x\beta)y)$。■

4.2.3 基础逻辑 G_D

G_D 在如下公理模式和规则下封闭。

公理模式

T　所有重言式。

$\forall^-$　$\forall x\alpha \to \alpha\ (x/t)$

$\forall_\to$　$\forall x(\alpha \to \beta) \to (\forall x\alpha \to \forall x\beta)$

$>_{BF}$　$\forall x(\alpha > \beta) \to (\alpha > \forall x\beta)$（$x$ 不是 α 中的自由变元）

C_K　$(\alpha > (\beta \to \gamma)) \to ((\alpha > \beta) \to (\alpha > \gamma))$

$>_{MP}$　$(\alpha \wedge (\alpha > \beta)) > \beta$

T_{RAN}　$(\alpha > \beta) \to ((\beta > \gamma) \to (\alpha > \gamma))$

A_D　$(\alpha > \gamma) \wedge (\beta > \gamma) \to (\alpha \vee \beta > \gamma)$

I_C　$\forall x(\alpha \to \beta) \to \forall x(\alpha > \beta)$

N　$\forall y(N(\lambda x\alpha, \lambda x\beta)y \to \alpha(y/x))$

$N_\neg$　$\forall y(N(\lambda x\alpha, \lambda x\beta)y \to N(\lambda x\alpha, \lambda x\neg\beta)y)$

N_{AM}　$\forall y(\alpha \to \gamma)(y/x) \to \forall y(N(\lambda x\alpha, \lambda x\beta)y \to N(\lambda x\gamma, \lambda x\beta)y)$

初始规则

M_P　由 α 和 $\alpha \to \beta$，得 β。

$\forall^+$　由 α，得 $\forall x\alpha$。

R_{NEC}　由 $\beta \leftrightarrow \gamma$，得 $\forall y(N(\lambda x\alpha, \lambda x\beta)y \leftrightarrow N(\lambda x\alpha, \lambda x\gamma)y)$。

R_{NEA}　由 $\beta \leftrightarrow \gamma$，得 $\forall y(N(\lambda x\beta, \lambda x\alpha)y \leftrightarrow N(\lambda x\gamma, \lambda x\alpha)y)$。

部分内定理及导出规则

I_D　$\alpha > \alpha$

A_M　$\forall x(\alpha \to \beta) \to \forall x((\beta > \gamma) \to (\alpha > \gamma))$

C_I　$\forall x(\alpha > \beta) \wedge \forall x(\beta \to \gamma) \to \forall x(\alpha > \gamma)$

C_M　$(\alpha > \beta) \to ((\alpha \wedge \gamma) > \beta)$

C_R　$(\alpha > \beta \wedge \gamma) \to ((\alpha > \beta) \wedge (\alpha > \gamma))$

C_C　$((\alpha > \beta) \wedge (\alpha > \gamma)) \to (\alpha > \beta \wedge \gamma)$

$Th_{MN}1$　$(\alpha > \bot) \to (\alpha > \beta)$

R_N　由 β，得 $\alpha > \beta$。

R_{CEA}　由 $\beta \leftrightarrow \gamma$，得 $(\beta > \alpha) \leftrightarrow (\gamma > \alpha)$。

R_{CEC}　由 $\beta\leftrightarrow\gamma$，得 $(\alpha>\beta)\leftrightarrow(\alpha>\gamma)$。

R_{IC}　由 $\alpha\rightarrow(\beta>\gamma)$，得 $(\alpha\wedge\beta>\gamma)$。

R_{CK}　由 $(\beta_1\wedge\cdots\wedge\beta_n)\rightarrow\beta$，得 $(\alpha>\beta_1)\wedge\cdots\wedge(\alpha>\beta_n)\rightarrow(\alpha>\beta)$。$(n\geqslant 1)$

R_{CI}　由 $\alpha>\beta$，$\beta\rightarrow\gamma$，得 $\alpha>\gamma$。

R_{EQ}　β 是 α 的子公式，由 $\beta\leftrightarrow\gamma$ 和 α 得 $\alpha[\gamma/\beta]$。

与概称句相关的定理及导出规则

$Th_{G_D}1$　$Gx(\alpha;\alpha)$

$Th_{G_D}2$　$Gx(\alpha\wedge\beta;\alpha)$

$Th_{G_D}3$　$\forall y(N(\lambda x\alpha,\lambda x\beta)y)\leftrightarrow(N(\lambda x\alpha,\lambda x\neg\beta)y)$

$Th_{G_D}4$　$\forall x(\alpha>\beta)\rightarrow Gx(\alpha;\beta)$

$Th_{G_D}5$　$\forall x(\alpha\rightarrow\beta)\rightarrow Gx(\alpha;\beta)$

$Th_{G_D}6$　$\forall x(\alpha\rightarrow\beta)\rightarrow(Gx(\beta;\gamma)\rightarrow Gx(\alpha;\gamma))$

$Th_{G_D}7$　$Gx(\alpha;\beta)\rightarrow Gx(\alpha\wedge\gamma;\beta)$

$Th_{G_D}8$　$Gx(\alpha\vee\beta;\gamma)\rightarrow Gx(\alpha;\gamma)$

R_{GN}　由 β，得 $Gx(\alpha;\beta)$。

R_{GIC}　由 $\alpha\rightarrow Gx(\beta;\gamma)$，得 $Gx(\alpha\wedge\beta;\gamma)$。

I_D　$\alpha>\alpha$

(1)	$\forall x(\alpha\rightarrow\alpha)\rightarrow\forall x(\alpha>\alpha)$	[I_C]
(2)	$\forall x(\alpha\rightarrow\alpha)$	[PC 定理]
(3)	$\forall x(\alpha>\alpha)$	[（1）（2）M_P]
(4)	$\alpha>\alpha$	[（3）$\forall^-$]

A_M　$\forall x(\alpha\rightarrow\beta)\rightarrow\forall x((\beta>\gamma)\rightarrow(\alpha>\gamma))$

(1)	$\forall x(\alpha\rightarrow\beta)\rightarrow\forall x(\alpha>\beta)$	[I_C]
(2)	$(\alpha>\beta)\rightarrow((\beta>\gamma)\rightarrow(\alpha>\gamma))$	[T_{RAN}]
(3)	$\forall x(\alpha>\beta)\rightarrow\forall x((\beta>\gamma)\rightarrow(\alpha>\gamma))$	[(2) $\forall^+$, $\forall_\rightarrow$, M_P]
(4)	$\forall x(\alpha\rightarrow\beta)\rightarrow\forall x((\beta>\gamma)\rightarrow(\alpha>\gamma))$	[(1)(3)M_P]

C_I　$\forall x(\alpha>\beta)\wedge\forall x(\beta\rightarrow\gamma)\rightarrow\forall x(\alpha>\gamma)$

(1)　$\forall x(\beta\rightarrow\gamma)\rightarrow\forall x(\beta>\gamma)$　[I_C]

(2)　$\forall x(\alpha>\beta)\rightarrow\forall x(\alpha>\beta)$　[PC 定理]

(3)　$\forall x(\alpha>\beta)\wedge\forall x(\beta\rightarrow\gamma)\rightarrow\forall x(\alpha>\beta)\wedge\forall x(\beta>\gamma)$　[(1)(2)PC 规则]

(4)　$\forall x(\alpha>\beta)\rightarrow(\forall x(\beta>\gamma)\rightarrow\forall x(\alpha>\gamma))$　[T_{RAN}, $\forall^+$, $\forall_{\rightarrow}$, M_P]

(5)　$\forall x(\alpha>\beta)\wedge\forall x(\beta>\gamma)\rightarrow\forall x(\alpha>\gamma)$　[(4)PC 规则]

(6)　$\forall x(\alpha>\beta)\wedge\forall x(\beta\rightarrow\gamma)\rightarrow\forall x(\alpha>\gamma)$　[(3)(5)三段论]

C_M　$(\alpha>\beta)\rightarrow(\alpha\wedge\gamma)>\beta$

(1)　$\alpha\wedge\gamma\rightarrow\alpha$　[PC 定理]

(2)　$\forall x(\alpha\wedge\gamma\rightarrow\alpha)$　[(1) $\forall^+$]

(3)　$\forall x(\alpha\wedge\gamma\rightarrow\alpha)\rightarrow\forall x((\alpha>\beta)\rightarrow(\alpha\wedge\gamma>\beta))$　[A_M]

(4)　$\forall x((\alpha>\beta)\rightarrow(\alpha\wedge\gamma>\beta))$　[(2)(3)M_P]

(5)　$(\alpha>\beta)\rightarrow(\alpha\wedge\gamma>\beta)$　[(4) $\forall^-$]

C_R，C_C，$Th_{MN}1$ 证明可参见 Mao（2003）。

R_N　**由 β，得 $\alpha>\beta$。**

(1)　β　[前提]

(2)　$\alpha\rightarrow\beta$　[(1)PC 规则]

(3)　$\forall x(\alpha\rightarrow\beta)\rightarrow\forall x(\alpha>\beta)$　[I_C]

(4)　$\forall x(\alpha\rightarrow\beta)$　[(2) $\forall^+$]

(5)　$\forall x(\alpha>\beta)$　[(3)(4)M_P]

(6)　$\alpha>\beta$　[(5) $\forall^-$]

R_{CEA}　**由 $\beta\leftrightarrow\gamma$，得 $(\beta>\alpha)\leftrightarrow(\gamma>\alpha)$。**

(1)　$\beta\leftrightarrow\gamma$　[前提]

(2)　$\forall x(\beta\rightarrow\gamma)$　[(1)$\leftrightarrow^-$, $\forall^+$]

(3)　$\forall x(\gamma\rightarrow\beta)$　[(1)$\leftrightarrow^-$, $\forall^+$]

(4)　$\forall x(\beta\rightarrow\gamma)\rightarrow\forall x((\gamma>\alpha)\rightarrow(\beta>\alpha))$　[A_M]

(5) $\forall x((\gamma>\alpha)\to(\beta>\alpha))$ [(2)(4)$\mathrm{M_P}$]

(6) $\forall x(\gamma\to\beta)\to\forall x((\beta>\alpha)\to(\gamma>\alpha))$ [$\mathrm{A_M}$]

(7) $\forall x((\beta>\alpha)\to(\gamma>\alpha))$ [(3)(6)$\mathrm{M_P}$]

(8) $(\beta>\alpha)\leftrightarrow(\gamma>\alpha)$ [(5)(7)$\forall^-$,$\leftrightarrow^+$]

$\mathrm{R_{EQ}}$　β是α的子公式，由$\beta\leftrightarrow\gamma$和$\alpha$得$\alpha[\gamma/\beta]$。

只证（a）由$\beta\leftrightarrow\gamma$，得$Gx(\beta;\alpha)\leftrightarrow Gx(\gamma;\alpha)$；

(b) 由$\beta\leftrightarrow\gamma$，得$Gx(\alpha;\beta)\leftrightarrow Gx(\alpha;\gamma)$。

(a) 由$\beta\leftrightarrow\gamma$，得$Gx(\beta;\alpha)\leftrightarrow Gx(\gamma;\alpha)$。

(1) $\beta\leftrightarrow\gamma$ [前提]

(2) $\forall x(N(\lambda x\beta,\lambda x\alpha)x)\leftrightarrow(N(\lambda x\gamma,\lambda x\alpha)x)$ [(1)$\mathrm{R_{NEA}}$]

(3) $N(\lambda x\beta,\lambda x\alpha)x\leftrightarrow N(\lambda x\gamma,\lambda x\alpha)x$ [(2)$\forall^-$]

(4) $(N(\lambda x\beta,\lambda x\alpha)x>\alpha)\leftrightarrow(N(\lambda x\gamma,\lambda x\alpha)x>\alpha)$ [(3)$\mathrm{R_{CEA}}$]

(5) $(N(\lambda x\beta,\lambda x\alpha)x>\alpha)\to(N(\lambda x\gamma,\lambda x\alpha)x>\alpha)$ [(4)$\leftrightarrow^-$]

(6) $(N(\lambda x\gamma,\lambda x\alpha)x>\alpha)\to(N(\lambda x\beta,\lambda x\alpha)x>\alpha)$ [(4)$\leftrightarrow^-$]

(7) $\forall x(N(\lambda x\beta,\lambda x\alpha)x>\alpha)\to\forall x(N(\lambda x\gamma,\lambda x\alpha)x>\alpha)$ [(5)$\forall^+$,$\forall_\to$,$\mathrm{M_P}$]

(8) $\forall x(N(\lambda x\gamma,\lambda x\alpha)x>\alpha)\to\forall x(N(\lambda x\beta,\lambda x\alpha)x>\alpha)$ [(6)$\forall^+$,$\forall_\to$,$\mathrm{M_P}$]

(9) $Gx(\beta;\alpha)\leftrightarrow Gx(\gamma;\alpha)$ [(7)(8)$\leftrightarrow^+$,G定义]

(b) 由$\beta\leftrightarrow\gamma$，得$Gx(\alpha;\beta)\leftrightarrow Gx(\alpha;\gamma)$；由$\mathrm{R_{NEC}}$及$\mathrm{R_{CEC}}$可得。证明与（a）类似。

$\mathrm{Th}_{G_D}1$　$Gx(\alpha;\alpha)$

(1) $\forall x(N(\lambda x\alpha,\lambda x\alpha)x\to\alpha)$ [N]

(2) $\forall x(\alpha>\alpha)$ [$\mathrm{I_D}$,$\forall^+$]

(3) $\forall x(N(\lambda x\alpha,\lambda x\alpha)x\to\alpha)\to(\forall x(\alpha>\alpha)\to\forall x(N(\lambda x\alpha,\lambda x\alpha)x>\alpha))$

[$\mathrm{A_M}$,$\forall_\to$,$\mathrm{M_P}$]

(4) $\forall x(\alpha>\alpha)\to\forall x(N(\lambda x\alpha,\lambda x\alpha)x>\alpha)$ [(1)(3)$\mathrm{M_P}$]

(5) $Gx(\alpha;\alpha)$ [(2)(4)$\mathrm{M_P}$,G定义]

$Th_{G_D}2$　$Gx(\alpha \wedge \beta;\alpha)$

(1) $\alpha \wedge \beta > \alpha$　[内定理]

(2) $\forall x(N(\lambda x(\alpha \wedge \beta),\lambda x\alpha)x \to (\alpha \wedge \beta))$　[N]

(3) $\forall x(\alpha \wedge \beta > \alpha)$　[(1)$\forall^{+}$]

(4) $\forall x(N(\lambda x(\alpha \wedge \beta),\lambda x\alpha)x \to (\alpha \wedge \beta)) \to (\forall x(\alpha \wedge \beta > \alpha) \to$
$\forall x(N(\lambda x(\alpha \wedge \beta),\lambda x\alpha)x > \alpha))$　[A_M, $\forall_{\to}$, 三段论]

(5) $\forall x(\alpha \wedge \beta > \alpha) \to \forall x(N(\lambda x(\alpha \wedge \beta),\lambda x\alpha)x > \alpha)$ [(2)(4)M_P]

(6) $Gx(\alpha \wedge \beta;\alpha)$　[(3)(5)M_P, G 定义]

$Th_{G_D}3$　$\forall y(N(\lambda x\alpha,\lambda x\beta)y) \leftrightarrow (N(\lambda x\alpha,\lambda x\neg\beta)y)$

(1) $\forall y(N(\lambda x\alpha,\lambda x\beta)y) \to (N(\lambda x\alpha,\lambda x\neg\beta)y)$　[N¬]

(2) $\forall y(N(\lambda x\alpha,\lambda x\neg\beta)y) \to (N(\lambda x\alpha,\lambda x\neg\neg\beta)y)$　[N¬]

(3) $\neg\neg\beta \leftrightarrow \beta$　[PC 定理]

(4) $\forall y(N(\lambda x\alpha,\lambda x\neg\beta)y) \to (N(\lambda x\alpha,\lambda x\beta)y)$　[(2)(3)R_{EQ}]

(5) $\forall y(N(\lambda x\alpha,\lambda x\beta)y) \leftrightarrow (N(\lambda x\alpha,\lambda x\neg\beta)y)$　[(1)(4)$\forall^{-}$, $\leftrightarrow^{+}$, $\forall^{+}$]

$Th_{G_D}4$　$\forall x(\alpha > \beta) \to Gx(\alpha;\beta)$

(1) $\forall x(N(\lambda x\alpha,\lambda x\beta)x \to \alpha) \to \forall x((\alpha > \beta) \to (N(\lambda x\alpha,\lambda x\beta)x > \beta))$
[A_M]

(2) $\forall x(N(\lambda x\alpha,\lambda x\beta)x \to \alpha)$　[N]

(3) $\forall x((\alpha > \beta) \to (N(\lambda x\alpha,\lambda x\beta)x > \beta))$　[(1)(2)M_P]

(4) $\forall x(\alpha > \beta) \to Gx(\alpha;\beta)$　[(3)$\forall_{\to}$, M_P, G 定义]

$Th_{G_D}5$　$\forall x(\alpha \to \beta) \to Gx(\alpha;\beta)$

(1) $\forall x(\alpha \to \beta) \to \forall x(\alpha > \beta)$　[I_C]

(2) $\forall x(\alpha > \beta) \to Gx(\alpha;\beta)$　[$Th_{G_D}4$]

(3) $\forall x(\alpha \to \beta) \to Gx(\alpha;\beta)$　[(1)(2)M_P]

R_{GN}　由 β，得 $Gx(\alpha;\beta)$。

(1) β　[前提]

(2) $\alpha > \beta$ [(1) R_N]

(3) $\forall x(\alpha > \beta)$ [(2) $\forall^+$]

(4) $\forall x(N(\lambda x\alpha, \lambda x\beta)x \to \alpha)$ [N]

(5) $\forall x(N(\lambda x\alpha, \lambda x\beta)x \to \alpha) \to (\forall x(\alpha > \beta) \to \forall x(N(\lambda x\alpha, \lambda x\beta)x > \beta))$

[A_M, $\forall_{\to}$, 三段论]

(6) $\forall x(\alpha > \beta) \to \forall x(N(\lambda x\alpha, \lambda x\beta)x > \beta)$ [(4)(5)M_P]

(7) $Gx(\alpha;\beta)$ [(3)(6)M_P, G 定义]

$Th_{G_D}6$ $\forall x(\alpha \to \beta) \to (Gx(\beta;\gamma) \to Gx(\alpha;\gamma))$

(1) $\forall x(\alpha \to \beta) \to \forall x(N(\lambda x\alpha, \lambda x\gamma)x \to N(\lambda x\beta, \lambda x\gamma)x)$ [N_{AM}]

(2) $\forall x(N(\lambda x\alpha, \lambda x\gamma)x \to N(\lambda x\beta, \lambda x\gamma)x) \to \forall x(N(\lambda x\beta, \lambda x\gamma)x > \gamma) \to$
$\forall x(N(\lambda x\alpha, \lambda x\gamma)x > \gamma)$ [A_M, $\forall_{\to}$, 三段论]

(3) $\forall x(N(\lambda x\alpha, \lambda x\gamma)x \to N(\lambda x\beta, \lambda x\gamma)x) \to (Gx(\beta;\gamma) \to Gx(\alpha;\gamma))$

[(2)G 定义]

(4) $\forall x(\alpha \to \beta) \to (Gx(\beta;\gamma) \to Gx(\alpha;\gamma))$ [(1)(3)M_P]

$Th_{G_D}7$ $Gx(\alpha;\beta) \to Gx(\alpha \wedge \gamma;\beta)$

(1) $\alpha \wedge \gamma \to \alpha$ [PC 定理]

(2) $\forall x(\alpha \wedge \gamma \to \alpha)$ [(1) $\forall^+$]

(3) $\forall x(\alpha \wedge \gamma \to \alpha) \to \forall x(N(\lambda x(\alpha \wedge \gamma), \lambda x\beta)x) \to (N(\lambda x\alpha, \lambda x\beta)x)$

[N_{AM}]

(4) $\forall x(N(\lambda x(\alpha \wedge \gamma), \lambda x\beta)x \to N(\lambda x\alpha, \lambda x\beta)x)$ [(2)(3)M_P]

(5) $\forall x(N(\lambda x(\alpha \wedge \gamma), \lambda x\beta)x \to N(\lambda x\alpha, \lambda x\beta)x) \to (Gx(\alpha;\beta) \to Gx(\alpha \wedge \gamma;\beta))$

[A_M, $\forall_{\to}$, 三段论, G 定义]

(6) $Gx(\alpha;\beta) \to Gx(\alpha \wedge \gamma;\beta)$ [(4)(5)M_P]

$Th_{G_D}8$ $Gx(\alpha \vee \beta;\gamma) \to Gx(\alpha;\gamma)$

(1) $\alpha \to \alpha \vee \beta$ [PC 定理]

(2) $\forall x(\alpha \to \alpha \vee \beta)$ [(1) $\forall^+$]

(3) $\forall x(\alpha \to \alpha \vee \beta) \to \forall x(N(\lambda x\alpha, \lambda x\gamma)x \to N(\lambda x(\alpha \vee \beta), \lambda x\gamma)x)$

[N_{AM}]

(4) $\forall x(N(\lambda x\alpha, \lambda x\gamma)x \to N(\lambda x(\alpha \vee \beta), \lambda x\gamma)x)$　[(2)(3)M_P]

(5) $\forall x(N(\lambda x\alpha, \lambda x\gamma)x \to N(\lambda x(\alpha \vee \beta), \lambda x\gamma)x) \to (Gx(\alpha \vee \beta; \gamma) \to Gx(\alpha; \gamma))$

[A_M, $\forall_{\to}$, 三段论, G 定义]

(6) $Gx(\alpha \vee \beta; \gamma) \to Gx(\alpha; \gamma)$　[(4)(5)M_P]

R_{GIC}　由 $\alpha \to Gx(\beta; \gamma)$，得 $Gx(\alpha \wedge \beta; \gamma)$。

(1) $\alpha \to Gx(\beta; \gamma)$　[前提]

(2) $\forall x(\alpha \to \forall x(N(\lambda x\beta, \lambda x\gamma)x > \gamma))$　[(1)$\forall^{+}$]

(3) $\alpha \to (N(\lambda x\beta, \lambda x\gamma)x > \gamma)$　[(2)两次$\forall^{-}$]

(4) $\forall x((\alpha \wedge N(\lambda x\beta, \lambda x\gamma)x) > \gamma)$　[(3)R_{IC}, $\forall^{+}$]

(5) $\alpha \wedge \beta \to \alpha$　[PC 定理]

(6) $\alpha \wedge \beta \to \beta$　[PC 定理]

(7) $\forall x(\alpha \wedge \beta \to \alpha)$　[(5)$\forall^{+}$]

(8) $\forall x(\alpha \wedge \beta \to \beta)$　[(6)$\forall^{+}$]

(9) $\forall x(N(\lambda x\alpha, \lambda x\gamma)x \to \alpha)$　[N]

(10) $N(\lambda x\alpha, \lambda x\gamma)x \to \alpha$　[(9)$\forall^{-}$]

(11) $\forall x(\alpha \wedge \beta \to \alpha) \to \forall x(N(\lambda x(\alpha \wedge \beta), \lambda x\gamma)x \to N(\lambda x\alpha, \lambda x\gamma)x)$

[N_{AM}]

(12) $N(\lambda x(\alpha \wedge \beta), \lambda x\gamma)x \to N(\lambda x\alpha, \lambda x\gamma)x$　[(7)(11)M_P, $\forall^{-}$]

(13) $\forall x(\alpha \wedge \beta \to \beta) \to \forall x(N(\lambda x(\alpha \wedge \beta), \lambda x\gamma)x \to N(\lambda x\beta, \lambda x\gamma)x)$

[N_{AM}]

(14) $N(\lambda x(\alpha \wedge \beta), \lambda x\gamma)x \to N(\lambda x\beta, \lambda x\gamma)x$　[(8)(13)M_P, $\forall^{-}$]

(15) $N(\lambda x(\alpha \wedge \beta), \lambda x\gamma)x \to \alpha$　[(10)(12)三段论]

(16) $\forall x(N(\lambda x(\alpha \wedge \beta), \lambda x\gamma)x \to (\alpha \wedge N(\lambda x\beta, \lambda x\gamma)x))$

[(14)(15)$\wedge^{+}$, $\forall^{+}$]

(17) $\forall x(N(\lambda x(\alpha \wedge \beta), \lambda x\gamma)x \to (\alpha \wedge N(\lambda x\beta, \lambda x\gamma)x)) \to$

$\forall x((\alpha\wedge N(\lambda x\beta,\lambda x\gamma)x)>\gamma)\rightarrow\forall x(N(\lambda x(\alpha\wedge\beta),\lambda x\gamma)x>\gamma)$

[A_M, $\forall_{\rightarrow}$, M_P]

(18) $\forall x((\alpha\wedge N(\lambda x\beta,\lambda x\gamma)x)>\gamma)\rightarrow\forall x(N(\lambda x(\alpha\wedge\beta),\lambda x\gamma)x>\gamma)$

[(16)(17)M_P]

(19) $Gx(\alpha\wedge\beta;\gamma)$ [(4)(18)M_P,G 定义]

4.2.4 G_D的可靠性和完全性

可靠性：需证公理在概称模型下有效，推理规则对概称模型保持有效性①。只证与概称句相关的结论。

定理 4.25 公理$>_{BF}$，N，N¬，I_C 在概称模型下是有效的。

证 由定理 4.23 可得。■

定理 4.26 推理规则 R_{NEC}，R_{NEA} 对概称模型保持有效性。

证 考虑 R_{NEC} 由 $\beta\leftrightarrow\gamma$，得 $\forall y(N(\lambda x\alpha,\lambda x\beta)y\leftrightarrow N(\lambda x\alpha,\lambda x\gamma)y)$。

已知

对任意的概称模型 M，$M\models\beta\leftrightarrow\gamma$。

由概称模型对 $\forall^{+}$ 保持有效性及推论 4.20，有

$(\lambda x\beta)^M=(\lambda x\gamma)^M$①。

设

对任意的概称模型 M，任意的 $w\in W_M$，$d\in D_M$，$w\in\|N(\lambda x\beta,\lambda x\alpha)y\|^{M(d/y)}$②。

有

$w\in\{w\in W:d\in\mathcal{N}((\lambda x\beta)^M,(\lambda x\alpha)^M)(w)\}$

$=\{w\in W:d\in\mathcal{N}((\lambda x\gamma)^M,(\lambda x\alpha)^M)(w)\}$③。

由③得

$w\in\|N(\lambda x\gamma,\lambda x\alpha)y\|^{M(d/y)}$④。

由②④，

$w\in\|N(\lambda x\beta,\lambda x\alpha)y\rightarrow N(\lambda x\gamma,\lambda x\alpha)y\|^{M(d/y)}$⑤。

---

① 推理规则对模型保持有效性定义如常。

同理可得

$w \in \| N(\lambda x\gamma, \lambda x\alpha) y \rightarrow N(\lambda x\beta, \lambda x\alpha) y \|^{M(d/y)}$⑥。

由⑤⑥有

对任意的 $w \in W_M$，任意的 $d \in D_M$，$w \in \| N(\lambda x\beta, \lambda x\alpha) y \leftrightarrow N(\lambda x\gamma, \lambda x\alpha) y \|^{M(d/y)}$。

由 d 的任意性，

对任意的 $w \in W_M$，$w \in \| \forall y(N(\lambda x\alpha, \lambda x\beta) y) \leftrightarrow \forall y(N(\lambda x\alpha, \lambda x\gamma) y) \|^{M}$。

由 w 的任意性，

对任意的概称模型 M，$M \models \forall y(N(\lambda x\alpha, \lambda x\beta) y) \leftrightarrow \forall y(N(\lambda x\alpha, \lambda x\gamma) y)$。

R_{NEA} 的证明类似。■

定理 4.27　$N_{AM}\ \forall y(\alpha \rightarrow \gamma)(y/x) \rightarrow \forall y(N(\lambda x\alpha, \lambda x\beta) y \rightarrow N(\lambda x\gamma, \lambda x\beta) y)$ 在主项单调模型下有效。

证　由定理 4.24 可得。■

完全性：完全性的证明与模态谓词逻辑、条件句逻辑相似。主要思路：构造典范模型使得所有非内定理在典范模型下不有效。完全性的证明主要分为两步：第一，要定义饱和集（使得每一含存在量词的公式都有一个证据的极大一致集），这些饱和集将作为典范模型的可能世界集，像在模态谓词逻辑中一样，处理量词公式时，用到了 Henkin 方法；第二，证明典范模型中定义的 $\mathcal{N}_{G_D}$，$\circledast_{G_D}$ 分别是正常个体选择函数和集选函数，同时 $\mathcal{N}_{G_D}$ 满足定义 4.11 中的主项单调条件，从而使典范模型是主项单调模型。

定义 4.28（Henkin 集）　Γ 是 L_G 中的公式集，α 是 L_G 中的公式，称 Γ 是一个 Henkin 集，如果 Γ 满足（1）或（2）（（1），（2）等价），

（1）若对任意 L_G 中的项 t，有 $\Gamma \vdash \alpha(x/t)$，则对任意变元 x，有 $\Gamma \vdash \forall x\alpha(x)$；

（2）若 $\Gamma \cup \{\neg \forall x\alpha(x)\}$ 是一致的，则对 L_G 中的某个项 t，有 $\Gamma \cup \{\neg \alpha(x/t)\}$ 是一致的。

定义 4.29　称极大一致的 Henkin 集为饱和集。

引理 4.30 若 Γ 是 Henkin 集，且 Δ 是有穷的，则 $\Gamma\cup\Delta$ 也是 Henkin 集。

证明可参见 Mao（2003），从略。■

引理 4.31 任一 L_G 中的一致 Henkin 集 Γ 都可扩张为一个饱和集。

证 由于 L_G 是可数语言，可以把所有的 L_G 公式排成一个序列。设 α_1，α_2，…，α_n…是一个 L_G－公式序列，令

$M_0=\Gamma$

$$M_{i+1}=\begin{cases}M_i\cup\{\neg\ \forall x\alpha_i(x),\neg\ \alpha_i(x/t)\}, & \text{如果 } M_i\cup\{\neg\ \forall x\alpha_i(x)\}\text{ 是 } G_D\text{一致的;}\\ M_i, & \text{否则}\end{cases}$$

$M=\bigcup_{n=1}^{\infty}M_i$。证 M 是 Γ 的饱和扩张。

因为 Γ 是 Henkin 集，由引理 4.30，M_i是 Henkin 集。因为 $M_i\cup\{\neg\ \forall x\alpha_i(x)\}$是 G_D一致的，由定义 4.28（2），存在 L_G中的某个项 t，$M_i\cup\{\neg\ \alpha_i(x/t)\}$是 G_D一致的，选取此$\neg\ \alpha_i(x/t)$。又因为$\neg\ \alpha_i(x/t)$蕴涵$\neg\ \forall x\alpha_i(x)$，从而 $M_i\cup\{\neg\ \forall x\alpha_i(x),\neg\ \alpha_i(x/t)\}$是 G_D一致的。因此 M 是 Γ 的饱和扩张。■

引理 4.32 若 Γ 是包含$\neg\ (\alpha>\beta)$的饱和集，则 $\Gamma^*=\{\gamma:\alpha>\gamma\in\Gamma\}\cup\{\neg\ \beta\}$是一个一致 Henkin 集。

证 首先证 Γ^*是一致的。设 $\Delta=\{\gamma:\alpha>\gamma\in\Gamma\}$。

假设

$\Delta\cup\{\neg\ \beta\}$不一致①。

存在 β_1，…，$\beta_n\in\Delta$，

$\vdash\neg\ (\beta_1\wedge\cdots\wedge\beta_n\wedge\neg\ \beta)$。

由 PC 规则，

$\vdash\beta_1\wedge\cdots\wedge\beta_n\rightarrow\beta$。

由 R_{CK}，

$\vdash(\alpha>\beta_1)\wedge\cdots\wedge(\alpha>\beta_n)\rightarrow(\alpha>\beta)$，

从而

$\vdash\neg\ ((\alpha>\beta_1)\wedge\cdots\wedge(\alpha>\beta_n)\wedge\neg\ (\alpha>\beta))$，

因此，

$\{\alpha>\beta_1,\cdots,\alpha>\beta_n,\neg\ (\alpha>\beta)\}$是不一致的②。

而由 $\beta_1, \cdots, \beta_n \in \Delta$ 有

$$\alpha > \beta_1, \cdots, \alpha > \beta_n \in \Gamma ③。$$

已知 Γ 是包含$\neg(\alpha > \beta)$的饱和集，由③，

$$\alpha > \beta_1, \cdots, \alpha > \beta_n, \neg(\alpha > \beta) \text{是一致的④。}$$

②④得出矛盾，从而①假设不成立，所以 Γ^* 是一致的。

再证 Γ^* 是 Henkin 集。

由引理 4.30，如果 $\Delta = \{\gamma : \alpha > \gamma \in \Gamma\}$ 是 Henkin 集，则 Γ^* 是 Henkin 集。假设对任意的项 t，有

$$\Delta \vdash \varphi(x/t),$$

则存在 $\beta_1, \cdots, \beta_m, \gamma_1, \cdots, \gamma_n \in \Delta$，满足

$$\beta_1, \cdots, \beta_m \vdash (\gamma_1 \wedge \cdots \wedge \gamma_n) \rightarrow \varphi(x/t) ⑤。(m \geqslant 0)$$

由 R_{CK} 及⑤有

$$\beta_1, \cdots, \beta_m \vdash (\alpha > \gamma_1) \wedge \cdots \wedge (\alpha > \gamma_n) \rightarrow (\alpha > \varphi(x/t))。$$

而 $\alpha > \gamma_1, \cdots, \alpha > \gamma_n \in \Gamma$，因此

$$\beta_1, \cdots, \beta_m, \Gamma \vdash \alpha > \varphi(x/t) ⑥。$$

选取不在 α 中自由出现的变元 x，得

$$\beta_1, \cdots, \beta_m, \Gamma \vdash \forall x(\alpha > \varphi(x)) ⑦。$$

由公理 $>_{BF}$ 及⑦，

$$\beta_1, \cdots, \beta_m, \Gamma \vdash \alpha > \forall x \varphi(x) ⑧。$$

假设 $\{\beta_1, \cdots, \beta_m\}$ 与 Γ 一致，由 Γ 是饱和集，

$$\beta_1, \cdots, \beta_m \in \Gamma,$$

从而

$$\Gamma \vdash \alpha > \forall x \varphi(x) ⑨,$$

由 Γ 是饱和集及⑨，

$$\alpha > \forall x \varphi(x) \in \Gamma。$$

因此，

$$\forall x \varphi(x) \in \Delta。$$

从而

$$\Delta \vdash \forall x \varphi(x)。$$

假设$\{\beta_1,\cdots,\beta_m\}$与$\Gamma$不一致，

情况1，$\{\beta_1,\cdots,\beta_m\}$不一致，则有$\Delta$不一致，从而$\Delta\vdash\forall x\varphi(x)$。

情况2，存在$\beta_i\in\{\beta_1,\cdots,\beta_m\}$

$$\Gamma\vdash\neg\beta_i,$$

由R_N，

$$\Gamma\vdash\alpha>\neg\beta_i,$$

由Γ是饱和集，得

$$\alpha>\neg\beta_i\in\Gamma,$$

从而

$$\neg\beta_i\in\Delta。$$

而已知

$$\beta_i\in\Delta,$$

从而

Δ不一致，$\Delta\vdash\forall x\varphi(x)$。

综上，

Δ是Henkin集，

从而

Γ^*是Henkin集。■

引理4.33 若Γ是包含$\neg(\alpha>\beta)$的饱和集，则$\Gamma^*=\{\gamma:\alpha>\gamma\in\Gamma\}\cup\{\neg\beta\}$可以扩张为一个$L_G$饱和集。

证 由引理4.32，Γ^*是一致Henkin集，再由引理4.31，得结论。■

G_D的典范模型

令$|\varphi|_{G_D}$代表包含φ的所有G_D饱和集，W_{G_D}是所有G_D饱和集的集合。

引理4.34 $*_{G_D}$是$W_{G_D}\times\mathscr{P}(W_{G_D})\rightarrow\mathscr{P}(W_{G_D})$上的部分函数，满足$*_{G_D}(w,|\alpha|_{G_D})=\bigcap\{|\beta|_{G_D}:\alpha>\beta\in w\}$，对任意$w\in W_{G_D}$和公式$\alpha$，$\alpha'$，有

(1) 若$|\alpha|_{G_D}\subseteq|\alpha'|_{G_D}$，则$*_{G_D}(w,|\alpha|_{G_D})\subseteq *_{G_D}(w,|\alpha'|_{G_D})$

(2) $*_{G_D}(w,|\alpha|_{G_D})\subseteq|\alpha|_{G_D}$

(3) $*_{G_D}(w,|\alpha\vee\alpha'|_{G_D})\subseteq *_{G_D}(w,|\alpha|_{G_D})\cup *_{G_D}(w,|\alpha'|_{G_D})$

证　考虑（1）。w 是饱和集。假设 $|\alpha|_{G_D} \subseteq |\alpha'|_{G_D}$，有

$$\alpha \to \alpha' \in W_{G_D} ①。$$

对于

$$\beta \in \{\beta : \alpha' > \beta \in w\},$$

由①及 R_{AM}，

$$\beta \in \{\beta : \alpha > \beta \in w\},$$

从而

$$\{\beta : \alpha' > \beta \in w\} \subseteq \{\beta : \alpha > \beta \in w\},$$

从而

$$\bigcap \{|\beta|_{G_D} : \alpha > \beta \in w\} \subseteq \bigcap \{|\beta|_{G_D} : \alpha' > \beta \in w\},$$

由 $*_{G_D}$ 定义，

$$*_{G_D}(w, |\alpha|_{G_D}) \subseteq *_{G_D}(w, |\alpha'|_{G_D})。$$

考虑（2）。因为 $\alpha > \alpha$ 是 G_D 的内定理，由饱和集定义，对任意的 $w \in W_{G_D}$，$(\alpha > \alpha) \in w$。由 $*_{G_D}$ 定义，$*_{G_D}(w, |\alpha|_{G_D}) \subseteq |\alpha|_{G_D}$。

考虑（3）。

假设

$$x \notin *_{G_D}(w, |\alpha|_{G_D}) \cup *_{G_D}(w, |\alpha'|_{G_D}) ①。$$

由 $*_{G_D}$ 定义，

存在 β，β'，使得 $\alpha > \beta \in w$，但 $x \notin |\beta|_{G_D}$②；

$\alpha' > \beta' \in w$，但 $x \notin |\beta'|_{G_D}$③。

由②③有

$$x \notin |\beta \vee \beta'|_{G_D} ④。$$

由 $\alpha > \beta \in w$，$\alpha' > \beta' \in w$，$\beta \to \beta \vee \beta'$，$\beta' \to \beta \vee \beta'$ 是 PC 定理及 C_I 可得，

$$(\alpha > \beta \vee \beta') \in w ⑤, (\alpha' > \beta \vee \beta') \in w ⑥。$$

由 A_D 及⑤⑥可得

$$((\alpha \vee \alpha') > (\beta \vee \beta')) \in w,$$

从而

$$*_{G_D}(w, |\alpha \vee \alpha'|_{G_D}) \subseteq |\beta \vee \beta'|_{G_D} ⑦。$$

由④⑦，

$x \notin *_{G_D}(w, |\alpha \vee \alpha'|_{G_D})$⑧。由①⑧得结论。■

约定：在模型 M 下，对任意的 $s \in S$，任意的 $w \in W$，$s^{<w}(w)$满足：若存在公式与 s 对应，则 $s^{<w} = s$；否则，$s^{<w}(w) = (\lambda x\alpha)^M(w)$，满足$(\lambda x\alpha)^M(w) \subseteq s(w)$，且若存在公式$\beta$，$(\lambda x\beta)^M(w) \subseteq s(w)$，则$(\lambda x\beta)^M(w) \subseteq (\lambda x\alpha)^M(w)$①。

分析，对任意的 $w \in W$，若存在公式 α，$(\lambda x\alpha)^M(w) = s(w)$，则 $s^{<w}(w) = s(w)$。易得，若 $s_1(w) \subseteq s_2(w)$，则 $s_1^{<w}(w) \subseteq s_2^{<w}(w)$。

定义 4.35 $M_{G_D} = <W_{G_D}, D_{G_D}, \mathscr{N}_{G_D}, \circledast_{G_D}, \eta_{G_D}, \sigma_{G_D}>$是 G_D的典范模型，当且仅当，M_{G_D}满足以下条件：

(1) $W_{G_D} = \{w : w$ 是 G_D饱和公式集$\}$

(2) $D_{G_D} = \{t : t$ 是 L_G的项$\}$

(3) 对任意 $w \in W_{G_0}, s_1, s_2 \in S_{G_D}$

$$\mathscr{N}_{G_D}(s_1, s_2)(w) = \begin{cases} \{t : N(\lambda x\alpha, \lambda x\beta)t \in w\}, & \text{若存在公式}\ \alpha, \beta\ \text{分别与}\ s_1,\ s_2\text{对应；} \\ s_1(w), & \text{若}\ s_2\text{无公式对应；} \\ \mathscr{N}_{G_3}(s_1^{<w}, s_2)(w), & \text{否则} \end{cases}$$

(4) 对任意 $w \in W_{G_D}$，X，$Y \subseteq W_{G_D}$，

$$\circledast_{G_D}(X, Y) = \begin{cases} Y \cap *_{G_D}(w, |\top|_{G_D}), & \text{若}\ X = \{w\}; \\ \bigcup_{w \in X} \circledast_{G_D}(\{w\}, Y), & \text{否则} \end{cases}$$

(5) 对任意的常元符号 c，任意的谓词符号 P，有

a. $\eta_{G_D}(c) = c$

b. $\eta_{G_D}(P, w) = \{t \in D_{G_D} : Pt \in w\}$

(6) 对任意的个体变元 x，$\sigma_{G_D}(x) = x$

由定义 4.35 (4) 可得$\circledast_{G_D}(X, Y) = Y \cap \circledast_{G_D}(X, |\top|_{G_D})$。

---

① 对 $w \in W$，若出现对 α，γ，$s^{<w}(w) = (\lambda x\alpha)^M(w) = (\lambda x\gamma)^M(w)$，但存在与 w 不同的 $w' \in W$，$(\lambda x\alpha)^M(w') \neq (\lambda x\gamma)^M(w')$的情况，此时$(\lambda x\alpha)^M$，$(\lambda x\gamma)^M$ 都可作为 $s^{<w}$的候选，尽管$(\lambda x\alpha)^M$，$(\lambda x\gamma)^M$ 并不相等。由于选 $s^{<w} = (\lambda x\alpha)^M$ 或 $s^{<w} = (\lambda x\gamma)^M$ 对要证的结果并没有影响，因此，选其中之一即可。

证　$\circledast_{G_D}(X,Y)=\bigcup_{w\in X}(Y\cap *_{G_D}(w,|\top|_{G_D}))$

$=Y\cap(\bigcup_{w\in X} *_{G_D}(w,|\top|_{G_D}))=Y\cap(\bigcup_{w\in X}(|\top|_{G_D}\cap *_{G_D}(w,|\top|_{G_D})))$

$=Y\cap\circledast_{G_D}(X,|\top|_{G_D})$。

由 $\circledast_{G_D}(X,Y)=Y\cap\circledast_{G_D}(X,|\top|_{G_D})$ 可得，若 $Y\subseteq Y'$，则有 $\circledast_{G_D}(X,Y)\subseteq\circledast_{G_D}(X,Y')$。■

引理 4.36　对任意 $w\in W_{G_D}$，$\varphi\in L_G$，$*_{G_D}(w,|\varphi|_{G_D})=\circledast_{G_D}(\{w\},|\varphi|_{G_D})$。

证　先证 $*_{G_D}(w,|\varphi|_{G_D})\subseteq\circledast_{G_D}(\{w\},|\varphi|_{G_D})$。

由引理 4.34（1）（2）有，

$*_{G_D}(w,|\varphi|_{G_D})\subseteq *_{G_D}(w,|\top|_{G_D})$①，

$*_{G_D}(w,|\varphi|_{G_D})\subseteq|\varphi|_{G_D}$②。

由①②，

$*_{G_D}(w,|\varphi|_{G_D})\subseteq|\varphi|_{G_D}\cap *_{G_D}(w,|\top|_{G_D})$，

由定义 4.35（4），

$*_{G_D}(w,|\varphi|_{G_D})\subseteq\circledast_{G_D}(\{w\},|\varphi|_{G_D})$③。

再证 $\circledast_{G_D}(\{w\},|\varphi|_{G_D})\subseteq *_{G_D}(w,|\varphi|_{G_D})$。

假设

$x\in\circledast_{G_D}(\{w\},|\varphi|_{G_D})=|\varphi|_{G_D}\cap *_{G_D}(w,|\top|_{G_D})$

$=|\varphi|_{G_D}\cap *_{G_D}(w,|\varphi\vee\neg\varphi|_{G_D})$④，

由④，

$x\in *_{G_D}(w,|\varphi\vee\neg\varphi|_{G_D})$⑤。

由⑤及引理 4.34（3），

$x\in *_{G_D}(w,|\varphi\vee\neg\varphi|_{G_D})\subseteq *_{G_D}(w,|\varphi|_{G_D})\cup *_{G_D}(w,|\neg\varphi|_{G_D})$⑥。

假设

$x\in *_{G_D}(w,|\neg\varphi|_{G_D})$，

由引理 4.34（2），

$x\in|\neg\varphi|_{G_D}$，这与④中 $x\in|\varphi|_{G_D}$ 矛盾，

因此，

$x\in *_{G_D}(w,|\varphi|_{G_D})$⑦。

由④⑦，

$$\circledast_{G_D}(\{w\},|\varphi|_{G_D}) \subseteq *_{G_D}(w,|\varphi|_{G_D})$$⑧。

由⑧③，

$$*_{G_D}(w,|\varphi|_{G_D}) = \circledast_{G_D}(\{w\},|\varphi|_{G_D})$$。■

引理 4.37 对任意$(\alpha>\beta)\in L_G$，$w\in W_{G_D}$，$*_{G_D}(w,|\alpha|_{G_D})\subseteq|\beta|_{G_D}$当且仅当$w\in|\alpha>\beta|_{G_D}$。

证 充分性。假设

$$w\in|\alpha>\beta|_{G_D},$$

有

$$\alpha>\beta\in w$$①。

对任意x，$x\in *_{G_D}(w,|\alpha|_{G_D})$②，由$*_{G_D}$定义，

$$x\in\bigcap\{|\gamma|_{G_D}:\alpha>\gamma\in w\}$$③。

由①③，

$$x\in|\beta|_{G_D}$$④。

由②④，

$$*_{G_D}(w,|\alpha|_{G_D})\subseteq|\beta|_{G_D}$$。

必要性。

假设

$$w\notin|\alpha>\beta|_{G_D},$$

由w是饱和集可得

$$\neg(\alpha>\beta)\in w$$⑤。

由⑤及引理 4.33，

$\{\gamma:\alpha>\gamma\in w\}\cup\{\neg\beta\}$可被扩张为饱和集$w'$，

使得

$$\{\gamma:\alpha>\gamma\in w\}\cup\{\neg\beta\}\subseteq w'$$⑥。

由⑥，

$\{\gamma:\alpha>\gamma\in w\}\subseteq w'$⑦；$\neg\beta\in w'$⑧。

由⑦及$*_{G_D}$定义有，

$w' \in *_{G_D}(w, |\alpha|_{G_D})$⑨。

由⑧及 w' 是饱和集，

$w' \notin |\beta|_{G_D}$⑩。

由⑨⑩，

$*_{G_D}(w, |\alpha|_{G_D}) \not\subset |\beta|_{G_D}$。■

定理 4.38　令 $< W_{G_D}, D_{G_D}, \mathscr{N}_{G_D}, \circledast_{G_D}, \eta_{G_D}, \sigma_{G_D} >$ 是 G_D 的典范模型，对任意的 $(\alpha > \beta) \in L_G$ 和 $X \subseteq W_{G_D}$，$\circledast_{G_D}(X, |\alpha|_{G_D}) \subseteq |\beta|_{G_D}$ 当且仅当 $X \subseteq |\alpha > \beta|_{G_D}$。

证　对任意的 $(\alpha > \beta) \in L_G$，任意 $X \subseteq W_{G_D}$，任意 $w \in X$，由引理 4.37，

$*_{G_D}(w, |\alpha|_{G_D}) \subseteq |\beta|_{G_D}$ 当且仅当 $w \in |\alpha > \beta|_{G_D}$①。

由①及引理 4.36，

$\circledast_{G_D}(\{w\}, |\alpha|_{G_D}) \subseteq |\beta|_{G_D}$ 当且仅当 $w \in |\alpha > \beta|_{G_D}$②。

由②，

$\bigcup_{w \in X} \circledast_{G_D}(\{w\}, |\alpha|_{G_D}) \subseteq |\beta|_{G_D}$ 当且仅当 $X \subseteq |\alpha > \beta|_{G_D}$③。

由③及定义 4.35（4），

$\circledast_{G_D}(X, |\alpha|_{G_D}) \subseteq |\beta|_{G_D}$ 当且仅当 $X \subseteq |\alpha > \beta|_{G_D}$。■

定理 4.39　$M_{G_D} = < W_{G_D}, D_{G_D}, \mathscr{N}_{G_D}, \circledast_{G_D}, \eta_{G_D}, \sigma_{G_D} >$ 是 G_D 的典范模型，对 L_G 中所有形如 $N(\lambda x\alpha, \lambda x\beta)t$ 的公式和 $w \in W_{G_D}$ 有：$N(\lambda x\alpha, \lambda x\beta)t \in w$ 当且仅当 $w \in \| N(\lambda x\alpha, \lambda x\beta)t \|^{M_{G_D}}$。

证　由定义 4.35（3），

$N(\lambda x\alpha, \lambda x\beta)t \subset w$

当且仅当

$t \in \{t : N(\lambda x\alpha, \lambda x\beta)t \in w\} = \mathscr{N}_{G_D}((\lambda x\alpha)^{M_{G_D}}, (\lambda x\beta)^{M_{G_D}})(w)$

当且仅当

$t = t^{M_{G_D}} \in \mathscr{N}_{G_D}((\lambda x\alpha)^{M_{G_D}}, (\lambda x\beta)^{M_{G_D}})(w)$（由定义 4.35（5）（6）及定义 4.13）

当且仅当

$w \in \| N(\lambda x\alpha, \lambda x\beta)t \|^{M_{G_D}}$（由定义 4.14）。■

定理 4.40 $M_{G_D}=<W_{G_D}, D_{G_D}, \mathscr{N}_{G_D}, \circledast_{G_D}, \eta_{G_D}, \sigma_{G_D}>$是$G_D$的典范模型，对任意公式$\varphi\in L_G$和任意$w\in W_{G_D}$，$\varphi\in w$当且仅当$w\in\|\varphi\|^{M_{G_D}}$，即$|\varphi|_{G_D}=\|\varphi\|^{M_{G_D}}$。

证 依据φ的复杂性进行归纳证明。

（1）φ是原子公式的情况，令$\varphi=Pt$。由η_{G_D}及σ_{G_D}定义，

$Pt\in w$当且仅当$t\in\eta_{G_D}(P,w)$当且仅当$w\in\|Pt\|^{M_{G_D}}$。

（2）$\varphi=\neg\alpha$。由w是饱和集，

$\neg\alpha\in w$当且仅当$\alpha\notin w$。

由归纳假设，

$\alpha\notin w$当且仅当$w\notin\|\alpha\|^{M_{G_D}}$当且仅当$w\in\|\neg\alpha\|^{M_{G_D}}$。

（3）$\varphi=\alpha\to\beta$。由w饱和集，

$\alpha\to\beta\in w$当且仅当$\neg\alpha\in w$或$\beta\in w$。

由归纳假设，

$\neg\alpha\in w$或$\beta\in w$

当且仅当

$w\in\|\neg\alpha\|^{M_{G_D}}$或$w\in\|\beta\|^{M_{G_D}}$

当且仅当

$w\in(W_{G_0}-\|\alpha\|^{M_{G_D}})\cup\|\beta\|^{M_{G_D}}$

当且仅当

$w\in\|\alpha\to\beta\|^{M_{G_D}}$。

（4）$\varphi=\alpha>\beta$。$\|\varphi\|^{M_{G_D}}=\|\alpha>\beta\|^{M_{G_D}}=\bigcup\{X\subseteq W_{G_D}:\circledast_{G_D}(X,\|\alpha\|^{M_{G_D}})\subseteq\|\beta\|^{M_{G_D}}\}$。

由归纳假设，

$$\|\varphi\|^{M_{G_D}}=\bigcup\{X\subseteq W_{G_D}:\circledast_{G_D}(X,|\alpha|_{G_D})\subseteq|\beta|_{G_D}\}。$$

由定理 4.38，

$$\|\varphi\|^{M_{G_D}}=\bigcup\{X\subseteq W_{G_D}:X\subseteq|\alpha>\beta|_{G_D}\}=|\alpha>\beta|_{G_D}=|\varphi|_{G_D}。$$

（5）$\varphi=N(\lambda x\alpha,\lambda x\beta)t$。证明见定理 4.39。

（6）$\varphi=\forall x\alpha$。必要性。假设$\forall x\alpha\in w$。

由 w 是饱和集，

$$\text{对任意的 } t \in \mathrm{D}_{\mathrm{G_D}},\ \alpha(t/x) \in w。$$

由归纳假设，

$$\text{对任意的 } t \in \mathrm{D}_{\mathrm{G_D}},\ w \in \|\alpha(t/x)\|^{\mathrm{M_{G_D}}} = \|\alpha\|^{\mathrm{M_{G_D}(t/x)}}。$$

所以有

$$w \in \|\forall x\alpha\|^{\mathrm{M_{G_D}}}。$$

充分性。假设 $\forall x\alpha \notin w$。

由 w 是极大一致集，有

$$\neg \forall x\alpha \in w。$$

由 w 是饱和集，

$$\text{存在 } t_0 \in \mathrm{D}_{\mathrm{G_D}},\ \text{使得} \neg \alpha(t_0/x) \in w。$$

由归纳假设，

$$w \in \|\neg \alpha(t_0/x)\|^{\mathrm{M_{G_D}}} = \|\neg \alpha\|^{\mathrm{M_{G_D}(t_0/x)}}。$$

所以，

$$w \in \|\neg \forall x\alpha\|^{\mathrm{M_{G_D}}},$$

所以，

$$w \notin \|\forall x\alpha\|^{\mathrm{M_{G_D}}}。 ■$$

定理 4.41　$\mathrm{M_{G_D}} = <\mathrm{W_{G_D}},\ \mathrm{D_{G_D}},\ \mathscr{N}_{\mathrm{G_D}},\ \circledast_{\mathrm{G_D}},\ \eta_{\mathrm{G_D}},\ \sigma_{\mathrm{G_D}}>$ 是 $\mathrm{G_D}$ 的典范模型，对任意形如 $Gx(\alpha;\beta)$ 的公式和任意 $w \in \mathrm{W_{G_D}}$，$Gx(\alpha;\beta) \in w$ 当且仅当 $w \in \|Gx(\alpha;\beta)\|^{\mathrm{M_{G_D}}}$。

证　$Gx(\alpha;\beta) = \forall x(N(\lambda x\alpha, \lambda x\beta)x > \beta)$，由定理 4.40 易得。■

引理 4.42　对任意 $w \in \mathrm{W_{G_D}}$，Y，Y′，$\mathrm{Y}_i \subseteq \mathrm{W_{G_D}}$，有

（1）$\circledast_{\mathrm{G_D}}(\{w\}, \mathrm{Y}) \subseteq \mathrm{Y}$；

（2）若 $\circledast_{\mathrm{G_D}}(\{w\}, \mathrm{Y}) \subseteq \mathrm{Y}'$，则 $\circledast_{\mathrm{G_D}}(\{w\}, \mathrm{Y}) \subseteq \circledast_{\mathrm{G_D}}(\{w\}, \mathrm{Y}')$；

（3）若 $\mathrm{Y} \subseteq \mathrm{Y}'$，则 $\circledast_{\mathrm{G_D}}(\{w\}, \mathrm{Y}) \subseteq \circledast_{\mathrm{G_D}}(\{w\}, \mathrm{Y}')$；

（4）$\circledast_{\mathrm{G_D}}(\{w\}, \bigcup_{i \in \mathrm{I}} \mathrm{Y}_i) = \bigcup_{i \in \mathrm{I}} \circledast_{\mathrm{G_D}}(\{w\}, \mathrm{Y}_i)$，I 是任意指数集。

证　考虑（1）。由定义 4.35（4）易得。

考虑（2）。

假设

$$\circledast_{G_D}(\{w\},Y)\subseteq Y',$$

由定义 4.35（4），

$$\circledast_{G_D}(\{w\},Y)=Y\cap *_{G_D}(w,|\top|_{G_D})\subseteq Y'\cap *_{G_D}(w,|\top|_{G_D})=\circledast_{G_D}(\{w\},Y')。$$

考虑（3）。由（1）（2）可得。

考虑（4）。由定义 4.35（4），

$$\circledast_{G_D}(\{w\},\bigcup_{i\in I}Y_i)=(\bigcup_{i\in I}Y_i)\cap *_{G_D}(w,|\top|_{G_D})$$

$$=\bigcup_{i\in I}(Y_i\cap *_{G_D}(w,|\top|_{G_D}))=\bigcup_{i\in I}\circledast_{G_D}(\{w\},Y_i)。■$$

引理 4.43 对任意 $w\in W_{G_D}$，X，X′，Y，Y′，$Z\subseteq W_{G_D}$，有

（1）若 $X\subseteq X'$，则 $\circledast_{G_D}(X,Y)\subseteq\circledast_{G_D}(X',Y)$；

（2）若对任意 $w\in X$，有 $\circledast_{G_D}(\{w\},Y)\subseteq Z$，则 $\circledast_{G_D}(X,Y)\subseteq Z$；

（3）若 $\circledast_{G_D}(X,Y)\subseteq Z$ 且 $\circledast_{G_D}(X,Y')\subseteq Z$，则 $\circledast_{G_D}(X,Y\cup Y')\subseteq Z$；

（4）若 $\circledast_{G_D}(X,Y)\subseteq Y'$ 且 $\circledast_{G_D}(X,Y')\subseteq Z$，则 $\circledast_{G_D}(X,Y)\subseteq Z$。

证 （1）（2）由定义 4.35（4）易得。

（3）由定义 4.35（4）及引理 4.42（4）可得。

（4）由定义 4.35（4）及引理 4.42（2）可得。■

引理 4.44 对任意 $w\in W_{G_D}$，$\circledast_{G_D}(W_{G_D},\{w\})=\circledast_{G_D}(\{w\},\{w\})$。

证 由定义 4.35（4），

$$\circledast_{G_D}(W_{G_D},\{w\})=\bigcup_{w'\in W_{G_D}}\circledast_{G_D}(\{w'\},\{w\}),$$

由 $w\in W_{G_D}$，

$$\circledast_{G_D}(\{w\},\{w\})\subseteq\bigcup_{w'\in W_{G_D}}\circledast_{G_D}(\{w'\},\{w\}),$$

从而

$$\circledast_{G_D}(\{w\},\{w\})\subseteq\circledast_{G_D}(W_{G_D},\{w\})①。$$

由定义 4.35（4），

$$\circledast_{G_D}(\{w\},\{w\})=\{w\}\cap *_{G_D}(w,|\top|_{G_D})\subseteq\{w\},$$

从而

$$\circledast_{G_D}(\{w\},\{w\})=\varnothing \text{或} \circledast_{G_D}(\{w\},\{w\})=\{w\}\text{②。}$$

由定义 4.35（4），

$$\circledast_{G_D}(W_{G_D},\{w\})=\bigcup_{w'\in W_{G_D}}\circledast_{G_D}(\{w'\},\{w\})$$

$$=\bigcup_{w'\in W_{G_D}}(\{w\}\cap *G_D(w',|\top|_{G_D}))=\{w\}\cap(\bigcup_{w'\in W_{G_D}}*_{G_D}(w',|\top|_{G_D}))\subseteq\{w\},$$

从而

$$\circledast_{G_D}(W_{G_D},\{w\})=\varnothing \text{或} \circledast_{G_D}(W_{G_D},\{w\})=\{w\}\text{③。}$$

如果能证明 $\circledast_{G_D}(\{w\},\{w\})=\{w\}$，由①③得结论。

现证 $\circledast_{G_D}(\{w\},\{w\})=\{w\}$。

由定义 4.35（4），

$$\circledast_{G_D}(\{w\},\{w\})=\{w\}\cap *_{G_D}(w,|\top|_{G_D})\text{④。}$$

由 $*_{G_D}$ 定义，

$$*_{G_D}(w,|\top|_{G_D})=\bigcap\{|\varphi|_{G_D}:\top>\varphi\in w\}\text{⑤。}$$

对任意满足 $\top>\varphi\in w$ 的 φ，由 w 是饱和集有

$$\top\in w,$$

由 $>_{MP}$，

$$\varphi\in w\text{。}$$

由 φ 的任意性，可知

$$\{w\}\subseteq\bigcap\{|\varphi|_{G_D}:\top>\varphi\in w\}\text{⑥。}$$

由⑤⑥，

$$\{w\}\subseteq *_{G_D}(w,|\top|_{G_D})\text{⑦。}$$

由④⑦，

$$\circledast_{G_D}(\{w\},\{w\})=\{w\}\text{。} \blacksquare$$

定义 4.45　对任意 X，$Y\in W_{G_D}$，$f_>(X,Y)=\{w:\circledast_{G_D}(\{w\},X)\subseteq Y\}$。

引理 4.46　对任意公式 φ，ϕ，X，Y，Y′，$Z\subseteq W_{G_D}$，有

（1）$f_>(|\varphi|_{G_D},|\phi|_{G_D})=|\varphi>\phi|_{G_D}$；

（2）$\circledast_{G_D}(f_>(X,Y),X)\subseteq Y$；

（3）若 $\circledast_{G_D}(Z,X)\subseteq Y$，则 $Z\subseteq f_>(X,Y)$。

证 考虑（1）。由定义 4.45 及定理 4.40，

$$w \in f_{>}(|\varphi|_{G_D}, |\phi|_{G_D})$$

当且仅当

$$\circledast_{G_D}(\{w\}, |\varphi|_{G_D}) \subseteq |\phi|_{G_D}$$

当且仅当

$$w \in |\varphi > \phi|_{G_D}。$$

（2）（3）由定理 4.40 及（1）可得。■

引理 4.47 对任意 X，$Y \subseteq W_{G_D}$，$\circledast_{G_D}(W_{G_D}, X \cap f_{>}(X, Y)) \subseteq Y$。

证 对任意的 x，$w \in W_{G_D}$，

假设

$$x \in \circledast_{G_D}(\{w\}, X \cap f_{>}(X, Y))①。$$

由 $\circledast_{G_D}$ 定义，

$$x \in X \cap f_{>}(X, Y) \cap *_{G_D}(w, |\top|_{G_D})②。$$

由 $x \in f_{>}(X, Y)$（据②）及定义 4.45，

$$\circledast_{G_D}(\{x\}, X) \subseteq Y③。$$

由 $x \in X \cap *_{G_D}(w, |\top|_{G_D})$（据②）及 $x \in \{x\}$，有

$$x \in X \cap *_{G_D}(w, |\top|_{G_D}) \cap \{x\}④。$$

由引理 4.43（1），

$$X \cap *_{G_D}(w, |\top|_{G_D}) \cap \{x\} = X \cap \circledast_{G_D}(\{w\}, \{x\}) \subseteq X \cap \circledast_{G_D}(W_{G_D}, \{x\})⑤。$$

由引理 4.44，

$$\circledast_{G_D}(W_{G_D}, \{x\}) = \circledast_{G_D}(\{x\}, \{x\})⑥。$$

由④⑤⑥，

$$x \in X \cap \circledast_{G_D}(\{x\}, \{x\})⑦。$$

而

$$X \cap \circledast_{G_D}(\{x\}, \{x\}) = X \cap *_{G_D}(x, |\top|_{G_D}) \cap \{x\}$$
$$\subseteq X \cap *_{G_D}(x, |\top|_{G_D}) = \circledast_{G_D}(\{x\}, X)⑧。$$

由③⑦⑧，

$$x \in Y⑨。$$

由①⑨，

对任意 $w \in W_{G_D}$，$\circledast_{G_D}(\{w\}, X \cap f_>(X,Y)) \subseteq Y$，

从而

$$\bigcup_{w' \in W_{G_D}} \circledast_{G_D}(\{w\}, X \cap f_>(X,Y)) \subseteq Y,$$

即

$\circledast_{G_D}(W_{G_D}, X \cap f_>(X,Y)) \subseteq Y$。■

引理 4.48 对任意 X，$Y \subseteq W_{G_D}$，$\circledast_{G_D}(W_{G_D}, X \cap Y) \subseteq \circledast_{G_D}(X,Y)$。

证 设 $Z = \circledast_{G_D}(X,Y)$，

有

$\circledast_{G_D}(X,Y) \subseteq Z$①。

由引理 4.46（3）及①有

$X \subseteq f_>(Y,Z)$②。

由定义 4.35（4）推论，

若 $Y \subseteq Y'$，则 $\circledast_{G_D}(X,Y) \subseteq \circledast_{G_D}(X,Y')$，

由②及引理 4.47，

$\circledast_{G_D}(W_{G_D}, X \cap Y) \subseteq \circledast_{G_D}(W_{G_D}, Y \cap f_>(Y,Z)) \subseteq Z$，

即

$\circledast_{G_D}(W_{G_D}, X \cap Y) \subseteq \circledast_{G_D}(X,Y)$。■

引理 4.49 对任意的 $w \in W_{G_D}$，任意 s_1，$s_2 \in S_{G_D}$，如果 $s_1(w) \subseteq s_2(w)$，则对任意 $d \in D_{G_D}$，$[d,s_1] \cap \bigcap\{|\beta|_{G_D} : (\top \to \beta)(d) \in w\} \subseteq [d,s_2]$。

证 对任意的 $w \in W_{G_D}$，任意 $d \in D_{G_D}$，

已知

$(\top \to \beta) \leftrightarrow \beta \in w$，

$[d,s_1] \cap \bigcap\{|\beta|_{G_D} : (\top \to \beta)(d) \in w\}$

$= [d,s_1] \cap \bigcap\{|\beta|_{G_D} : \beta(d) \in w\} = [d,s_1] \cap \{w\}$。

假设 $w \in [d,s_1]$，

由 $s_1(w) \subseteq s_2(w)$，

$w \in [d,s_2]$，

从而

$$[d,s_1]\cap\{w\}\subseteq[d,s_2]①;$$

否则，即 $w\notin[d,s_1]$，

$$[d,s_1]\cap\{w\}=\varnothing\subseteq[d,s_2]②。$$

由①②，

$$[d,s_1]\cap\bigcap\{|\beta|_{G_D}:(\top\to\beta)(d)\in w\}\subseteq[d,s_2]。\blacksquare$$

引理 4.50 对任意的 $w\in W_{G_D}$，任意 s_1，$s_2\in S_{G_D}$，如果 $s_1(w)\subseteq s_2(w)$，则对任意 $d\in D_{G_D}$，$\circledast(\{w\},[d,s_1])\subseteq[d,s_2]$。

证 对任意 $d\in D_{G_D}$，

$$\circledast_{G_D}(\{w\},[d,s_1])=[d,s_1]\cap *_{G_D}(w,|\top|_{G_D})$$

$$=[d,s_1]\cap\bigcap\{|\beta|_{G_D}:(\top>\beta)(d)\in w\}①。$$

假设

对任意 $d\in D_{G_D}$，$(\top\to\beta)(d)\in w$，

由 $\forall x(\top\to\beta)\to\forall x(\top>\beta)\in w$，有

对任意 $d\in D_{G_D}$，$(\top>\beta)(d)\in w$。

从而，对任意 d，$d\in D_{G_D}$，$(\top\to\beta)(d)\in w$，有

$(\top>\beta)(d)\in w$。

从而

$$\{|\beta|_{G_D}:(\top\to\beta)(d)\in w\}\subseteq\{|\beta|_{G_D}:(\top>\beta)(d)\in w\},$$

从而

$$\bigcap\{|\beta|_{G_D}:(\top>\beta)(d)\in w\}\subseteq\bigcap\{|\beta|_{G_D}:(\top\to\beta)(d)\in w\}②。$$

由②及引理 4.49，

$$[d,s_1]\cap\bigcap\{|\beta|_{G_D}:(\top>\beta)(d)\in w\}\subseteq[d,s_2]③。$$

由①③，

对任意 $d\in D_{G_D}$，$\circledast(\{w\},[d,s_1])\subseteq[d,s_2]$。■

引理 4.51 对任意 s_1，$s_2\in S_{G_D}$，有

(1) $\mathcal{N}_{G_D}(s_1,s_2)\subseteq s_1$；

（2）$\mathcal{N}_{G_D}(s_1,s_2)=\mathcal{N}_{G_D}(s_1,s_2^{\sim})$；

（3）对任意的 s_1，s_2，$s_3\in S_{G_D}$，任意 $w\in W_{G_D}$，如果 $s_1(w)\subseteq s_2(w)$，则 $\mathcal{N}_{G_D}(s_1,s_3)(w)\subseteq\mathcal{N}_{G_D}(s_2,s_3)(w)$。

证（1）$\mathcal{N}_{G_D}(s_1,s_2)\subseteq s_1$。分情况证明。

a. s_1，s_2有公式对应的情况，由公理 N 可得，证明类似引理 3.51；

b. 若 s_2无公式对应，由定义 4.13，$\mathcal{N}_{G_D}(s_1,s_2)=s_1\subseteq s_1$；

c. 否则，即 s_2有公式对应，s_1无公式对应的情况。

由定义 4.13，对任意 $w\in W_{G_D}$，

$$\mathcal{N}_{G_D}(s_1,s_2)(w)=\mathcal{N}_{G_D}(s_1^{<w},s_2)(w)①。$$

由 a 有

$$\mathcal{N}_{G_D}(s_1^{<w},s_2)(w)\subseteq s_1^{<w}(w)②。$$

而

$$s_1^{<w}(w)\subseteq s_1(w)③。$$

综①②③得

$$\mathcal{N}_{G_D}(s_1,s_2)(w)\subseteq s_1(w),$$

由 w 的任意性，

$$\mathcal{N}_{G_D}(s_1,s_2)\subseteq s_1。$$

（2）$\mathcal{N}_{G_D}(s_1,s_2)=\mathcal{N}_{G_D}(s_1,s_2^{\sim})$。分情况证明。

a. 若存在公式 α，β，对任意的 $w\in W_{G_D}$，$s_1(w)=(\lambda x\alpha)^{M_{G_D}}(w)$，$s_2(w)=(\lambda x\beta)^{M_{G_D}}(w)$。由公理 N¬ 可得，证明类似引理 3.51；

b. 若 s_2无公式对应。由命题 4.18，$s_2^{\sim}$也没有公式对应。由定义 4.35，$\mathcal{N}_{G_D}(s_1,s_2)=s_1=\mathcal{N}_{G_D}(s_1,s_2^{\sim})$；

c. 否则。

由定义 4.35，对任意的 $w\in W_{G_D}$，

$$\mathcal{N}_{G_D}(s_1,s_2)(w)=\mathcal{N}_{G_D}(s_1^{<w},s_2)(w)①。$$

$$\mathcal{N}_{G_D}(s_1,s_2^{\sim})(w)=\mathcal{N}_{G_D}(s_1^{<w},s_2^{\sim})(w)②。$$

由情况 a 有

$$\mathcal{N}_{G_D}(s_1^{<w},s_2)(w)=\mathcal{N}_{G_D}(s_1^{<w},s_2^{\sim})(w)③。$$

由①②③，

$$\mathcal{N}_{G_D}(s_1,s_2)(w)=\mathcal{N}_{G_D}(s_1,s_2^{\sim})(w),$$

由 w 的任意性，

$$\mathcal{N}_{G_D}(s_1,s_2)=\mathcal{N}_{G_D}(s_1,s_2^{\sim})。$$

（3）对任意的 s_1，s_2，$s_3\in S_{G_D}$，任意 $w\in W_{G_D}$，如果 $s_1(w)\subseteq s_2(w)$，则 $\mathcal{N}_{G_D}(s_1,s_3)(w)\subseteq\mathcal{N}_{G_D}(s_2,s_3)(w)$。分情况证明。

a. 若存在公式 α，β，γ，对任意的 $w\in W_{G_D}$，$s_1(w)=(\lambda x\alpha)^{M_{G_D}}(w)$，$s_2(w)=(\lambda x\beta)^{M_{G_D}}(w)$，$s_3(w)=(\lambda x\gamma)^{M_{G_D}}(w)$。

则对任意的 $w\in W_{G_D}$，

$$\mathcal{N}_{G_D}(s_1,s_3)(w)=\{t:N(\lambda x\alpha,\lambda x\gamma)t\in w\}①。$$

$$\mathcal{N}_{G_D}(s_2,s_3)(w)=\{t:N(\lambda x\beta,\lambda x\gamma)t\in w\}②。$$

假设

$$s_1(w)\subseteq s_2(w),$$

即

$$(\lambda x\alpha)^{M_{G_D}}(w)\subseteq(\lambda x\beta)^{M_{G_D}}(w)③。$$

由③及命题 4.19，得

$$\forall x(\alpha\rightarrow\beta)\in w④,$$

而已知

$$\forall x(\alpha\rightarrow\beta)\rightarrow\forall x(N(\lambda x\alpha,\lambda x\gamma)x\rightarrow N(\lambda x\beta,\lambda x\gamma)x)\in w⑤。$$

由④⑤及模型对 M_P 保持有效性得

$$\forall x(N(\lambda x\alpha,\lambda x\gamma)x\rightarrow N(\lambda x\beta,\lambda x\gamma)x)\in w⑥。$$

对任意 t，$t\in\mathcal{N}_{G_D}(s_1,s_3)(w)$⑦，由①⑦有

$$N(\lambda x\alpha,\lambda x\gamma)t\in w⑧,$$

由⑥⑧，

$$N(\lambda x\beta,\lambda x\gamma)t\in w,$$

从而

$$t\in\mathcal{N}_{G_D}(s_2,s_3)(w)⑨。$$

由⑦⑨，

$$\mathcal{N}_{G_D}(s_1,s_3)(w)\subseteq\mathcal{N}_{G_D}(s_2,s_3)(w)。$$

b. 若 s_3 无公式对应。

由定义 4.35，

$$\mathcal{N}_{G_D}(s_1, s_3) = s_1, \mathcal{N}_{G_D}(s_2, s_3) = s_2。$$

而已知

$$s_1(w) \subseteq s_2(w),$$

所以，

$$\mathcal{N}_{G_D}(s_1, s_3)(w) \subseteq \mathcal{N}_{G_D}(s_2, s_3)(w)。$$

c. 否则。

由定义 4.35，

$$\mathcal{N}_{G_D}(s_1, s_3)(w) = \mathcal{N}_{G_D}(s_1^{<w}, s_3)(w),$$

$$\mathcal{N}_{G_D}(s_2, s_3)(w) = \mathcal{N}_{G_D}(s_2^{<w}, s_3)(w)①。$$

而已知

$$s_1(w) \subseteq s_2(w),$$

所以，

$$s_1^{<w}(w) \subseteq s_2^{<w}(w),$$

由情况 a 得

$$\mathcal{N}_{G_D}(s_1^{<w}, s_3)(w) \subseteq \mathcal{N}_{G_D}(s_2^{<w}, s_3)(w),$$

即

$$\mathcal{N}_{G_D}(s_1, s_3)(w) \subseteq \mathcal{N}_{G_D}(s_2, s_3)(w)。■$$

定理 4.52 $M_{G_D} = <W_{G_D}, D_{G_D}, \mathcal{N}_{G_D}, \circledast_{G_D}, \eta_{G_D}, \sigma_{G_D}>$ 是 G_D 的典范模型，$\circledast_{G_D}$ 满足定义 4.2 中的性质；$\mathcal{N}_{G_D}$ 满足定义 4.3 中的条件；同时有对任意 s_1，$s_2 \in S_{G_D}$，如果 $s_1(w) \subseteq s_2(w)$，则对任意 $d \in D_{G_D}$，$\circledast(\{w\}, [d, s_1]) \subseteq [d, s_2]$；$\mathcal{N}_{G_D}$ 满足定义 4.11 中的主项单调条件；从而 $F_{G_D} = <W_{G_D}, D_{G_D}, \mathcal{N}_{G_D}, \circledast_{G_D}>$ 是概称框架，M_{G_D} 是概称模型。

证 由引理 4.43，引理 4.48，引理 4.50，引理 4.51 可得。■

G_D 的给出是想刻画由“鸟会飞”“麻雀是鸟”得到“麻雀会飞”（简称 GAG 式）这样典型的通过演绎方式得概称句的推理。G_D 的特征公理为：

① 对于 s_1、s_2 一个有公式对应，一个没有公式对应的情况，写成此种形式也并无妨碍。

$$N_{AM} \quad \forall y(\alpha\to\gamma)(y/x)\to\forall y(N(\lambda x\alpha,\lambda x\beta)y\to N(\lambda x\gamma,\lambda x\beta)y)$$

对应的语义条件（主项单调）：对任意的 s_1，s_2，$s_3\in\mathscr{P}(D)^W$，任意 $w\in W$，如果 $s_1(w)\subseteq s_2(w)$，则 $\mathscr{N}(s_1,s_3)(w)\subseteq\mathscr{N}(s_2,s_3)(w)$。

这一条件直观是说：对任意可能世界 w，若涵义 s_1 在 w 中所对应的个体集包含于涵义 s_2 在 w 中所对应的个体集，则 s_1，s_2 分别相对于同一谓项涵义 s_3 所选取的正常主项涵义 $\mathscr{N}(s_1, s_3)$，$\mathscr{N}(s_2, s_3)$ 在 w 中所对应的个体集之间也有包含关系，即 $\mathscr{N}(s_1,s_3)(w)$ 包含于 $\mathscr{N}(s_2,s_3)(w)$。例如，在当下可能世界中，我们有“麻雀是鸟”“鸟会飞”“麻雀会飞”。相对于“会飞”来说，在当下可能世界中，“正常的麻雀”也是“正常的鸟”。主项单调条件的提出是为了刻画 GAG 式的推理，然而，在主项单调框架的条件下，对 s_1，s_2，$s_3\in S$，当 $s_1(w)\subseteq s_2(w)-\mathscr{N}(s_2,s_3)(w)\subseteq s_2(w)$ 时，由主项单调条件，$\mathscr{N}(s_1,s_3)=\varnothing$，这并不符合直观。而试图再直接加上某种限制来避免此情况，同时又能刻画 GAG 式的推理的尝试也并不成功。

4.2.5 与 G_D 平行的其他逻辑系统

4.2.5.1 $\mathscr{N}$ 的细化

本节以概称模型为基础，增加关于 $\mathscr{N}$ 的不同限制条件，给出四个不同的语义模型，分别是全涵义模型、包含选择模型、主项单调模型及。这四个模型中，全涵义模型和包含选择模型是分别针对两种极限情况（概称句的谓项为真或为假；概称句对应的全称句为真）下正常个体选择函数的性质所作的总结，这两种极限情况，对概称句推理来说用处不是很大。而主项单调模型和的给出是为研究概称句推理服务的，其中主项单调模型在上节中已给出，刻画的是前提集为空或没有相反的先入之见时的推理规律，这一模型下的推理规律将与第五章的排序共同作用来刻画 GAG 型的概称句推理；所表现的是同一语境下对同一主项所选择的正常主项涵义相同这一直观。

全涵义模型

定义 4.53 一个 $<W, D, \mathscr{N}, \circledast>$ 框架是全涵义框架，当且仅当，该

框架是概称框架且满足，对任意 $s_1 \in S$，$s_1 \subseteq \mathcal{N}(s_1, s_\perp)$。一个模型 $<W, D, \mathcal{N}, \circledast, \eta, \sigma>$ 是全涵义模型，当且仅当，$<W, D, \mathcal{N}, \circledast>$ 是全涵义框架。

由于概称框架满足 $\mathcal{N}(s_1, s_\perp) \subseteq s_1$，根据定义 4.53，全涵义框架满足 $\mathcal{N}(s_1, s_\perp) = s_1$，其直观意思是，主项涵义相对于全涵义选择的正常的主项涵义就是该主项涵义。此外，由概称框架满足 $\mathcal{N}(s_1, s_2) = \mathcal{N}(s_1, s_2^{\sim})$ 且 $s_\top^{\sim} = s_\perp$，有 $\mathcal{N}(s_1, s_\top) = s_1$ 也在全涵义框架下成立。$\mathcal{N}(s_1, s_\top) = s_1$ 是说，如果谓项什么都没说（重言式），那么主项选择的正常主项涵义就是该主项涵义。$\mathcal{N}(s_1, s_\perp) = s_1$ 是说，如果谓项什么都说了（相当于什么都没说），那么主项选择的正常主项涵义就是该主项涵义。什么都没说或什么都说了，某种意义上意味着，主项和谓项之间没什么特别的关联，因此，此时谓项涵义作为选择正常主项涵义的参数，没有特别起作用。全涵义条件一定程度上反映了人们的直观。但是，这一规律通常在讨论单个概称句的真假时才起作用，对多个概称句相互作用的日常推理，这一规律应用较少，一般而言，人们进行日常推理通常都限定在同一语境下进行，而在同一语境下，人们通常倾向于对同一主项涵义选择相同的正常主项涵义。

包含选择模型

定义 4.54 一个 $<W, D, \mathcal{N}, \circledast>$ 框架是包含选择框架，当且仅当，该框架是概称框架，且对任意的 $s_1, s_2 \in S$，如果 $s_1(w) \subseteq s_2(w)$，则 $s_1(w) \subseteq \mathcal{N}(s_1, s_2)(w)$。一个模型 $<W, D, \mathcal{N}, \circledast, \eta, \sigma>$ 是包含选择模型，当且仅当，$<W, D, \mathcal{N}, \circledast>$ 是包含选择框架。

已知概称框架满足 $\mathcal{N}(s_1, s_2) \subseteq s_1$，根据定义 4.54，包含选择框架满足：若 $s_1(w) \subseteq s_2(w)$，则 $\mathcal{N}(s_1, s_2)(w) = s_1(w)$。这个条件的意思是，在可能世界 w 下，如果主项涵义所对应的个体集包含于谓项涵义所对应的个体集，则在该可能世界下，主项涵义相对于谓项涵义所选择的正常主项涵义所对应的个体集就是该主项涵义所对应的个体集。例如，在当下可能世界，已知"麻雀是鸟"，相对于"鸟"来说，"正常的麻雀"即"麻雀"的全部。

包含选择框架在分析已被接受的概称句的语义时有所帮助，包含选择

框架条件所讨论的概称句是通常所说的没有例外的概称句，而逻辑学对概称句的研究一般关注容忍例外的概称句的推理。此外，包含选择框架所刻画的条件与全涵义框架条件类似，刻画的是单个概称句的性质，而如果从推理角度来看，当 $s_1(w) \subseteq s_2(w)$ 时，由命题 4.19，当 s_1，s_2 分别有公式 β，γ 对应时，$w \in \| \forall y(\beta \to \gamma)(y/x) \|^M$，从而根据公理 Ic，我们仍可得到相应的概称句。因此，G_2 不会作为后文中前提带排序的推理的逻辑基础。

主项单调模型

定义 4.55 一个 $<W, D, \mathscr{N}, \circledast>$ 框架是主项单调框架，当且仅当，该框架是概称框架，且满足对任意的 s_1，s_2，$s_3 \in S$，任意 $w \in W$，如果 $s_1(w) \subseteq s_2(w)$，则 $\mathscr{N}(s_1, s_3)(w) \subseteq \mathscr{N}(s_2, s_3)(w)$。一个模型 $<W, D, \mathscr{N}, \circledast, \eta, \sigma>$ 是主项单调模型，当且仅当，$<W, D, \mathscr{N}, \circledast>$ 是主项单调框架。

主项单调框架语义条件的直观意思是，对任意可能世界 w，若涵义 s_1 在 w 中所对应的个体集包含于涵义 s_2 在 w 中所对应的个体集，则 s_1，s_2 分别相对于同一谓项涵义 s_3 所选取的正常主项涵义 $\mathscr{N}(s_1, s_3)$，$\mathscr{N}(s_2, s_3)$ 在 w 中所对应的个体集之间也有包含关系，即 $\mathscr{N}(s_1, s_3)(w)$ 包含于 $\mathscr{N}(s_2, s_3)(w)$。例如，在当下可能世界中，我们有“麻雀是鸟”“鸟会飞”“麻雀会飞”。相对于“会飞”来说，在当下可能世界中，“正常的麻雀”也是“正常的鸟”。

主项单调条件的提出是为了刻画由“麻雀是鸟”“鸟会飞”得到“麻雀会飞”这样的推理。主项单调框架条件所刻画的是局部推理的条件。根据主项单调框架的条件，对 s_1，s_2，$s_3 \in S$，当 $s_1(w) \subseteq s_2(w) - \mathscr{N}(s_2, s_3)(w)$（$\subseteq s_2(w)$）时，由主项单调条件，$\mathscr{N}(s_1, s_3) = \varnothing$，这并不符合人们的直观。例如，一般而言，翅膀残缺的鸟的涵义是包含相对飞来说不正常的鸟的涵义的，而按上面的条件，可以得到相对飞来说正常的翅膀残缺的鸟的涵义所对应的个体集是空的，但人们通常认为相对会飞不会飞来说正常的翅膀残缺的鸟基本是翅膀残缺的鸟的全部。造成这一现象的原因以及解决方法将在第五章讨论前提集带排序的推演时给出。当考虑通过排序才能刻画的概称句推理时，在逻辑中给出的限制条件就不再要求普遍适用，而只需刻画局部推理的规律。

定义 4.56　一个 $<W, D, \mathcal{N}, \circledast>$ 框架是半退化框架，当且仅当，如果该框架满足，对任意的 s_1，s_2，$s_3 \in S$，$\mathcal{N}(s_1, s_2 \cap s_3) \subseteq \mathcal{N}(s_1, s_2)$。一个模型 $<W, D, \mathcal{N}, \circledast, \eta, \sigma>$ 是，当且仅当，$<W, D, \mathcal{N}, \circledast>$ 是半退化框架。

定理 4.57　对任意的半退化框架，任意的 s_1，s_2，$s_3 \in S$，

（1）$\mathcal{N}(s_1, s_2 \cup s_3) \subseteq \mathcal{N}(s_1, s_2)$；

（2）如果 $s_2 \subseteq s_3$，则 $\mathcal{N}(s_1, s_2) = \mathcal{N}(s_1, s_3)$；

（3）$\mathcal{N}(s_1, s_2) = \mathcal{N}(s_1, s_3)$；

证　（1）由定义 4.3（2）及半退化框架定义可得。

考虑（2）。设 $s_2 \subseteq s_3$，有 $s_2 = s_3 \cap s_2$。由半退化框架条件可得 $\mathcal{N}(s_1, s_2) \subseteq \mathcal{N}(s_1, s_3)$。由 $s_2 \subseteq s_3$，还可得 $s_3 = s_2 \cup (s_3 - s_2)$，于是，由（1）可得 $\mathcal{N}(s_1, s_3) \subseteq \mathcal{N}(s_1, s_2)$。

考虑（3）。由定义 4.2，对任意 $s \in S$，$s \subseteq s_T$，再由（2）得结论。

由定理 4.57，半退化框架满足对任意的 s_1，s_2，$s_3 \in S$，$\mathcal{N}(s_1, s_2) = \mathcal{N}(s_1, s_3)$，意思是，同一主项涵义相对于任意谓项涵义所选择的正常主项涵义是相同的。这看来不大合理，因为这使得谓项涵义在正常个体的选择中基本不起作用，取消了正常个体选择函数的相对性，使之退化成一元函数。但是，如果从刻画推理的角度来看，这一条在推理的一个切片上来看是可以应用的。人们的日常推理总是在一定公共的限定条件或语境下进行的，在同一语境下，对同一主项涵义所选择的正常主项的涵义通常是相同的，因此，可以尝试着把这一系统作为带排序推理的基础。

4.2.5.2　基础系统 G_0 的扩张系统

G_0 即 G_D 去掉公理 N_{AM}　$\forall y(\alpha \to \gamma)(y/x) \to \forall y(N(\lambda x\alpha, \lambda x\beta)y \to N(\lambda x\gamma, \lambda x\beta)y)$，它与概称模型相对应，具体可参见张立英（2005）。

本节给出基础系统 G_0 的几个扩张系统 $G_1 \sim G_4$，并证明这些系统中与概称句相关的一些内定理及规则，下一节将证明这几个系统分别与 4.2.5.1 中给出的模型之间有对应关系。

系统 G_1

G_1在 G_0基础上增加公理

$A_{G\bot}$　$\forall y(\alpha(y/x)\to N(\lambda x\alpha,\lambda x\bot)y)$

部分与概称句相关的内定理

$Th_{G_1}1$　$\forall y(N(\lambda x\alpha,\lambda x\bot)y\leftrightarrow\alpha(y/x))(G_\bot)$

$Th_{G_1}2$　$\forall y(N(\lambda x\alpha,\lambda x\top)y\leftrightarrow\alpha(y/x))(G_\top)$

$Th_{G_1}3$　$Gx(\alpha;\bot)\leftrightarrow\forall x(\alpha>\bot)$

$Th_{G_1}4$　$Gx(\alpha;\bot)\to Gx(\alpha;\beta)$

$Th_{G_1}5$　$Gx(\alpha\wedge\gamma;\bot)\to Gx(\alpha;\neg\gamma)$

$Th_{G_1}1$　$\forall y(N(\lambda x\alpha,\lambda x\bot)y\leftrightarrow\alpha(y/x))$

(1) $\forall y(\alpha(y/x)\to N(\lambda x\alpha,\lambda x\bot)y)$　[$A_{G\bot}$]

(2) $\forall y(N(\lambda x\alpha,\lambda x\bot)y\to\alpha(y/x))$　[N]

(3) $\forall y(N(\lambda x\alpha,\lambda x\bot)y\leftrightarrow\alpha(y/x))$　[(1)(2) $\forall^-$, $\leftrightarrow^+$, $\forall^+$]

$Th_{G_1}2$　$\forall y(N(\lambda x\alpha,\lambda x\top)y\leftrightarrow\alpha(y/x))$

(1) $N(\lambda x\alpha,\lambda x\bot)y\to\alpha(y/x)$　[N, $\forall^-$]

(2) $N(\lambda x\alpha,\lambda x\top)y\to N(\lambda x\alpha,\lambda x\bot)y$　[N¬, $\forall^-$]

(3) $N(\lambda x\alpha,\lambda x\top)y\to\alpha(y/x)$　[(1)(2)三段论]

(4) $\alpha(y/x)\to N(\lambda x\alpha,\lambda x\bot)y$　[$A_{G\bot}$, $\forall^-$]

(5) $N(\lambda x\alpha,\lambda x\bot)y\to N(\lambda x\alpha,\lambda x\top)y$　[N¬, $\forall^-$]

(6) $\alpha(y/x)\to N(\lambda x\alpha,\lambda x\bot)y$　[(4)(5)三段论]

(7) $N(\lambda x\alpha,\lambda x\top)y\leftrightarrow\alpha(y/x)$　[(3)(6) $\leftrightarrow^+$]

(8) $\forall y(N(\lambda x\alpha,\lambda x\top)y\leftrightarrow\alpha(y/x))$　[(7) $\forall^+$]

$Th_{G_1}3$　$Gx(\alpha;\bot)\leftrightarrow\forall x(\alpha>\bot)$

(1) $\forall x(N(\lambda x\alpha,\lambda x\bot)x\leftrightarrow\alpha)$　[$Th_{G_1}1$]

(2) $Gx(\alpha;\bot)\leftrightarrow\forall x(N(\lambda x\alpha,\lambda x\bot)x>\bot)$　[G 定义]

(3) $Gx(\alpha;\bot)\leftrightarrow\forall x(\alpha>\bot)$　[(1)(2) $\forall^-$, R_{EQ}]

$\mathrm{Th}_{G_1}4$　$Gx(\alpha;\bot)\to Gx(\alpha;\beta)$

(1) $(\alpha>\bot)\to(\alpha>\beta)$　[$\mathrm{Th}_{MN}1$]

(2) $\forall x(\alpha>\bot)\to\forall x(\alpha>\beta)$　[(1), $\forall^+$, $\forall_\to$, MP]

(3) $\forall x(\alpha>\beta)\to Gx(\alpha;\beta)$　[$\mathrm{Th}_{G_D}4$]

(4) $\forall x(\alpha>\bot)\to Gx(\alpha;\beta)$　[(2)(3)三段论]

(5) $Gx(\alpha;\bot)\to Gx(\alpha;\beta)$　[$\mathrm{Th}_{G_1}3$, REQ]

引理 a：$((\alpha\wedge\gamma)>\bot)\to(\alpha>\neg\gamma)$

(1) $\bot\to\neg\gamma$　[PC 定理]

(2) $((\alpha\wedge\gamma)>\bot)\to((\alpha\wedge\gamma)>\neg\gamma)$　[(1)RCK]

(3) $\neg\gamma>\neg\gamma$　[ID]

(4) $(\alpha\wedge\neg\gamma)>\neg\gamma$　[(3)CM, MP]

(5) $((\alpha\wedge\gamma)>\bot)\to((\alpha\wedge\neg\gamma)>\neg\gamma)$　[(4)PC 规则]

(6) $((\alpha\wedge\gamma)>\bot)\to(((\alpha\wedge\gamma)>\neg\gamma)\wedge((\alpha\wedge\neg\gamma)>\neg\gamma))$
　[(2)(5) $\wedge^+$]

(7) $(((\alpha\wedge\gamma)>\neg\gamma)\wedge((\alpha\wedge\neg\gamma)>\neg\gamma))\to(((\alpha\wedge\gamma)\vee(\alpha\wedge\neg\gamma))>\neg\gamma)$
　[AD]

(8) $((\alpha\wedge\gamma)\vee(\alpha\wedge\neg\gamma))\leftrightarrow\alpha$　[PC 定理]

(9) $(((\alpha\wedge\gamma)\vee(\alpha\wedge\neg\gamma))>\neg\gamma)\leftrightarrow(\alpha>\neg\gamma)$　[(8)REQ]

(10) $((\alpha\wedge\gamma)>\bot)\to(\alpha>\neg\gamma)$　[(6)(7)(9)三段论]

$\mathrm{Th}_{G_1}5$　$Gx(\alpha\wedge\gamma;\bot)\to Gx(\alpha;\neg\gamma)$

(1) $((\alpha\wedge\gamma)>\bot)\to(\alpha>\neg\gamma)$　[引理 a]

(2) $\forall x((\alpha\wedge\gamma)>\bot)\to\forall x(\alpha>\neg\gamma)$　[(1), $\forall^+$, $\forall_\to$, MP]

(3) $\forall x(\alpha>\neg\gamma)\to Gx(\alpha;\neg\gamma)$　[$\mathrm{Th}_{G_D}4$]

(4) $\forall x((\alpha\wedge\gamma)>\bot)\to Gx(\alpha;\neg\gamma)$　[(2)(3)三段论]

(5) $Gx(\alpha\wedge\gamma;\bot)\to Gx(\alpha;\neg\gamma)$　[(4)$\mathrm{Th}_{G_1}3$, REQ]

系统 G_2

G_2在 G_0基础上增加公理

R_{NT}　$\forall y(\alpha\rightarrow\beta)(y/x)\rightarrow\forall y(\alpha(y/x)\rightarrow N(\lambda x\alpha,\lambda x\beta)y)$

内定理

$Th_{G_2}1$　$\forall y(\alpha\rightarrow\beta)(y/x)\rightarrow\forall y(N(\lambda x\alpha,\lambda x\beta)y\leftrightarrow\alpha(y/x))$

$Th_{G_2}2$　$\forall y(\alpha\rightarrow\neg\beta)(y/x)\rightarrow\forall y(N(\lambda x\alpha,\lambda x\beta)y\leftrightarrow\alpha(y/x))$

$Th_{G_2}1$　$\forall y(\alpha\rightarrow\beta)(y/x)\rightarrow\forall y(N(\lambda x\alpha,\lambda x\beta)y\leftrightarrow\alpha(y/x))$

（1）$\forall y(\alpha\rightarrow\beta)(y/x)\rightarrow\forall y(\alpha(y/x)\rightarrow N(\lambda x\alpha,\lambda x\beta)y)$

[R_{NT}]

（2）$\forall y(N(\lambda x\alpha,\lambda x\beta)y\rightarrow\alpha(y/x))$　[N]

（3）$\forall y(\alpha\rightarrow\beta)(y/x)\rightarrow N(\lambda x\alpha,\lambda x\beta)y\rightarrow\forall y(\alpha(y/x))$

[（2）PC 规则]

（4）$\forall y(\alpha\rightarrow\beta)(y/x)\rightarrow\forall y(N(\lambda x\alpha,\lambda x\beta)y\leftrightarrow\alpha(y/x))$

[（1）（3）PC 规则]

$Th_{G_2}2$　$\forall y(\alpha\rightarrow\neg\beta)(y/x)\rightarrow\forall y(N(\lambda x\alpha,\lambda x\beta)y\leftrightarrow\alpha(y/x))$

（1）$\forall y(\alpha\rightarrow\neg\beta)(y/x)\rightarrow\forall y(N(\lambda x\alpha,\lambda x\neg\beta)y\leftrightarrow\alpha(y/x))$

[$Th_{G_2}1$]

（2）$\forall y(N(\lambda x\alpha,\lambda x\beta)y\leftrightarrow N(\lambda x\alpha,\lambda x\neg\beta)y)$　[$Th_{G_D}3$]

（3）$N(\lambda x\alpha,\lambda x\beta)y\leftrightarrow N(\lambda x\alpha,\lambda x\neg\beta)y$　[（2）$\forall^-$]

（4）$\forall y(\alpha\rightarrow\neg\beta)(y/x)\rightarrow\forall y(N(\lambda x\alpha,\lambda x\beta)y\leftrightarrow\alpha(y/x))$

[（1）（3）R_{EQ}]

系统 $G_3(G_D)$

G_3在 G_0基础上增加公理

N_{AM}　$\forall y(\alpha\rightarrow\gamma)(y/x)\rightarrow\forall y(N(\lambda x\alpha,\lambda x\beta)y\rightarrow N(\lambda x\gamma,\lambda x\beta)y)$

与概称句相关的定理及导出规则

$Th_{G_3}1$　$\forall x(\alpha\rightarrow\beta)\rightarrow(Gx(\beta;\gamma)\rightarrow Gx(\alpha;\gamma))$

$Th_{G_3}2$　$Gx(\alpha;\beta)\rightarrow Gx(\alpha\wedge\gamma;\beta)$

$Th_{G_3}3$　$Gx(\alpha\vee\beta;\gamma)\rightarrow Gx(\alpha;\gamma)$

R_{GIC}　由 $\alpha\rightarrow Gx(\beta;\gamma)$，得 $Gx(\alpha\wedge\beta;\gamma)$。

系统 G_4

G_4在 G_0基础上增加公理

A_{G_4}　$\forall y(N(\lambda x\alpha,\lambda x(\beta\wedge\gamma))y\rightarrow N(\lambda x\alpha,\lambda x\beta)y)$

与概称句相关的内定理和导出规则：

$Th_{G_4}1$　$\forall y(N(\lambda x\alpha,\lambda x(\beta\vee\gamma))y\rightarrow N(\lambda x\alpha,\lambda x\beta)y)$

R_{NCM}　由 $\beta\rightarrow\gamma$，得 $\forall y(N(\lambda x\alpha,\lambda x\beta)y\rightarrow N(\lambda x\alpha,\lambda x\gamma)y)$。

R_{NCM^+}　由 $\beta\rightarrow\gamma$，得 $\forall y(N(\lambda x\alpha,\lambda x\beta)y\leftrightarrow N(\lambda x\alpha,\lambda x\gamma)y)$。

$Th_{G_4}2$　$\forall y(N(\lambda x\alpha,\lambda x\beta)y\leftrightarrow N(\lambda x\alpha,\lambda x\gamma)y)$

$Th_{G_4}3$　$Gx(\alpha;\beta)\wedge Gx(\alpha;\gamma)\rightarrow Gx(\alpha;\beta\wedge\gamma)$

$Th_{G_4}4$　$Gx(\alpha;(\beta\rightarrow\gamma))\wedge Gx(\alpha;\beta)\rightarrow Gx(\alpha;\gamma)$

$Th_{G_4}5$　$Gx(\alpha;(\beta\wedge\gamma))\rightarrow Gx(\alpha;\beta)\wedge Gx(\alpha;\gamma)$

$Th_{G_4}6$　$Gx(\alpha;\beta)\wedge\forall x(\beta\rightarrow\gamma)\rightarrow Gx(\alpha;\gamma)$

$Th_{G_4}1$　$\forall y(N(\lambda x\alpha,\lambda x(\beta\vee\gamma))y\rightarrow N(\lambda x\alpha,\lambda x\beta)y)$

(1)　$\forall y(N(\lambda x\alpha,\lambda x(\neg\beta\wedge\neg\gamma))y\rightarrow N(\lambda x\alpha,\lambda x\neg\beta)y)$　[A_{G_4}]

(2)　$\neg(\beta\vee\gamma)\leftrightarrow(\neg\beta\wedge\neg\gamma)$　[PC 定理]

(3)　$\forall y(N(\lambda x\alpha,\lambda x\neg(\beta\vee\gamma))y\rightarrow N(\lambda x\alpha,\lambda x\neg\beta)y)$　[(1)(2)R_{EQ}]

(4)　$N(\lambda x\alpha,\lambda x\neg(\beta\vee\gamma))y\leftrightarrow N(\lambda x\alpha,\lambda x(\beta\vee\gamma))y$　[$Th_{G_D}3$，$\forall^-$]

(5)　$N(\lambda x\alpha,\lambda x\neg\beta)y\leftrightarrow N(\lambda x\alpha,\lambda x\beta)y$　[$Th_{G_D}3$，$\forall^-$]

(6)　$N(\lambda x\alpha,\lambda x(\beta\vee\gamma))y\rightarrow N(\lambda x\alpha,\lambda x\beta)y$　[(3)(4)(5)R_{EQ}]

(7)　$\forall y(N(\lambda x\alpha,\lambda x(\beta\vee\gamma))y\rightarrow N(\lambda x\alpha,\lambda x\beta)y)$　[(6)$\forall^+$]

R_{NCM}　由 $\beta\rightarrow\gamma$，得 $\forall y(N(\lambda x\alpha,\lambda x\beta)y\rightarrow N(\lambda x\alpha,\lambda x\gamma)y)$。

(1)　$\beta\rightarrow\gamma$　[前提]

(2)　$\gamma\wedge\beta\leftrightarrow\beta$　[(1)PC 规则]

(3)　$\forall y(N(\lambda x\alpha,\lambda x(\gamma\wedge\beta))y\rightarrow N(\lambda x\alpha,\lambda x\gamma)y)$　[A_{G_4}]

(4)　$\forall y(N(\lambda x\alpha,\lambda x\beta)y\rightarrow N(\lambda x\alpha,\lambda x\gamma)y)$　[(2)(3)R_{EQ}]

R_{NCM^+}　由 $\beta\rightarrow\gamma$，得 $\forall y(N(\lambda x\alpha,\lambda x\beta)y\leftrightarrow N(\lambda x\alpha,\lambda x\gamma)y)$。

(1)　$\beta\rightarrow\gamma$　[前提]

(2) $\forall y(N(\lambda x\alpha,\lambda x\beta)y\to N(\lambda x\alpha,\lambda x\gamma)y)$ [(1)R_{NCM}]

(3) $\neg\gamma\to\neg\beta$ [(1)PC 规则]

(4) $\forall y(N(\lambda x\alpha,\lambda x\neg\gamma)y\to N(\lambda x\alpha,\lambda x\neg\beta)y)$ [(3)R_{NCM}]

(5) $N(\lambda x\alpha,\lambda x\neg\beta)y\leftrightarrow N(\lambda x\alpha,\lambda x\beta)y$ [$Th_{G_G}3$, $\forall^-$]

(6) $N(\lambda x\alpha,\lambda x\neg\gamma)y\leftrightarrow N(\lambda x\alpha,\lambda x\gamma)y$ [$Th_{G_G}3$, $\forall^-$]

(7) $\forall y(N(\lambda x\alpha,\lambda x\gamma)y\to N(\lambda x\alpha,\lambda x\beta)y)$ [(4)(5)(6)R_{EQ}]

(8) $\forall y(N(\lambda x\alpha,\lambda x\beta)y\leftrightarrow N(\lambda x\alpha,\lambda x\gamma)y)$ [(2)(7) $\forall^-$, $\leftrightarrow^+$, $\forall^+$]

$Th_{G_4}2$ $\forall y(N(\lambda x\alpha,\lambda x\beta)y\leftrightarrow N(\lambda x\alpha,\lambda x\gamma)y)$

(1) $\beta\to\top$ [PC 定理]

(2) $\gamma\to\top$ [PC 定理]

(3) $\forall y(N(\lambda x\alpha,\lambda x\beta)y\leftrightarrow N(\lambda x\alpha,\lambda x\top)y)$ [(1)R_{NCM^+}]

(4) $\forall y(N(\lambda x\alpha,\lambda x\gamma)y\leftrightarrow N(\lambda x\alpha,\lambda x\top)y)$ [(2)R_{NCM^+}]

(5) $\forall y(N(\lambda x\alpha,\lambda x\beta)y\leftrightarrow N(\lambda x\alpha,\lambda x\gamma)y)$ [(3)(4) $\forall^-$, R_{EQ}, $\forall^+$]

$Th_{G_4}3$ $Gx(\alpha;\beta)\wedge Gx(\alpha;\gamma)\to Gx(\alpha;\beta\wedge\gamma)$

(1) $\forall x(N(\lambda x\alpha,\lambda x(\beta\wedge\gamma))x\to N(\lambda x\alpha,\lambda x\beta)x)$ [A_{G_4}]

(2) $\forall x(N(\lambda x\alpha,\lambda x(\beta\wedge\gamma))x\to N(\lambda x\alpha,\lambda x\gamma)x)$ [A_{G_4}, R_{EQ}]

(3) $\forall x(N(\lambda x\alpha,\lambda x(\beta\wedge\gamma))x\to N(\lambda x\alpha,\lambda x\beta)x)\to(\forall x(N(\lambda x\alpha,\lambda x\beta)x>\beta)\to\forall x(N(\lambda x\alpha,\lambda x(\beta\wedge\gamma))x>\beta))$ [A_M, $\forall_\to$, 三段论]

(4) $\forall x(N(\lambda x\alpha,\lambda x(\beta\wedge\gamma))x\to N(\lambda x\alpha,\lambda x\gamma)x)\to(\forall x(N(\lambda x\alpha,\lambda x\gamma)x>\gamma)\to\forall x(N(\lambda x\alpha,\lambda x(\beta\wedge\gamma))x>\gamma))$ [A_M, $\forall_\to$, 三段论]

(5) $\forall x(N(\lambda x\alpha,\lambda x\beta)x>\beta)\to\forall x(N(\lambda x\alpha,\lambda x(\beta\wedge\gamma))x>\beta)$ [(1)(3)M_P]

(6) $\forall x(N(\lambda x\alpha,\lambda x\gamma)x>\gamma)\to\forall x(N(\lambda x\alpha,\lambda x(\beta\wedge\gamma))x>\gamma)$ [(2)(4)M_P]

(7) $((\alpha>\beta)\wedge(\alpha>\gamma))\to(\alpha>(\beta\wedge\gamma))$ [C_C]

(8) $\forall x(N(\lambda x\alpha,\lambda x(\beta\wedge\gamma))x>\beta)\wedge\forall x(N(\lambda x\alpha,\lambda x(\beta\wedge\gamma))x>\gamma)\to\forall x(N(\lambda x\alpha,\lambda x(\beta\wedge\gamma))x>(\beta\wedge\gamma))$ [(7) $\forall^+$, $\forall_\to$, M_P, R_{EQ}]

(9) $Gx(\alpha;\beta) \land Gx(\alpha;\gamma) \to \forall x(N(\lambda x\alpha,\lambda x(\beta \land \gamma))x > \beta) \land \forall x(N(\lambda x\alpha,\lambda x(\beta \land \gamma))x > \gamma)$ [(5)(6)PC 规则,G 定义]

(10) $Gx(\alpha;\beta) \land Gx(\alpha;\gamma) \to \forall x(N(\lambda x\alpha,\lambda x(\beta \land \gamma))x > (\beta \land \gamma))$ [(8)(9)三段论]

(11) $Gx(\alpha;\beta) \land Gx(\alpha;\gamma) \to Gx(\alpha;\beta \land \gamma)$ [(10)G 定义]

$Th_{G_4}4$　$Gx(\alpha;(\beta \to \gamma)) \land Gx(\alpha;\beta) \to Gx(\alpha;\gamma)$

(1) $(N(\lambda x\alpha,\lambda x(\beta \to \gamma))x > (\beta \to \gamma)) \to ((N(\lambda x\alpha,\lambda x(\beta \to \gamma))x > \beta) \to (N(\lambda x\alpha,\lambda x(\beta \to \gamma))x > \gamma))$ [C_K]

(2) $N(\lambda x\alpha,\lambda x(\beta \to \gamma))x \leftrightarrow N(\lambda x\alpha,\lambda x\beta)x$ [$Th_{G_4}2$, $\forall^-$]

(3) $N(\lambda x\alpha,\lambda x(\beta \to \gamma))x \leftrightarrow N(\lambda x\alpha,\lambda x\gamma)x$ [$Th_{G_4}2$, $\forall^-$]

(4) $Gx(\alpha;(\beta \to \gamma)) \to (Gx(\alpha;\beta) \to Gx(\alpha;\gamma))$ [(1)(2)(3)R_{EQ}, $\forall^+$, G 定义]

(5) $Gx(\alpha;(\beta \to \gamma)) \to Gx(\alpha;\beta) \land Gx(\alpha;\gamma)$ [(4)PC 规则]

$Th_{G_4}5$　$Gx(\alpha;(\beta \land \gamma)) \to Gx(\alpha;\beta) \land Gx(\alpha;\gamma)$

(1) $(N(\lambda x\alpha,\lambda x(\beta \land \gamma))x > (\beta \land \gamma)) \to (N(\lambda x\alpha,\lambda x(\beta \land \gamma))x > \beta) \land (N(\lambda x\alpha,\lambda x(\beta \land \gamma))x > \gamma)$ [C_R]

(2) $N(\lambda x\alpha,\lambda x(\beta \land \gamma))x \leftrightarrow N(\lambda x\alpha,\lambda x\beta)x$ [$Th_{G_4}2$, $\forall^-$]

(3) $N(\lambda x\alpha,\lambda x(\beta \land \gamma))x \leftrightarrow N(\lambda x\alpha,\lambda x\gamma)x$ [$Th_{G_4}2$, $\forall^-$]

(4) $Gx(\alpha;(\beta \land \gamma)) \land Gx(\alpha;\beta) \to Gx(\alpha;\gamma)$ [(1)(2)(3)R_{EQ}, $\forall^+$, G 定义]

$Th_{G_4}6$　$Gx(\alpha;\beta) \land \forall x(\beta \to \gamma) \to Gx(\alpha;\gamma)$

(1) $\forall x(N(\lambda x\alpha,\lambda x\beta)x > \beta) \land \forall x(\beta \to \gamma) \to \forall x(N(\lambda x\alpha,\lambda x\beta)x > \gamma)$ [C_I]

(2) $\forall x(N(\lambda x\alpha,\lambda x\beta)x > \beta) \land \forall x(\beta \to \gamma) \to \forall x(N(\lambda x\alpha,\lambda x\gamma)x > \gamma)$ [(1)$Th_{G_4}2$, R_{EQ}]

(3) $Gx(\alpha;\beta) \land \forall x(\beta \to \gamma) \to Gx(\alpha;\gamma)$ [(2)G 定义]

4.2.5.3 $G_1 \sim G_4$的可靠性和完全性

G_1的可靠性和完全性

定理 4.58 （可靠性） $AG_{\perp}\ \forall y(\alpha(y/x) \to N(\lambda x\alpha, \lambda x\perp)y)$在全涵义模型下有效。

证 对任意的全涵义模型M，任意的$w \in W_M$，任意的$d \in D_M$，设

$$w \in \| \alpha(y/x) \|^{M(d/y)} \text{①},$$

则

$$w \in \{w \in W : d \in (\lambda x\alpha)^M(w)\} \text{②}。$$

由命题4.18（4），

$$s_{\perp}(w) = (\lambda x\perp)^M(w)$$

再由全涵义模型定义有

$$(\lambda x\alpha)^M \subseteq \mathscr{N}((\lambda x\alpha)^M, (\lambda x\perp)^M) \text{③}。$$

由②③，

$$w \in \{w \in W : d \in \mathscr{N}((\lambda x\alpha)^M, (\lambda x\perp)^M)(w)\} = \| N(\lambda x\alpha, \lambda x\perp) y \|^{M(d/y)} \text{④}。$$

由①④，

对任意的$w \in W_M$，任意的$d \in D_M$，$w \in \| \alpha(y/x) \to N(\lambda x\alpha, \lambda x\perp) y \|^{M(d/y)}$。

由d的任意性，

对任意的$w \in W_M$，$w \in \| \forall y(\alpha(y/x) \to N(\lambda x\alpha, \lambda x\perp)y) \|^M$。

由w的任意性，

对任意的全涵义模型M，$M \models \forall y(\alpha(y/x) \to N(\lambda x\alpha, \lambda x\perp)y)$。■

定义 4.59 G_1的典范模型$M_{G_1} = <W_{G_1}, D_{G_1}, \mathscr{N}_{G_1}, \circledast_{G_1}, \eta_{G_1}, \sigma_{G_1}>$，$D_{G_1}$，$\circledast_{G_1}$，$\eta_{G_1}$，$\sigma_{G_1}$定义与定义4.35类似，$W_{G_1} = \{w : w\text{是}G_1\text{饱和公式集}\}$

对任意$w \in W_{G_1}$，s_1，$s_2 \in S_{G_1}$

$$\mathscr{N}_{G_1}(s_1, s_2)(w) = \begin{cases} \{t : N(\lambda x\alpha, \lambda x\beta)t \in w\}, & \text{若存在公式}\alpha, \beta\text{分别与}s_1, s_2\text{对应;} \\ s_1(w), & \text{否则} \end{cases}$$

定理 4.60　典范模型 M_{G_1} 是全涵义模型。

证　只证对任意的 $s_1 \in S_{G_1}$，$s_1 \subseteq \mathscr{N}(s_1, s_\perp)$。分情况证明。

由命题 4.18，对任意的 $w \in W_{G_1}$，$s_\perp = (\lambda x \perp)^{M_{G_1}}(w)$

（1）假设存在公式 α，

对任意的 $w \in W_{G_1}$，$s_1(w) = (\lambda x\alpha)^{M_{G_1}}(w)$①，有

$$\mathscr{N}_{G_1}(s_1, s_\perp)(w) = \{t : N(\lambda x\alpha, \lambda x \perp)t \in w\}②。$$

根据 M_{G_1} 定义，

$$AG_\perp\ \forall y(\alpha(y/x) \to N(\lambda x\alpha, \lambda x \perp)y) \in w③。$$

对任意 $t \in s_1(w)$ 即 $t \in (\lambda x\alpha)^{M_{G_1}}(w)$④，有

$$\alpha(t/x) \in w⑤。$$

而

$$\alpha(t/x) \to N(\lambda x\alpha, \lambda x \perp)t \in w⑥。$$

由⑤⑥有

$$N(\lambda x\alpha, \lambda x \perp)t \in w。$$

从而

$$t \in \mathscr{N}_{G_1}(s_1, s_\perp)(w)⑦。$$

由④⑦得

$$s_1 \subseteq \mathscr{N}(s_1, s_\perp)。$$

（2）否则，即 s_1 无公式对应的情况。由定义 4.59，$\mathscr{N}_{G_1}(s_1, s_\perp) = s_1$。■

G_2 的可靠性和完全性

定理 4.61（可靠性）　R_{NT}　$\forall y(\alpha \to \beta)(y/x) \to \forall y(\alpha(y/x) \to N(\lambda x\alpha, \lambda x\beta)y)$ 在包含选择模型下是有效的。

证　对任意的包含选择模型 M，任意的 $w \in W_M$，

假设

$$\forall y(\alpha \to \beta)(y/x) \in w①，$$

由①及命题 4.19 有

$$(\lambda x\alpha)^M(w) \subseteq (\lambda x\beta)^M(w)②。$$

对任意的 $d \in D_M$，设 $w \in \| \alpha \|^{M(d/y)}$③，则

$$d \in (\lambda x\alpha)^M(w)④。$$

由包含选择模型定义及②有

$$(\lambda x\alpha)^M(w) \subseteq \mathscr{N}((\lambda x\alpha)^M, (\lambda x\beta)^M)(w)⑤。$$

由④⑤，

$$d \in \mathscr{N}((\lambda x\alpha)^M, (\lambda x\beta)^M)(w)⑥。$$

由⑥，

$$w \in \| N(\lambda x\alpha, \lambda x\beta)y \|^{M(d/y)}⑦。$$

由③⑦，

对任意的 $w \in W_M$，任意的 $d \in D_M$，$w \in \| \alpha(y/x) \to N(\lambda x\alpha, \lambda x\beta) y \|^{M(d/y)}$。

由 d 的任意性，

对任意的 $w \in W_M$，$w \in \| \forall y(\alpha(y/x) \to N(\lambda x\alpha, \lambda x\beta)y) \|^M$。

由 w 的任意性，

对任意包含选择模型 M，$M \models \forall y(\alpha \to \beta)(y/x) \to \forall y(\alpha(y/x) \to N(\lambda x\alpha, \lambda x\beta)y)$。■

定义 4.62 G_2的典范模型 $M_{G_2} = < W_{G_2}, D_{G_2}, \mathscr{N}_{G_2}, \circledast_{G_2}, \eta_{G_2}, \sigma_{G_2} >$，$D_{G_2}$，$\circledast_{G_2}$，$\eta_{G_2}$，$\sigma_{G_2}$定义与定义 4.35 类似，$W_{G_2} = \{w : w$ 是 G_2饱和公式集$\}$

对任意 $w \in W_{G_2}$，s_1，$s_2 \in S_{G_2}$

$$\mathscr{N}_{G_2}(s_1, s_2)(w) = \begin{cases} \{t : N(\lambda x\alpha, \lambda x\beta)t \in w\}, & \text{若存在公式 } \alpha, \beta \text{ 分别与 } s_1, s_2 \text{对应;} \\ s_1(w), & \text{否则} \end{cases}$$

定理 4.63 典范模型 M_{G_2}是包含选择模型。

证 对任意的 s_1，$s_2 \in S_{G_2}$，任意 $w \in W_{G_2}$，若 $s_1(w) \subseteq s_2(w)$，则 $s_1(w) \subseteq \mathscr{N}_{G_2}(s_1, s_2)(w)$。

(1) 假设存在公式 α，对任意的 $w \in W_{G_2}$，

$$s_1(w) = (\lambda x\alpha)^{M_{G_2}}(w),\ s_2(w) = (\lambda x\beta)^{M_{G_2}}(w)。$$

则

$$\mathscr{N}_{G_2}(s_1, s_2)(w) = \{t : N(\lambda x\alpha, \lambda x\beta)t \in w\}①。$$

假设对任意的 $w\in W_{G_2}$，

$$s_1(w)\subseteq s_2(w)②,$$

则有

$$(\lambda x\alpha)^{M_{G_2}}(w)\subseteq(\lambda x\beta)^{M_{G_2}}(w)③。$$

由③及命题 4.19 有

$$w\in\|\forall y(\beta\to\gamma)(y/x)\|^{M_{G_2}},$$

从而

$$\forall y(\beta\to\gamma)(y/x)\in w④。$$

由 R_{NT}，④及 M_P，

$$\forall y(\alpha(y/x)\to N(\lambda x\alpha,\lambda x\beta)y)\in w⑤。$$

对任意 $t\in s_1(w)$ 即 $t\in(\lambda x\alpha)^{M_{G_2}}(w)$⑥，有

$$\alpha(t/x)\in w⑦,$$

由⑤，

$$(\alpha(t/x)\to N(\lambda x\alpha,\lambda x\beta)t)\in w⑧。$$

由⑦⑧有

$$N(\lambda x\alpha,\lambda x\beta)t\in w,$$

从而

$$t\in\mathcal{N}_{G_2}(s_1,s_2)(w)⑨。$$

由⑥⑨得

$$s_1(w)\subseteq\mathcal{N}_{G_2}(s_1,s_2)(w)。$$

再由②，

$$s_1(w)\subseteq\mathcal{N}_{G_2}(s_1,s_2)(w)。$$

（2）否则。由定义即得。

G_3的可靠性和完全性

参见 4.2，证明略。

G_4的可靠性和完全性

定理 4.64（可靠性） A_{G_4} $\forall y(N(\lambda x\alpha,\lambda x(\beta\wedge\gamma))y\to N(\lambda x\alpha,\lambda x\beta)y)$ 是中的有效式。

证 对任意的 M，任意的 $w \in W_M$，任意的 $d \in D_M$，

若

$$w \in \| N(\lambda x\alpha, \lambda x(\beta \wedge \gamma))y \|^{M(d/y)} ①,$$

则

$$w \in \{w \in W : d \in \mathcal{N}((\lambda x\alpha)^M, (\lambda x(\beta \wedge \gamma))^M)(w)\}$$

$$= \{w \in W : d \in \mathcal{N}((\lambda x\alpha)^M, (\lambda x\beta)^M \cap (\lambda x\gamma)^M)(w)\} ②。$$

由定义及②有

$$w \in \{w \in W : d \in \mathcal{N}((\lambda x\alpha)^M, (\lambda x\beta)^M)(w)\}。$$

所以，

对任意的 $d \in D_M$，$w \in \| N(\lambda x\alpha, \lambda x\beta)y \|^{M(d/y)}$ ③。

由①③，

对任意的 $w \in W_M$，任意的 $d \in D_M$，$w \in \| N(\lambda x\alpha, \lambda x(\beta \wedge \gamma))y \to N(\lambda x\alpha, \lambda x\beta)y \|^{M(d/y)}$，

由 d 的任意性，

对任意的 $w \in W_M$，$w \in \| \forall y(N(\lambda x\alpha, \lambda x(\beta \wedge \gamma))y \to N(\lambda x\alpha, \lambda x\beta)y) \|^M$。

由 w 的任意性，

对任意 M，$M \models \forall y(N(\lambda x\alpha, \lambda x(\beta \wedge \gamma))y \to N(\lambda x\alpha, \lambda x\beta)y)$。■

定义 4.65 G_4的典范模型 $M_{G_4} = < W_{G_4}, D_{G_4}, \mathcal{N}_{G_4}, ⊛_{G_4}, \eta_{G_4}, \sigma_{G_4} >$，$D_{G_4}$，$⊛_{G_4}$，$\eta_{G_4}$，$\sigma_{G_4}$定义与定义 4.35 类似，$W_{G_4} = \{w : w$ 是 G_4饱和公式集$\}$

对任意的 $w \in W_{G_4}$，s_1，$s_2 \in S_{G_4}$

$$\mathcal{N}_{G_4}(s_1, s_2)(w) = \begin{cases} \{t : N(\lambda x\alpha, \lambda x\beta)t \in w\}, & \text{若存在公式} \alpha, \beta \text{分别与} s_1, s_2 \text{对应；} \\ \mathcal{N}_{G_4}(s_1, s_\perp)(w), & s_1 \text{有公式对应，} s_2 \text{无公式对应；} \\ s_1(w), & \text{否则} \end{cases}$$

定理 4.66 典范模型 M_{G_4}是。

证 (1) $\mathcal{N}_{G_4}(s_1, s_2) \subseteq s_1$。

a. s_1，s_2有公式对应的情况，从略。

b. s_1有公式对应，s_2无公式对应。

由定义 4. 65,

$$\mathscr{N}_{G_4}(s_1,s_2)=\mathscr{N}_{G_4}(s_1,s_\perp)①。$$

由 a 有

$$\mathscr{N}_{G_4}(s_1,s_\perp)\subseteq s_1②。$$

由①②,

$$\mathscr{N}_{G_4}(s_1,s_2)\subseteq s_1。$$

c. 否则。

由定义 4. 65,

$$\mathscr{N}_{G_4}(s_1,s_2)=s_1\subseteq s_1。$$

（2） $\mathscr{N}_{G_4}(s_1,s_2)=\mathscr{N}_{G_4}(s_1,s_2{}^{\sim})$

a. s_1, s_2有公式对应的情况，从略。

b. s_1有公式对应，s_2无公式对应。

由命题 4. 18,

$s_2{}^{\sim}$也无公式对应,

所以，由定义 4. 65,

$$\mathscr{N}_{G_4}(s_1,s_2)=\mathscr{N}_{G_4}(s_1,s_\perp)①。$$

$$\mathscr{N}_{G_4}(s_1,s_2{}^{\sim})=\mathscr{N}_{G_4}(s_1,s_\perp)②。$$

由①②,

$$\mathscr{N}_{G_4}(s_1,s_2)=\mathscr{N}_{G_4}(s_1,s_2{}^{\sim})。$$

c. 否则。

由定义 4. 65,

$$\mathscr{N}_{G_4}(s_1,s_2)=s_1③。$$

$$\mathscr{N}_{G_4}(s_1,s_2{}^{\sim})=s_1④。$$

由③④,

$$\mathscr{N}_{G_4}(s_1,s_2)=\mathscr{N}_{G_4}(s_1,s_2{}^{\sim})$$

（3） 对任意的 s_1, s_2, $s_3\in S_{G_4}$, $\mathscr{N}_{G_4}(s_1,s_2\cap s_3)\subseteq\mathscr{N}_{G_4}(s_1,s_2)$。

a. s_1, s_2, s_3有公式对应的情况。

由命题 4. 18,

$s_2 \cap s_3$有公式对应。

假设，对任意 $w \in W_{G_4}$，

$$s_1(w) = (\lambda x\alpha)^{M_{G_4}}(w),\ s_2(w) = (\lambda x\beta)^{M_{G_4}}(w),\ s_3(w) = (\lambda x\gamma)^{M_{G_4}}(w),$$

则

$$(s_2 \cap s_3)(w) = (\lambda x(\beta \wedge \gamma))^{M_{G_4}}(w)。$$

有

$$\mathcal{N}_{G_4}(s_1, s_2 \cap s_3)(w) = \{t : N(\lambda x\alpha, \lambda x(\beta \wedge \gamma))t \in w\} ①。$$

$$\mathcal{N}_{G_4}(s_1, s_2)(w) = \{t : N(\lambda x\alpha, \lambda x\beta)t \in w\} ②。$$

对任意 $t \in \mathcal{N}_{G_4}(s_1, s_2 \cap s_3)(w)$③，由①有

$$\mathcal{N}(\lambda x\alpha, \lambda x(\beta \wedge \gamma))t \in w ④。$$

由 M_{G_4}定义，

$$\forall y(N(\lambda x\alpha, \lambda x(\beta \wedge \gamma))y \rightarrow N(\lambda x\alpha, \lambda x\beta)y) \in w ⑤。$$

由④⑤有

$$N(\lambda x\alpha, \lambda x\beta)t \in w,$$

从而

$$t \in \mathcal{N}_{G_4}(s_1, s_2)(w) ⑥。$$

由③⑥得

$$\mathcal{N}_{G_4}(s_1, s_2 \cap s_3) \subseteq \mathcal{N}_{G_4}(s_1, s_2)。$$

b. s_1与公式 α 对应，$s_2 \cap s_3$或 s_2无公式对应。

假设 $s_2 \cap s_3$和 s_2都没有公式对应，

由定义 4.65，

$$\mathcal{N}_{G_4}(s_1, s_2 \cap s_3, s_2 \cap s_3) = \mathcal{N}_{G_4}(s_1, s_\perp),$$

$$\mathcal{N}_{G_4}(s_1, s_2) = \mathcal{N}_{G_4}(s_1, s_\perp)。$$

从而

$$\mathcal{N}_{G_4}(s_1, s_2 \cap s_3) \subseteq \mathcal{N}_{G_4}(s_1, s_2)。$$

假设 $s_2 \cap s_3$与 s_2之一有公式对应，不妨设 $s_2 \cap s_3$与公式 β 对应，s_2无公式对应。

由定义 4.65，

$$\mathcal{N}_{G_4}(s_1, s_2) = \mathcal{N}_{G_4}(s_1, s_\perp) ⑦,$$

$$\mathcal{N}_{G_4}^{\cdot}(s_1, s_2 \cap s_3)(w) = \{t : N(\lambda x\alpha, \lambda x\beta)t \in w\}$$ ⑧。

由 w 是 G_4是饱和集，

$$\forall y(N(\lambda x\alpha, \lambda x\beta)y \leftrightarrow N(\lambda x\alpha, \lambda x\perp)y) \in w$$ ⑨。

由⑧⑨及 w 的任意性，

$$\mathcal{N}_{G_4}^{\cdot}(s_1, s_2 \cap s_3) = \mathcal{N}_{G_4}^{\cdot}((\lambda x\alpha)^{M_{G_4}}, (\lambda x\perp)^{M_{G_4}}) = \mathcal{N}_{G_4}^{\cdot}(s_1, s_{\perp})。$$

从而

$$\mathcal{N}_{G_4}^{\cdot}(s_1, s_2 \cap s_3) \subseteq \mathcal{N}_{G_4}^{\cdot}(s_1, s_2)。$$

s_2有公式对应，$s_2 \subseteq s_3$无公式对应的情况证明类似。

c. 否则。

由定义 4.65，

$$\mathcal{N}_{G_4}^{\cdot}(s_1, s_2 \cap s_3) = s_1,$$

$$\mathcal{N}_{G_4}^{\cdot}(s_1, s_2) = s_1。$$

从而

$$\mathcal{N}_{G_4}^{\cdot}(s_1, s_2 \cap s_3) \subseteq \mathcal{N}_{G_4}^{\cdot}(s_1, s_2)。$$ ■

4.2.5.4　各系统之间的关系

（1）G_1是 G_0的真扩张。

证： 构造使 $\forall x(Px \to N(\lambda xPx, \lambda x\perp)x)$在该模型下不有效的 G_0－反模型。

构造概称模型 $M = \langle W, D, \mathcal{N}, \circledast, \eta, \sigma \rangle$，其中 $W = \{w_1, w_2\}$，$D = \{d_1\}$，$\eta(P, w_1) = \{d_1\}$，$\eta(P, w_2) = \varnothing$，$\sigma(x) = d_1$。

有

$$\| Px \|^M = \{w_1\}$$ ①，

由①及定义 4.14，

$$\lambda xPx(w_1) = \{d_1\}，\lambda xPx(w_2) = \varnothing。$$

取

$$N(\lambda xPx, \lambda x\perp)(w_i) = \varnothing (i = 1, 2),$$

从而

$$\| N(\lambda xPx, \lambda x\perp)x \|^M = \| N(\lambda xPx, \lambda x\top)x \|^M = \varnothing$$ ②。

由①②及 $\| \cdot \|^M$定义，

$$w_1 \notin \| Px \to N(\lambda xPx, \lambda x \bot)x \|^{M},$$

从而

$$w_1 \notin \| \forall x(Px \to N(\lambda xPx, \lambda x \bot)x) \|^{M}。$$ ■

（2）G_2是G_0的真扩张。

证：构造使$\forall x(Sx \to Px) \to \forall x(Sx \to N(\lambda xSx, \lambda xPx)x)$不有效的$G_0$－反模型。

构造概称模型$M = <W, D, \mathscr{N}, \circledast, \eta, \sigma>$，其中$W = \{w_1, w_2\}$，$D = \{d_1\}$，$\sigma(x) = d_1$，

$$\eta(S, w_1) = \{d_1\}，\eta(S, w_2) = \varnothing，$$

$$\eta(P, w_1) = \{d_1\}，\eta(P, w_2) = \{d_1\}。$$

有

$$\| Sx \|^{M} = \{w_1\} ①，\| Px \|^{M} = \{w_1, w_2\} = W②。$$

由①②及定义4.14，

$$\lambda xSx(w_1) = \lambda xPx(w_1) = \{d_1\} ③，\varnothing = \lambda xSx(w_2) \subseteq \lambda xPx(w_2) = \{d_1\} ④。$$

由③④及命题4.19，

$$\| \forall x(Sx \to Px) \|^{M} = \{w_1, w_2\} = W⑤。$$

取

$$N(\lambda xSx, \lambda xPx)(w_i) = \varnothing (i = 1, 2),$$

由命题4.19，

$$\| \forall x(Sx \to N(\lambda xSx, \lambda xPx)x) \|^{M} = \{w_2\} ⑥，$$

由⑤⑥，

$$w_1 \notin \| \forall x(Sx \to Px) \to \forall x(Sx \to N(\lambda xSx, \lambda xPx)x) \|^{M}。$$ ■

（3）G_2是G_1的真扩张。

证：构造使$\forall x(Sx \to Px) \to \forall x(Sx \to N(\lambda xSx, \lambda xPx)x)$不有效的$G_1$－反模型。

构造全涵义模型$M = <W, D, \mathscr{N}, \circledast, \eta, \sigma>$，其中$W = \{w_1, w_2, w_3\}$，$D = \{d_1\}$，$\sigma(x) = d_1$，

$$\eta(S, w_1) = \{d_1\}，\eta(S, w_2) = \varnothing，\eta(S, w_3) = \varnothing；$$

$$\eta(P, w_1) = \{d_1\}，\eta(P, w_2) = \{d_1\}，\eta(P, w_3) = \varnothing。$$

有

$$\| Sx \|^{M} = \{w_1\}①,\quad \| Px \|^{M} = \{w_1, w_2\} = W②。$$

由①②及定义 4.14 及命题 4.19，

$$\| \forall x(Sx \to Px) \|^{M} = \{w_1, w_2, w_3\} = W③。$$

取

$$N(\lambda xSx, \lambda xPx)(w_i) = \varnothing (i = 1,2,3)④,$$

从而

$$\| N(\lambda xSx, \lambda xPx)x \|^{M} = \| N(\lambda xSx, \lambda x\neg Px)x \|^{M} = \varnothing。$$

取

$$N(\lambda xSx, \lambda x\bot)(w_i) = \varnothing (i = 2,3),\quad N(\lambda xSx, \lambda x\bot)(w_1) = \{d_1\},$$

从而

$$\| N(\lambda xSx, \lambda x\bot)x \|^{M} = \| N(\lambda xSx, \lambda x\top x)x \|^{M} = \{w_1\}。$$

由①②④及定义 4.14 及命题 4.19，

$$\| \forall x(Sx \to N(\lambda xSx, \lambda xPx)x) \|^{M} = \varnothing⑤。$$

由③⑤，

$$\| \forall x(Sx \to Px) \to \forall x(Sx \to N(\lambda xSx, \lambda xPx)x) \|^{M} = \varnothing。\blacksquare$$

（4）G_3是G_0的真扩张。

证：构造使$\forall x(Sx \to Qx) \to \forall x(N(\lambda xSx, \lambda xPx)x \to N(\lambda xQx, \lambda xPx)x)$不有效的 G_0 - 反模型。

构造概称模型 $M = \langle W, D, \mathcal{N}, \circledast, \eta, \sigma \rangle$，其中，$W = \{w_1, w_2\}$，$D = \{d_1\}$，$\sigma(x) = d_1$，

$$\eta(S, w_1) = \{d_1\},\quad \eta(S, w_2) = \varnothing,$$

$$\eta(Q, w_1) = \{d_1\},\quad \eta(Q, w_2) = \{d_1\},$$

$$\eta(P, w_1) = \{d_1\},\quad \eta(P, w_2) = \varnothing。$$

有

$$\| Sx \|^{M} = \{w_1\}①,\ \| Qx \|^{M} = \{w_1, w_2\} = W②。$$

由①②及定义 4.14 及命题 4.19，

$$\| \forall x(Sx \to Qx) \|^{M} = \{w_1, w_2\} = W③。$$

取

$$N(\lambda xSx,\lambda xPx)(w_1)=\{d_1\},N(\lambda xSx,\lambda xPx)(w_2)=\varnothing ④,$$

从而

$$\| N(\lambda xSx,\lambda xPx)x \|^{M}=\| N(\lambda xSx,\lambda x\neg Px)x \|^{M}=\{w_1\}。$$

取

$$N(\lambda xQx,\lambda xPx)(w_i)=\varnothing(i=1,2)⑤,$$

从而

$$\| N(\lambda xQx,\lambda xPx)x \|^{M}=\| N(\lambda xQx,\lambda x\neg Px)x \|^{M}=\varnothing。$$

由④⑤及命题4.19,

$$w_1\notin \| \forall x(N(\lambda xSx,\lambda xPx)x\rightarrow N(\lambda xQx,\lambda xPx)x) \|^{M}⑥。$$

由③⑥,

$$w_1\notin \| \forall x(Sx\rightarrow Qx)\rightarrow \forall x(N(\lambda xSx,\lambda xPx)x\rightarrow N(\lambda xQx,\lambda xPx)x) \|^{M}。■$$

(5) G_4是G_0的真扩张。

证：构造使$\forall x(N(\lambda xSx,\lambda x(Px\wedge Qx))x\rightarrow N(\lambda xSx,\lambda xPx)x)$不有效的$G_0$-反模型。

构造概称模型 M = < W, D, $\mathcal{N}$, ⊛, η, σ >，其中 W = $\{w_1,w_2\}$, D = $\{d_1\}$, $\sigma(x)=d_1$,

$$\eta(S,w_1)=\{d_1\},\ \eta(S,w_2)=\varnothing,$$

$$\eta(Q,w_1)=\varnothing,\ \eta(Q,w_2)=\varnothing,$$

$$\eta(P,w_1)=\varnothing,\ \eta(P,w_2)=\{d_1\}。$$

有

$$\| Sx \|^{M}=\{w_1\}①,\ \| Px \|^{M}=\{w_2\}②,\ \| Qx \|^{M}=\varnothing ③。$$

由②③,

$$\| Px\wedge Qx \|^{M}=\varnothing ④。$$

取

$$N(\lambda xSx,\lambda x(Px\wedge Qx))(w_1)=\{d_1\},\ N(\lambda xSx,\lambda x(Px\wedge Qx))(w_2)=\varnothing ⑤,$$

从而

$$\| N(\lambda xSx,\lambda x(Px\wedge Qx))x \|^{M}=\| N(\lambda xSx,\lambda x\neg(Px\wedge Qx))x \|^{M}=\{w_1\}。$$

取

$$N(\lambda xSx,\lambda xPx)(w_i)=\varnothing(i=1,2)⑥,$$

从而

$$\| N(\lambda xSx,\lambda xPx)x \|^{M} = \| N(\lambda xSx,\lambda x\neg Px)x \|^{M} = \varnothing。$$

由⑤⑥及命题4.19，

$$w_1 \notin \| \forall x(N(\lambda xSx,\lambda x(Px \wedge Qx))x \rightarrow N(\lambda xSx,\lambda xPx)x) \|^{M}。■$$

（6）G_4加公理$A_{G_\perp}$得到退化的系统，即该系统中有公理

$$\forall y(N(\lambda x\alpha,\lambda x\beta)y \leftrightarrow \alpha(y/x)),$$

$$Gx(\alpha;\beta) \leftrightarrow \forall x(\alpha > \beta)$$

从而相当于取消了N算子的作用。■

4.3　通过归纳方式得概称句的推理的基础

4.3.1　最纯粹的归纳法——简单枚举归纳法

归纳方式得概称句的推理，这本身是一个较为模糊的概念。首先，归纳推理有广义和狭义之分，本书中所讨论的归纳推理（包括下一章）都是不包括类比等的狭义归纳；其次，本节所讨论的归纳推理还限定在结论是概称句的推理[①]；最后，归纳推理领域还有高级和低级之分，对这一提法，先来看归纳推理研究领域经常讨论到的例子。

有关“天鹅是白的”。为什么我们观察到很多只白色羽毛的天鹅，而仍旧不认同“天鹅是白的”的这一结论？我们得不出“天鹅是白的”，即使我们当下观察到的所有天鹅是白的[②]。这实际上是由于前提集中已经包含了“天鹅的羽毛颜色是多样的”[③] 这样的前提。

在传统归纳推理领域，前提中包含的影响推理的知识被处理成权重[④]，而带权重或者高阶知识的归纳推理被看作高级归纳法，而不带权重的推理

① 下一章所讨论的归纳推理同样是不包括类比的狭义归纳，但不局限结论的类型，详见下章论述。

② 后来在澳洲发现了黑天鹅。

③ “天鹅的羽毛颜色是多样的”由我们已有的知识库中“禽类的羽毛颜色是多样的”“天鹅的羽毛是多样的”所推出，具体见下一章的讨论。

④ 详见第六章。

如简单枚举法则被看成低级归纳法。作者认为，所谓的高级和低级，是从获取的知识的可信程度来区分的。然而，在逻辑学的研究领域，始终追求回溯到根源看本质，如果从这一标准出发，简单枚举法反倒可以被称作最纯粹的归纳法。回到天鹅的例子，我们用概称句的语言来描述。我们得不出“天鹅是白的”概称句，是由于推理的前提集中已经包含了“天鹅的羽毛颜色是多样的”这样的概称句，已有的概称句通过下一章研究的前提集排序等影响最终的推理结论，进而“得出”或“得不出”一些结论。

综上所述，我们给出论断：当前提集中不包含内容相关的概称句时，所剩下的就是简单枚举归纳法。

听起来过于简单？但如果仔细考虑一下就会明白，一旦涉及复杂一点的推理，都是因为前提中包含了影响纯粹应用简单枚举的高阶知识或者信念（都可以用概称句来表示）。

关于归结为简单枚举归纳法想法，Frank Veltman 曾问过作者一个问题，他认为，问题的关键在于怎样解释我们看到鸟 1 会飞，鸟 2 会飞，鸟 3 会飞，鸟 4 不会飞，鸟 5 会飞，鸟 6 会飞，鸟 7 不会飞，鸟 8 会飞……那么，依据简单枚举归纳法，我们同时可以得到鸟会飞和鸟不会飞。为什么我们接受了鸟会飞，而不接受鸟不会飞呢？这是一个有意思的问题。作者的解释是，我们接受鸟会飞而不是鸟不会飞仍旧是因为背后的信息和知识的作用。这个问题涉及历史、语言、文化、人类认知的发展过程，以及每个个体的差异，并不能用简单的一两句话来概括和解释，但是至少可以说的是，其背后包含信息和知识（概称句），以及下一章将要讨论的前提集的排序。

对于简单枚举归纳法的重要性，我们也可以在先驱研究者那里找到类似的观点。如莱辛巴赫认为他给出的概率演算并不解决如何求归纳的问题。而求初始概率需要认定，从相对频率认定极限频率。认定：近乎于机遇对策中的“打赌”，认定——修改——认定。莱辛巴赫认为以上这种认定的本质是简单枚举归纳法（邓生庆、任晓明，2006：157～160）。

可别小看简单枚举归纳法，它的应用十分广泛。像“朝霞不出门，晚霞行千里”“蚂蚁搬家，大雨哗哗”等指导我们生活的谚语就是用它概括出来的。如物理学中“热胀冷缩”“万有引力”等定律最初的假定、医学中

"针灸疗法"的发现、数学中"哥德巴赫猜想"的提出等，都是直接运用简单枚举归纳推理的结果。当然，由简单枚举归纳法推出的结论可能有例外，也可能被收回，如"天下乌鸦一般黑""哺乳动物都是胎生的""血是红的""棉花是白的"等。

4.3.2　简单枚举归纳法的形式表达

简单枚举归纳推理的前提考察的只是一类事物的部分对象，断定的是该类中的部分对象具有（或不具有）某种属性，结论断定的是整个该类事物具有（或不具有）该种属性。

用推理的形式表达如下：（为简化问题，我们暂不考虑"不具有"的情况）

S1 是（或不是）P，

S2 是（或不是）P，

S3 是（或不是）P，

……

Sn 是（或不是）P，

（S1，S2，S3，……，Sn 是 S 类的部分对象，枚举中未遇反例）

所以，所有 S 都是（或不是）P。

在语言 L_G 下，给出简单枚举法在概称句语言下的形式表达如下：

$Sa_1 \to Pa_1$，

$Sa_2 \to Pa_2$，

$Sa_3 \to Pa_3$，

……

$Sa_n \to Pa_n$，

$Gx(Sx; Px)(n \geqslant 1)$

以下将简单枚举归纳法简记为 Is。

4.3.3　通过归纳方式得概称句的推理的逻辑基础

通过归纳方式得概称句的推理的基础为 $G_I = G_D + Is$，即在通过演绎方式得概称句的推理的逻辑基础上加上简单枚举归纳法。

事实上，日常生活中，结论是概称句的推理过程中，演绎和归纳部分本来就是混在一起进行的。我们在研究中将其分开是因为演绎方式在逻辑学领域可以对应更整齐漂亮的刻画结果，所以先给出 G_D，再扩充至G_D+Is。

附　录

凯恩斯的概率演算——第一个概率演算

定义：

定义 1　如果命题 a 及其前提 h 之间存在概率关系 P，则 $a/h = P$

定义 2　如果 P 是确定性关系，则 $P = 1$

定义 3　如果 P 是不可能关系，则 $P = 0$

定义 4　如果 P 是概率关系，但不是不确定性关系，则 $P < 1$

定义 5　如果 P 是概率关系，但不是不可能关系，则 $P > 0$

定义 6　如果 $a/h = 0$，那么合取式 ah 不一致

定义 7　使得 $a/h = 1$ 的那些命题 a 的类是 h 所刻画的群或（简称为）群 h

定义 8　如果 $b/ah = 1$，并且 $a/bh = 1$，那么 $(a \equiv b)/h = 1$

定义 9　$ab/h + a - b/h = a/h$

定义 10　$ab/h = a/bh \cdot b/h = b/ah \cdot a/h$

定义 11　如果 $PQ = R$，则 $P = R \setminus Q$

定义 12　如果 $P + Q - R$，则 $P = R - Q$

定义 13　如果 $a_1/a_2h = a_1/h$，并且 a_2/a_1h，则概率 a_1/h 与 a_2/h 独立。

定义 14　如果 $a_1/a_2h = a_1/h$，则 a_2 整个与 a_1/h 不相关，或简称 a_2 与 a_1/h 不相关。

公理：

公理 1　概率关系的唯一存在性。如果 h 并非不一致，那么在结论 a 与前提 h 之间存在唯一的概率关系 P。

公理 2 如果 $(a \equiv b)/h = 1$，x 是命题，则 $x/ah = x/bh$

公理 3 $(-a + b \equiv -ab)/h = 1$

$(aa \equiv a)/h = 1$

$(a + -a)/h = 1$

$(ab + -ab \equiv b)/h = 1$

如果 $ah = 1$，那么 $ah \equiv h$

公理 4 如果 P、Q、R 是概率关系，积 PQ、PR 及 P + Q、P + R 存在，那么

(4a) QP 存在并且 $PQ = QP$。Q + P 存在并且 $P + Q = Q + P$。

(4b) $PQ < P$，除非 $Q = 1$ 或 $P = 0$，$P + Q > P$，除非 $Q = 0$。如果 $Q = 1$或 $P = 0$，则 $PQ = P$，如果 $Q = 0$，则 $P + Q = P$。

(4c) 如果 $QP \leqslant PR$，则 $Q \leqslant R$，除非 $P = 0$。如果 $P + Q \leqslant P + R$，则 $Q \leqslant R$，反之亦然；如果 $QP \geqslant PR$，则 $Q \geqslant R$，除非 $P = 0$。如果 $P + Q \geqslant P + R$，则 $Q \geqslant R$，反之亦然。

公理 5 $[\pm P \pm Q] + [\pm R \pm S] = [\pm P \pm R] - [\mp Q \mp S] = [\pm P \pm R] + [\pm Q \pm S] = [\pm P \pm Q] - [\mp R \mp S]$

公理 6 $P(R \pm S) = PR \pm PS$

附录给出凯恩斯的概率演算，即现代归纳逻辑的第一个演算系统。这是一个相对简单但最能反映概率方法处理归纳推理的原初思想的逻辑。紧随其后的莱辛巴赫、卡尔纳普、科恩、勃克斯等人给出的归纳逻辑虽然添加了频率、谓词逻辑、模态等元素或成分，但他们所给出的演算系统中讨论的仍旧是概率运算的规律。具体可参见邓生庆、任晓明（2006）。

在研究通过归纳方式得概称句的推理的初期，作者曾想到借用归纳逻辑已经有的结果来处理这部分推理。但实际深入考察后作者发现了概率演算用给结论加概率的方式来表示推理结论的不确定性，在这一思路的导引下，概率演算中的公理定理大多是有关概率运算的规律；而本书中对概称句的处理方式是以模态条件句中的方法为基础对全称句在语义上作出限制，这与概率方法走的是完全不同的路。因此，作者放弃了最初借用现代归纳逻辑中已有结果的想法。

第五章　前提集带排序的概称句推演

人们日常生活中关于概称句的推理其前提集是带排序的。人们的知识库（集）中的知识和信念（都看作概称句）等组成的错综复杂的排序网络左右着我们的推理。同样的信息摆在面前，由于前提集中包含不同的概称句，或者前提集有不同的排序，得出的结论就可能不同甚至相差很大；由于前提集的排序作用，即使人们头脑中的前提集可能包含平等看待时会得出不合常理（合常理下文将给出严格定义）的结果的概称句人们可能并不自知，这是大多数人的认知状况。这是作者关于包含概称句的推理及关于人类认知状况的宏观认识。如果这种想法正确，那么排序的必要性就会在每一类具体的关于概称句的推理中有所体现。

这一章主要分五部分：5.1 讨论引入前提集带排序的推演的原因及排序的一些规律；5.2 给出结论是事实句的概称句推理的优先序并进行验证；5.3 给出通过演绎方式得概称句的推理的优先序，并进行验证；5.4 给出通过归纳方式得概称句推理的优先序并进行分析；5.5 将对三种推理方式的交互作用作进一步的分析。

5.1　前提集带排序的概称句推演

5.1.1　排序的原因①

由于概称句容忍例外，概称句推理是非单调的。不同于单调推理，非单调推理有如下特性：（1）前提的整体性。因为非单调推理在增加前提后原有的结论有可能不再是结论，因此，考虑到全体前提而得出的才是最终

① 本部分关于排序的讨论参考了周北海、毛翊（2004b）。

结论。而单调推理则任意增加前提也不会改变已有结论，所以不必考虑全部前提。(2) 在前提不矛盾的情况下中间结论可能出现矛盾。例如，前提(集) {鸟会飞，特威蒂是鸟，特威蒂不会飞} 并不矛盾。但是，由部分前提(集) {鸟会飞，特威蒂是鸟} 推出“特威蒂会飞”，又由部分前提 {特威蒂不会飞} 推出“特威蒂不会飞”，这就出现了矛盾。单调推理的结论出现矛盾，如果推理是正确的，那只能是前提有矛盾，不会在前提不矛盾时由推理推出矛盾。从推理的过程看，非单调推理总是一步步进行的；每推一步，我们只用这一步所需的前提，并且只是简单地推出，而并不顾及其他前提，也不考虑推理的修正；只是在概称句推理中，我们自然还会考虑其他前提，从整体上进行修正、调整，得到最终的结论。

对于非单调推理的特点，周北海、毛翊 (2004b)① 给出了总结，指出应该对非单调推理区分整体推出和部分推出。整体推出是说，在进行非单调推理时必须用到全部给定的前提，因为非单调推理指的就是在增加前提后原有的结论有可能不再是结论，因此不能只凭部分前提就得出最终的结论，而必须要考虑到全体前提。而部分推出是说，非单调推理中有两个层次的结论：中间结论和最终结论；推理是一步步完成的，每一步都有该步的结论，但因为推理的非单调性，每步的结论都可能在下一步因增加前提被取消，为此要把推理的结论分为中间结论和最终结论。确切地说，中间结论就是部分前提的结论，最终结论就是最后考虑到全部前提后的结论。局部推出的结论就是中间结论，中间结论不一定就是最终结论。如果出现矛盾，就要去掉一些中间结论。而当前提集中不同子集所得到的局部推理的结论相结合不合常理时，就要考虑通过排序的手段得到最终的结论。

① 周北海、毛翊 (2004b) 通过引入前提集的排序研究基于常识蕴涵分离的常识推理，这种推理与由概称句得到事实命题的推理关系密切。同样与概称句的推理相关，本书研究的推理与周北海、毛翊 (2004b) 所研究推理的一个共性是推理具非单调性；而这两种推理的区别在于，周北海、毛翊 (2004b) 所刻画的是得事实命题的推理，推理的结论主要是事实命题，而本书要刻画通过演绎得概称句的推理，推理的结论是概称句；周北海、毛翊 (2004b) 中推出关系定义的基础是常识蕴涵 $>$，本文推出关系定义的基础是实质蕴涵 $\rightarrow$。

在这种分析下，就不用再奢求通过所添加的集合论条件反映全部的直观了。可以考虑先借助逻辑系统给出刻画局部推理的规律，依据这些规律，先大胆地推，得出中间结论；当整体上产生矛盾时，再通过排序来得到最终结论，这是比原来通过集合限制来刻画推理更高阶的手段。

本章，我们给出一个实现上面思想的有关局部推出和整体推出的初步解决方案：

设 Γ 是一前提集，α 是任一公式。Γ 局部推出 α，指的是 Γ 部分前提无矛盾地推出 α。设 $Cn(\Gamma)$ 是所有 Γ 局部推出的结论的集合。令 $CN(\Gamma)$ 是满足下面条件的集合：（1）如果 $Cn(\Gamma)$ 没有矛盾，则 $CN(\Gamma)=Cn(\Gamma)$；（2）如果 $Cn(\Gamma)$ 有矛盾，那么，有些局部推出的结论可以成为整体推出的结论，有些则要被去掉，不能成为整体推出的结论，即从 $Cn(\Gamma)$ 得到其某个不矛盾的子集 Δ，$CN(\Gamma)=\Delta$。在这个定义下，所谓 Γ 整体推出 α 即 $\alpha\in CN(\Gamma)$。

这个方案的关键是从无矛盾的局部推出过渡到整体推出，最后得到合理的结论集 $CN(\Gamma)$。但这只是个初步的方案，因为没有给出实现（2）的具体方法。局部推出的结论就是中间结论。中间结论不一定就是最终结论。如果出现矛盾，就要去掉一些中间结论。而根据什么，去掉什么结论，又如何去掉一些结论，这正是我们要细化的。下面是对此的考虑。

首先，每个部分前提的局部推出结论并不矛盾。矛盾的产生，只能是在不同部分前提的局部推出的结论合起来之后。因此，可以考虑在各局部推理的部分前提集之间建立优先序，使得在出现矛盾时，我们可以根据这个优先序，保留某些结论，并去掉与之相矛盾的结论。

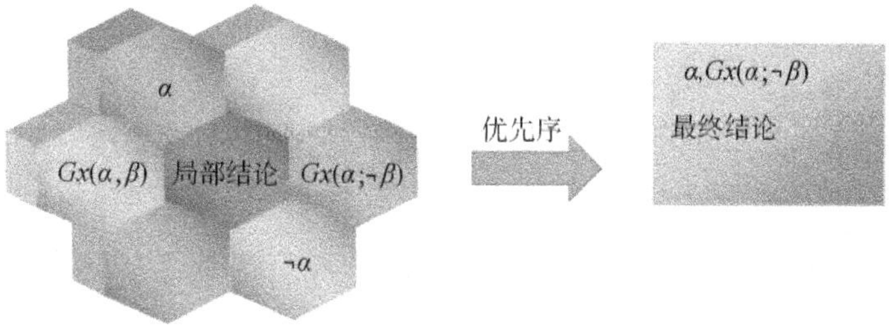

图 5－1　前提集带排序的非单调推理

事实上，如果研究概称句的推理，排序问题是不可避免的，因为推理本身就隐含这种推理的先后顺序。这一点在其他学者的研究之中也以不同的方式呈现。如 Horty（2007）明确提出要直接在前提上加排序，但 John Harry 的排序是在公式之间的排序，而不是前提集子集之上的排序。而 Veltman（2011）关于常识推理的研究工作中其实也涉及这种序关系，但是是以限定条件的形式出现的。

5.1.2 前提集的一般优先序及优先原则

基于 5.1.1 的分析，现在的任务就是考虑如何建立前提集的排序。

要给出前提集的排序，首先要明确对什么进行排序。一般的，每个推理结论都是由前提集中的有限个元素共同作用得到的，例如，“麻雀会飞”是由前提集中的两个元素“麻雀是鸟”和“鸟会飞”结合一定的推理规则得到的。因此，最终目标是建立前提集子集之间的排序。当然，前提集子集的排序可以通过前提集中公式之间的排序来定义，因此，先来讨论公式之间的排序。

首先看看公式排序的一些一般性规律，周北海、毛翊（2004b）指出公式间的严格意义上的优先应满足禁自返、禁对称及传递性，本书同意这一观点，以下作一简单分析。

首先这种排序不应该是全序，因为前提集中的公式不一定都可以互相比较。例如，对“鸟会飞”及“石头是硬的”这样在具体推理中不大相关的概称句，是分不出哪一个更优先的，也就是说这两者应该不可比较。而这种排序应该满足严格偏序条件，即

禁自返性　α 不能自己优先于自己。

传递性　　如果 α 优先于 β，β 优先于 γ，那么，α 优先于 γ。

而根据这两条，可以得到

禁对称性　如果 α 优先于 β，那么 β 不再优先于 α。

我们以下给出的排序是建立在前提集子集上的排序。关于排序，还有不同的做法。

在此基础上，我们以下根据概称句推理的分类分别给出一般优先序和特殊优先序的严格定义。

一般优先序

关于一般优先序的详细讨论，可参见周北海、毛翊（2004b），这里直接给出一般优先序的定义。

一般优先序：

定义 5.1　设 Γ 是任意公式集。$>$ 是 Γ 上的（一般）优先序，当且仅当，$>$ 是 Γ 上满足以下条件的二元关系（严格偏序）：对任意的公式 α，β，$\gamma\in\Gamma$，

（1）$\alpha\not>\alpha$（即并非 $\alpha>\alpha$）；（禁自返）

（2）如果 $\alpha>\beta$ 且 $\beta>\gamma$，则 $\alpha>\gamma$。（传递性）

推论 5.2　设 Γ 是任意公式集。Γ 上的（一般）优先序 $>$ 满足，对任意的公式 α，β，$\gamma\in\Gamma$，如果 $\alpha>\beta$，则 $\beta\not>\alpha$。（禁对称）

证　反证法。假设 $\alpha>\beta$ 且 $\beta>\alpha$①。由①及定义 5.1（2），有 $\alpha>\alpha$②。由定义 5.1（1），有 $\alpha\not>\alpha$③。②③矛盾，得证。■

定义 5.3　设 Γ 是任意公式集，Δ 和 Λ 是 Γ 的任意子集。$\Delta\geqslant\Lambda$，当且仅当，存在公式 $\delta\in\Delta$，$\gamma\in\Lambda$，$\delta>\gamma$，并且，对任意的 $\varphi\in\Lambda$，$\varphi\not>\delta$。$\geqslant$ 称为 $\mathscr{P}(\Gamma)$ 上的优先序。$\Delta\geqslant\Lambda$ 读作"Δ 优先于 Λ"。

定义 5.4　设 Γ 是任意公式集，Δ 和 Λ 是 Γ 的任意子集。$\Delta>\Lambda$，当且仅当，$\Delta\geqslant\Lambda$，且并非 $\Lambda\geqslant\Delta$。$>$ 称为 $\mathscr{P}(\Gamma)$ 上的（公式集）严格优先序。$\Delta>\Lambda$ 读作"Δ 严格优先于 Λ"。

命题 5.5　设 Γ 是任意公式集，$>$ 是 $\mathscr{P}(\Gamma)$ 上的严格优先序。对任意的 Δ，$\Lambda\in\mathscr{P}(\Gamma)$，

（1）如果 $\Delta>\Lambda$，则 $\Lambda\not>\Delta$（并非 $\Lambda>\Delta$）。

（2）$\varnothing\not>\Delta$，且 $\Delta\not>\varnothing$。

证　（1）由定义 5.4 可得。

（2）由定义 5.3，有并非 $\varnothing\geqslant\Delta$ 且并非 $\Delta\geqslant\varnothing$。再据定义 5.4，得证。■

5.2 结论是事实句的概称句推理的优先序

5.2.1 结论是事实句的概称句推理的优先序

一致性

定义 5.6 设 Φ 是任意的公式集。Φ 是一致的，当且仅当，不存在公式 α，$\alpha \in \Phi$ 且 $\neg \alpha \in \Phi$。

定义 5.7 设 $\Delta = \{\alpha_1, \alpha_2, \cdots, \alpha_n\}$ 是任意有穷集。

$$\wedge \Delta = \begin{cases} \alpha_1 \wedge \alpha_2 \wedge \cdots \wedge \alpha_n, & n \leqslant 1; \\ \bot, & \text{否则} \end{cases}$$

定义 5.8 设 Δ 是任意有穷公式集，S(L)是逻辑 L 的某个形式系统。

(1) Cn(Δ)是 Δ 关于 > -蕴涵的 L -后承集，如果 $Cn(\Delta) = \{\alpha: \vdash_{S(L)} \wedge \Delta > \alpha\}$

(2) CN(Δ)是 Δ 关于 > -蕴涵的一致 L -后承集，如果

$$CN(\Delta) = \begin{cases} Cn(\Delta), & \text{如果 } Cn(\Delta) \text{ 是一致的;} \\ \varnothing, & \text{否则} \end{cases}$$

定义 5.9 $\langle \Gamma, > \rangle \vdash_{S(L)} \alpha$，当且仅当，

(1) 存在 $\Delta \subseteq \Gamma$，$\alpha \in C_N(\Delta)$；并且

(2) 对任意的 $\Lambda \subseteq \Gamma$，如果 $\neg \alpha \in C_N(\Lambda)$，则 $\Delta > \Lambda$。

定义 5.10 设 Γ 是任意公式集。CN(Γ)是 Γ 在优先序 > 下的后承集，如果 $CN(\Gamma) = \{\alpha: \langle \Gamma, > \rangle \vdash_{S(L)} \alpha\}$。

命题 5.11 设 Γ 是任意公式集，> 是 Γ 上的优先关系。Γ 的后承集 CN(Γ)是一致的。

证 如果 $\langle \Gamma, > \rangle \vdash_{S(L)} \alpha$，由定义 5.9，必存在 $\Delta \subseteq \Gamma$，$\alpha \in C_N(\Delta)$，并且对任意的 $\Lambda' \subseteq \Gamma$，如果 $\neg \alpha \in C_N(\Lambda')$，则 $\Delta > \Lambda'$。同理，如果 $\langle \Gamma, > \rangle \vdash_{S(L)} \neg \alpha$，由定义 5.9，必存在 $\Lambda \subseteq \Gamma$，$\neg \alpha \in C_N(\Lambda)$，并且对任意的 $\Delta' \subseteq \Gamma$，如果 $\alpha \in C_N(\Delta')$，则 $\Lambda > \Delta'$。因此，假设有 $\langle \Gamma, > \rangle \vdash_{S(L)} \alpha$ 并且 $\langle \Gamma, > \rangle \vdash_{S(L)} \neg \alpha$，那么有 $\Delta > \Lambda$ 且 $\Lambda > \Delta$。而据命题 5.5 (1)，此二者不会同时成立。

设 Γ 是任意公式集。对任意有穷公式集 $\Delta\subseteq\Gamma$，$CN(\Delta)$ 就是以 Γ 为前提集的某个局部推出的结论集。$CN(\Gamma)$ 是以 Γ 为前提集的整体推出的结论集。

以上给出了一般优先序，并且，只要给出优先序，在此基础上，再根据给定的基础逻辑，可以得到 $\vdash$ 的推出关系。但是，究竟根据什么给出优先序，上面并没有说明。所以以上关于 $\vdash$ 的定义有一般性。对于不同的问题，或出于不同的考虑，对优先序可以有不同的设定。这里主要考虑根据常识推理的特点得到优先序。

定义 5.12　设 Γ 是任意公式集，$\succ_{G_F}$ 是 Γ 上的 G_F - 优先序，当且仅当，$\succ_{G_F}$ 是 Γ 上的一般优先序，并且满足以下条件：对任意的公式 α，β，γ，δ，

（1）如果 $\alpha>\beta\in\Gamma$，那么 $\alpha\succ_{G_F}\beta$；

（2）如果 $\alpha>\beta\in\Gamma$，又 $\alpha>\gamma$，$\beta>\delta\in\Gamma$，那么 $\alpha>\gamma\succ_{G_F}\beta>\delta$。

由 $\succ_{G_F}$ 得到的 $\mathscr{P}(\Gamma)$ 上的严格优先序记作 $>_{G_F}$。根据定义 5.9 和 5.12，最后我们有

$$\langle\Gamma,\succ_{G_F}\rangle\vdash_{G_F}\alpha$$

这就是以极小常识推理逻辑系统 G_F 为基础并且以 G_F - 优先关系前提集结构优先序的推演。

本书以下出现的优先序关系都是 $\succ_{GF}$，为简便记为 $\succ$。在此基础上得到的公式集的优先序关系 $>_{GF}$ 也相应地记为 $>$。

5.2.2　分析及验证

常识推理形式刻画的成功与否，最终以典型例子作为判定标准。我们建立了常识推理的逻辑，并定义了刻画常识推理的推演，至此可以通过例子的考察验证这些工作是否成功。

先看以下例子：

（1）如果下雨则地湿，下雨，所以，地湿。

（2）鸟会飞，特威蒂是鸟，所以，特威蒂会飞。

（3）鸟会飞，特威蒂是鸟，但特威蒂不会飞，所以，特威蒂不会飞。

（4）如果下雨则地湿，下雨并且刮风，所以，地湿。

（5）贵格会教徒是和平主义者，共和党人不是和平主义者，尼克松是贵格会教徒，所以，尼克松是和平主义者。

（6）贵格会教徒是和平主义者，共和党人不是和平主义者，尼克松是贵格会教徒，尼克松是共和党人，所以，尼克松是？（是不是和平主义者?）

（7）鸟会飞，企鹅不会飞，特威蒂是鸟，特威蒂是企鹅，所以，特威蒂？（会飞还是不会飞?）

（8）企鹅是鸟，鸟会飞，企鹅不会飞，特威蒂是鸟，特威蒂是企鹅，所以，特威蒂不会飞。

下面对这些例子进行形式上的考察：①

$\Gamma_1 = \{p, p>q\}$，$>_{\Gamma_1} = \varnothing$ ［常识分离，例（1）（2）］

$\Gamma_4 = \{r, p, p>q\}$，$>_{\Gamma_4} = \varnothing$ ［无关事实，例（4）］

$\Gamma_5 = \{p, p>q, r>s\}$，$>_{\Gamma_5} = \varnothing$ ［无关常识，例（5）］

以上例子没有涉及结论矛盾的问题。

尼克松菱形 ［例（6）（7）］

p，q，$p>\neg r$，$q>r$

对此我们有

$\Gamma_6 = \{p,q,p>\neg r,q>r\}$，$>_{\Gamma_6} = \varnothing$

于是有 $\Delta_1 = \{p,p>\neg r\} \subseteq \Gamma_5$，$\Delta_2 = \{q,q>r\} \subseteq \Gamma_5$，以及既有 $\neg r \in \mathrm{Cn}(\Delta_1)$ 又有 $r \in \mathrm{Cn}(\Delta_2)$。但是，因为 $>_{\Gamma_6} = \varnothing$，我们既没有 $\Delta_1 >_{\Gamma_6} \Delta_2$，也没有 $\Delta_2 >_{\Gamma_6} \Delta_1$，所以，$\Gamma_6 \not\vdash \neg r$，并且 $\Gamma_6 \not\vdash r$。

---

① 需要一提的是，本节关于结论是事实句的概称句推理的排序分析参考了周北海、毛翊（2004b），原文中的分析所依赖的逻辑系统 M 是基于命题语言的逻辑，而本书中结论是事实句的概称句推理的基础逻辑 G_F 是该论文中所依赖的逻辑系统 M 的量化扩充。由于这一节的逻辑后承定义是以常识蕴涵“>”为基础的，为了更清楚地表示这一点，这里的分析仍维持原来的命题语言的形式表达。

企鹅原则［例（8）］

$p, q, p>q, p>\neg r, q>r/\neg r$

与上类似，$\Gamma_8=\{p, q, p>q, p>\neg r, q>r\}$，$>_{\Gamma_8}=\{<p>\neg r, q>r>\}$，有

$$\Delta=\{p, p>\neg r\}\subseteq\Gamma_5，\neg r\in \mathrm{Cn}(\Delta)，$$

于是，对任意的公式集 Λ，如果 $r\in \mathrm{Cn}(\Lambda)$，且 $\mathrm{Cn}(\Lambda)$ 一致，则 Λ 中有 $q>r$，根据 $>_{\Gamma_8}$，有 $p>\neg r>_{\Gamma_8}q>r$。因此，$\Delta>_{\Gamma_8}\Lambda$。所以，$\Gamma_8\vdash\neg q$，且 $\Gamma_8\nvdash q$。

二层企鹅原则

如果称 $p, q, p>q, p>\neg r, q>r/\neg r$ 是一层企鹅原则，那么，

$$p, q, p>q, p>\neg r, q>r, s, s>p, s>r/r$$

可以称为二层企鹅原则。对此，我们有

$\Gamma_{2P}=\{p, q, s, p>q, p>\neg r, q>r, s>r\}$

$>_{\Gamma_{2P}}=\{<p>\neg r, q>r>, <s>r, p>\neg r>, <s>r, q>r>\}$

于是，有 $\Delta=\{s, s>r\}\subseteq\Gamma_{2P}$，$r\in \mathrm{Cn}(\Delta)$，以及对任意的公式集 Λ，如果 $\neg r\in \mathrm{Cn}(\Lambda)$，且 $\mathrm{Cn}(\Lambda)$ 一致，则 Λ 中有 $q>\neg r$，根据 $>_{\Gamma_{2P}}$，有 $s>r>_{\Gamma_{2P}}q>\neg r$。因此，$\Delta>_{\Gamma_{2P}}\Lambda$。所以，$\Gamma_{2P}\vdash q$，且 $\Gamma_{2P}\nvdash\neg q$。

依此类推，可以对任意 n 层企鹅原则证明，在 G_F 的基础上，推出关系 $\vdash$ 成立。

企鹅原则是常识推理逻辑的重要试金石。该方法不仅解决了（一层）企鹅原则的推理问题，而且解决了任意的 n 层企鹅原则的推理问题。

5.3　通过演绎方式得概称句的推理的优先序

5.3.1　通过演绎方式得概称句的推理的优先序

5.3.1.1　直观分析

我们想刻画由“麻雀是鸟”“鸟会飞”得到“麻雀会飞”（简称 GAG

式）这样典型的通过演绎方式得概称句的推理，问题在于怎样真正通过形式化手段来刻画这种推理。

由概称框架的条件，可以得到

如果 $s_1(w) \subseteq \mathscr{N}(s_2,s_3)(w)$，则 $\mathscr{N}(s_1,s_3)(w) \subseteq \mathscr{N}(s_2,s_3)(w)$，

意思是如果在可能世界 w 中，涵义 s_1 所对应的个体集包含于相对涵义 s_3 来说的正常的涵义 s_2 所对应的个体集，则 s_1，s_2 分别相对于同一谓项涵义 s_3 所选取的正常主项涵义 $\mathscr{N}(s_1, s_3)$，$\mathscr{N}(s_2, s_3)$ 在 w 中所对应的个体集之间也有包含关系，即 $\mathscr{N}(s_1,s_3)(w)$ 包含于 $\mathscr{N}(s_2,s_3)(w)$。但是，这还不足以刻画 GAG 式推理，设定 s_1 表示“麻雀”的涵义，s_2 表示“鸟”的涵义，s_3 表示“会飞”的涵义，这一条件可以保证，如果所有麻雀相对会飞来说都是正常的鸟，那么可以得到麻雀会飞。问题是，不一定所有麻雀相对会飞来说都是正常的鸟，可以想象，假定断了翅膀的鸟相对会飞来说是不正常的鸟，那么，由于可能有断了翅膀的麻雀，在可能世界 w 中，麻雀并不完全包含于正常的鸟所对应的个体，因此，$s_1(w) \subseteq \mathscr{N}(s_2,s_3)(w)$ 这个条件不能被满足，不能根据这一条件由“麻雀是鸟”“鸟会飞”得到“麻雀会飞”。

为此，要考虑在概称框架基础上加些条件，从而使这种最常见的推理得以进行。作者选择了加条件：

对任意的 s_1，s_2，$s_3 \in S$，任意 $w \in W$，如果 $s_1(w) \subseteq s_2(w)$，则 $\mathscr{N}(s_1,s_3)(w) \subseteq \mathscr{N}(s_2,s_3)(w)$。

这就是第四章给出的主项单调框架条件。这一条件只反映了人们认知概称句的部分直观。在主项单调框架的条件下，对 s_1，s_2，$s_3 \in S$，当 $s_1(w) \subseteq s_2(w) - \mathscr{N}(s_2,s_3)(w)(\subseteq s_2(w))$ 时，由主项单调条件，$\mathscr{N}(s_1,s_3) = \varnothing$，这并不符合直观，例如，一般而言，翅膀残缺的鸟的涵义是包含相对飞来说不正常的鸟的涵义的，而按上面的条件，可以得到相对飞来说正常的翅膀残缺的鸟的涵义所对应的个体集是空的，但人们通常认为相对会飞不会飞来说正常的翅膀残缺的鸟基本上是翅膀残缺的鸟的全部。那么可否考虑再直接加上某种限制来避免这种情况发生，同时来刻画“麻雀是鸟”“鸟会飞”“麻雀会飞”这样的推理呢？初步看来，

对任意的 s_1，s_2，$s_3 \in S$，任意的 $w \in W$，若 $s_1(w) \subseteq s_2(w)$，且

$s_1(w) \not\subseteq s_2(w) - \mathcal{N}(s_2, s_3)(w)$时，有$\mathcal{N}(s_1, s_3)(w) \subseteq \mathcal{N}(s_2, s_3)(w)$。但是，这样的限制还是不够，试想虽然大部分企鹅被列为相对会飞不正常的鸟，但是企鹅中如果有一小类是能飞的，我们也可能将之列为相对会飞正常的鸟，那么企鹅也满足：$s_1(w) \not\subseteq s_2(w) - \mathcal{N}(s_2, s_3)(w)$，这相当于没有列这个条件。

以上通过集合论作限制的尝试并不成功，这让人反思这种方法在这里的适用性及刻画能力。根据集合的定义，任意的没什么联系的元素都可以组成集合，这使得一些集合没有公式对应，或者说，存在一些可以形式上表达为 W 到$\mathcal{P}(D)$的映射的 s 没有日常语言可以描述的涵义与之对应，而不能用语言描述的那部分 s，人们在日常选择类时通常是不会顾及的，因此集合论的处理和日常的直观不能很好对应。在这种考虑下，集合论方法不能完全刻画日常推理。

仔细地分析一下，当前提集中只包含“断了翅膀的鸟是鸟”“鸟会飞”时，由于不知道“断了翅膀的鸟不会飞”，所以，得到的结论是“断了翅膀的鸟会飞”，此时在选择正常的鸟时，断了翅膀的鸟是正常的鸟。而当知道“断了翅膀的鸟不会飞”时（也就是前提包含这一条时），我们才会认为断了翅膀的鸟是不正常的鸟，此时，推理结论中得到“断了翅膀的鸟不会飞”。这说明，当前提集增加时，结论可能会被收回，通过演绎得到概称句的推理是一种非单调推理。

在这种分析下，就不用再奢求通过所添加的集合论条件反映全部的直观了，可以考虑先借助逻辑系统给出刻画局部推理的规律，依据这些规律，先大胆地推，得出中间结论；当整体上产生矛盾时，再通过排序来得到最终结论，这是比原来的通过集合限制来刻画推理更高阶的手段。而主项单调框架所刻画的就是局部推理中大胆地推的过程，有了大胆地推，再通过前提集的排序，在最终结论中排除掉一些不合适的推理结论，最终刻画 GAG 式推理。

基于 5.3.1 的分析，现在的任务就是考虑如何建立前提集的排序。

我们仍采用 5.1 中定义的一般优先序。

以下分析通过演绎得到概称句的推理的特殊排序规律，本书总结为具体概称句优先。

具体概称句优先。以关于鸟和企鹅的推理为例，具体概称句优先直观上是说当前提集中包含“企鹅是鸟”时，我们由此知道企鹅是比鸟更具体的东西，从而主项是企鹅的概称句（例如“企鹅不会飞”）在推理时要优先于主项是鸟的概称句（例如“鸟会飞”）。G_D中有内定理$\forall x(\alpha\rightarrow\beta)\rightarrow(Gx(\beta;\gamma)\rightarrow Gx(\alpha;\gamma))$，如果用$\forall x(\alpha\rightarrow\beta)$表示“麻雀是鸟”，$Gx(\beta;\gamma)$表示“鸟会飞”，根据这条内定理，就可以进行由“麻雀是鸟”和“鸟会飞”得到“麻雀会飞”这样的GAG式推理；再根据前提集排序的具体概称句优先原则，就可以解释怎样由“麻雀是鸟”“鸟会飞”得到“麻雀会飞”，同时避免从“翅膀残缺的鸟不会飞”“翅膀残缺的鸟是鸟”和“鸟会飞”得到“翅膀残缺的鸟会飞”的推演过程了。

主项单调模型满足条件：

对任意的s_1，s_2，$s_3\in S$，任意$w\in W$，如果$s_1(w)\subseteq s_2(w)$，则$\mathcal{M}(s_1,s_3)(w)\subseteq\mathcal{M}(s_2,s_3)(w)$。

对于前提集{鸟会飞，翅膀残缺的鸟是鸟}应用以上给出的条件时，实际上是不会出现上面所说的翅膀残缺的鸟相对会飞不会飞是不正常的鸟的情况的，因为我们在此前提集下不知道“翅膀残缺的鸟不会飞”，因此也不会把翅膀残缺的鸟列为相对会飞不会飞来说不正常的鸟。而当把翅膀残缺的鸟看作相对会飞不会飞不正常的鸟时，前提集已经变为了{鸟会飞，翅膀残缺的鸟是鸟，翅膀残缺的鸟不会飞}，从人们日常推理的过程来讲，此时，考虑翅膀残缺的鸟会飞不会飞，就不是从“鸟会飞”“翅膀残缺的鸟是鸟”来推理，而是直接去考虑关于更小的类的命题“翅膀残缺的鸟不会飞”这一前提来推理了，我们有：

(a) {鸟会飞，翅膀残缺的鸟是鸟} $\vdash$ {翅膀残缺的鸟会飞}

(b) {翅膀残缺的鸟不会飞，断了一只翅膀的鸟是翅膀残缺的鸟} $\vdash$ {翅膀残缺的鸟不会飞，断了一只翅膀的鸟不会飞}

(c) {鸟会飞，翅膀残缺的鸟是鸟，翅膀残缺的鸟不会飞，断了一只翅膀的鸟是翅膀残缺的鸟} $\vdash$ {翅膀残缺的鸟不会飞，断了一只翅膀的鸟不会飞}

(a)(b)可以看作直接应用以上模型的推理，而(c)可看作前提集的部分子集的推理优先的推理，而在每一个部分推理中，都可以应用以上模型。

5.3.1.2　形式化表达

合常理性

定义 5.13　设 Φ 是任意的公式集。Φ 是合常理的，当且仅当，以下两种情况都不出现：

(1) 存在公式 α，$\alpha \in \Phi$ 且 $\neg \alpha \in \Phi$；

(2) 存在公式 $Gx(\alpha;\beta)$，$Gx(\alpha;\beta) \in \Phi$ 且 $Gx(\alpha;\neg \beta) \in \Phi$。

定义 5.14　设 $\Delta = \{\alpha_1, \alpha_2, \cdots, \alpha_n\}$ 是任意有穷集。

$$\wedge \Delta = \begin{cases} \alpha_1 \wedge \alpha_2 \wedge \cdots \wedge \alpha_n, & n \geqslant 1; \\ \bot, & \text{否则} \end{cases}$$

定义 5.15　设 Δ 是任意有穷公式集，S(L)是逻辑 L 的某个形式系统。

(1) $Cn(\Delta)$是 Δ 的 L－后承集，如果 $Cn(\Delta) = \{\alpha: \vdash_{S(L)} \wedge \Delta \to \alpha\}$；

(2) $C_N(\Delta)$是 Δ 的合常理 L－后承集，如果

$$C_N(\Delta) = \begin{cases} Cn(\Delta), & \text{如果 } Cn(\Delta) \text{ 是合常理的；} \\ \varnothing, & \text{否则} \end{cases}$$

(3) 对任意的 $\alpha \in C_N(\Delta)$，Δ 是 α 的 L－前提集。如果对 Δ 的任意真子集 Δ'，$\alpha \notin C_N(\Delta')$，则 Δ 还是 α 的极小 L－前提集。以下在不引起混淆的情况下，简称 L－前提集为前提集。

定义 5.16　$\langle \Gamma, > \rangle \vdash_{S(L)} Gx(\alpha;\beta)$，当且仅当，

(1) 存在 $\Delta \subseteq \Gamma$，Δ 是 $Gx(\alpha;\beta)$的极小前提集；并且

(2) 对任意的 $\Lambda \subseteq \Gamma$，如果 Λ 是 $\neg Gx(\alpha;\beta)$的极小前提集，则 $\Delta > \Lambda$；并且

(3) 对任意的 $\Lambda \subseteq \Gamma$，如果 Λ 是 $Gx(\alpha;\neg \beta)$的极小前提集，则 $\Delta > \Lambda$。

定义 5.17　设 Γ 是任意公式集。$CN(\Gamma)$是 Γ 在优先序 $>$ 下的（概称）后承集，如果 $CN(\Gamma) = \{Gx(\alpha;\beta): \langle \Gamma, > \rangle \vdash_{S(L)} Gx(\alpha;\beta)\}$。

命题 5.18　设 Γ 是任意公式集，$>$ 是 Γ 上的优先关系。Γ 的后承集

CN(Γ)是合常理的。

证 假设CN(Γ)不是合常理的，则：（1）存在公式$Gx(\alpha;\beta)$，$Gx(\alpha;\beta)\in CN(\Gamma)$且$\neg Gx(\alpha;\beta)$[①]$\in CN(\Gamma)$；或（2）存在公式$Gx(\alpha;\beta)$，$Gx(\alpha;\beta)\in CN(\Gamma)$且$Gx(\alpha;\neg\beta)\in CN(\Gamma)$。

对（1），如果$\langle\Gamma,>\rangle\vdash_{S(L)}Gx(\alpha;\beta)$，由定义5.16，存在$\Delta\subseteq\Gamma$，Δ是$Gx(\alpha;\beta)$的极小前提集①，且对任意的$\Lambda'\subseteq\Gamma$，如果Λ′是$\neg Gx(\alpha;\beta)$的极小前提集，则$\Delta>\Lambda'$②。

同理，如果$\langle\Gamma,>\rangle\vdash_{S(L)}\neg Gx(\alpha;\beta)$，由定义5.16，存在$\Lambda\subseteq\Gamma$，Λ是$\neg Gx(\alpha;\beta)$的极小前提集③，并且对任意的$\Delta'\subseteq\Gamma$，如果Δ′是$Gx(\alpha;\beta)$的极小前提集，则$\Lambda>\Delta'$④。

由②③有$\Delta>\Lambda$⑤，由①④有$\Lambda>\Delta$⑥。

由⑤⑥及命题5.5（1）得矛盾。因此（1）不成立。

（2）不成立的证明类似。

由此，Γ的后承集CN(Γ)是合常理的。■

设Γ是任意公式集。对任意有穷公式集$\Delta\subseteq\Gamma$，CN(Δ)是以Γ为前提集的某个局部推出的结论集。CN(Γ)是以Γ为前提集的整体推出（概称句）的结论集。

通过演绎得到概称句的推理，还有一些自己特殊的优先序。

定义5.19 设Γ是任意公式集，$>_{G_D}$是Γ上的G_D-优先序，当且仅当，$>_{G_D}$是Γ上的一般优先序，并且满足条件：

对任意的公式α，β，γ，δ，如果$\forall x(\alpha\rightarrow\beta)\in\Gamma$，且$Gx(\alpha;\gamma),Gx(\beta;\delta)\in\Gamma$，则$Gx(\alpha;\gamma)>_{G_D}Gx(\beta;\delta)$。（具体概称句优先）

由$>_{G_D}$得到的$\mathscr{P}(\Gamma)$上的严格优先序记作$>_{G_D}$。根据定义5.9和5.19，有

$$\langle\Gamma,>_{G_D}\rangle\vdash_{G_D}Gx(\alpha;\beta)$$

这是以逻辑G_D为基础的，以G_D-优先序为前提集优先序，从Γ到$Gx(\alpha;\beta)$的通过演绎得概称句的推演。

① 可能存在$Gx(\delta;\gamma)\leftrightarrow Gx(\alpha;\beta)$。

5.3.2　分析及验证

这一节通过具体实例的验证说明 5.3.1 的定义是否达到了直观分析的目标。

GAG

Γ_1 = {鸟会飞，翅膀残缺的鸟是鸟} ⊢ {翅膀残缺的鸟会飞}

Γ_2 = {翅膀残缺的鸟不会飞，断了一只翅膀的鸟是翅膀残缺的鸟} ⊢ {断了一只翅膀的鸟不会飞}

Γ_3 = {鸟会飞，翅膀残缺的鸟是鸟，翅膀残缺的鸟不会飞} ⊢ {翅膀残缺的鸟不会飞}

Γ_4 = {鸟会飞，翅膀残缺的鸟是鸟，翅膀残缺的鸟不会飞，断了一只翅膀的鸟是翅膀残缺的鸟} ⊢ {翅膀残缺的鸟不会飞，断了一只翅膀的鸟不会飞}

用 $Gx(\beta;\gamma)$ 表示“鸟会飞”，$\forall x(\alpha\to\beta)$ 表示“翅膀残缺的鸟是鸟”，$Gx(\alpha;\neg\gamma)$ 表示“翅膀残缺的鸟不会飞”，$\forall x(\delta\to\alpha)$ 表示“断了一只翅膀的鸟是翅膀残缺的鸟”。

$\Gamma_1=\{Gx(\beta;\gamma),\ \forall x(\alpha\to\beta)\}$，$>_{\Gamma_1}=\varnothing$

$\Delta_1=\{Gx(\beta;\gamma)\}$，$Gx(\beta;\gamma)\in C_N(\Delta_1)$，$\Delta_1$ 是 $Gx(\beta;\gamma)$ 的极小前提集。

$\Delta_2=\{\forall x(\alpha\to\beta)\}$，$Gx(\alpha;\beta)\in C_N(\Delta_2)$，$\Delta_2$ 是 $Gx(\alpha;\beta)$ 的极小前提集。

$\Delta_3=\{Gx(\beta;\gamma),\ \forall x(\alpha\to\beta)\}$，$\{Gx(\alpha;\gamma),\ Gx(\beta;\gamma),\ Gx(\alpha;\beta)\}\subseteq C_N(\Delta_3)$，$\Delta_3$ 是 $Gx(\alpha;\gamma)$ 的极小前提集。

综上，$\langle\Gamma_1,>\rangle\vdash_{G_D}Gx(\alpha;\gamma)$。

$\Gamma_2=\{Gx(\alpha;\neg\gamma),\ \forall x(\delta\to\alpha)\}$，$>_{\Gamma 2}=\varnothing$

分析类似 Γ_1。

从而，$\langle\Gamma_2,>\rangle\vdash_{G_D}Gx(\delta;\neg\gamma)$。

$\Gamma_3=\{Gx(\beta;\gamma),\ \forall x(\alpha\to\beta),\ Gx(\alpha;\neg\gamma)\}$，

$>_{\Gamma_3}=\{Gx(\alpha;\neg\gamma)>\forall x(\alpha\to\beta),\ Gx(\alpha;\neg\gamma)>Gx(\beta;\gamma)\}$

$\Delta_1=\{Gx(\beta;\gamma)\}$，$Gx(\beta;\gamma)\in C_N(\Delta_1)$，$\Delta_1$ 是 $Gx(\beta;\gamma)$ 的极小前提集。

$\Delta_2=\{\forall x(\alpha\to\beta)\}$，$Gx(\alpha;\beta)\in C_N(\Delta_2)$，$\Delta_2$是 $Gx(\alpha;\beta)$的极小前提集。

$\Delta_3=\{Gx(\alpha;\neg\gamma)\}$，$Gx(\alpha;\neg\gamma)\in C_N(\Delta_3)$，$\Delta_3$是 $Gx(\alpha;\neg\gamma)$的极小前提集。

$\Delta_4=\{Gx(\beta;\gamma),\ \forall x(\alpha\to\beta)\}$，$\{Gx(\beta;\gamma),Gx(\alpha;\beta),Gx(\alpha;\gamma)\}\subseteq C_N(\Delta_4)$，$\Delta_4$是 $Gx(\alpha;\gamma)$的极小前提集。

$\Delta_5=\{\forall x(\alpha\to\beta),Gx(\alpha;\neg\gamma)\}$，$\{Gx(\alpha;\beta),Gx(\alpha;\neg\gamma)\}\subseteq C_N(\Delta_5)$

$\Delta_6=\{Gx(\beta;\gamma),Gx(\alpha;\neg\gamma)\}$，$\{Gx(\beta;\gamma),Gx(\alpha;\neg\gamma)\}\subseteq C_N(\Delta_6)$

$\Delta_7=\{Gx(\beta;\gamma),\forall x(\alpha\to\beta),Gx(\alpha;\neg\gamma)\}$，$C_N(\Delta_7)=\varnothing$

$\Delta_3>\Delta_i(i=1,2,4)$。

综上，$\langle\Gamma_3,>\rangle\vdash_{G_D}Gx(\alpha;\neg\gamma)$。

$\Gamma_4=\{Gx(\beta;\gamma),\forall x(\alpha\to\beta),Gx(\alpha;\neg\gamma),\forall x(\delta\to\alpha)\}$，

$>_{\Gamma_4}=\{Gx(\alpha;\neg\gamma)>Gx(\beta;\gamma),Gx(\alpha;\neg\gamma)>\forall x(\alpha\to\beta)\}$

$\Delta_1=\{Gx(\beta;\gamma)\},Gx(\beta;\gamma)\in C_N(\Delta_1)$，$\Delta_1$是 $Gx(\beta;\gamma)$的极小前提集。

$\Delta_2=\{\forall x(\alpha\to\beta)\},Gx(\alpha;\beta)\in C_N(\Delta_2)$，$\Delta_2$是 $Gx(\alpha;\beta)$的极小前提集。

$\Delta_3=\{Gx(\alpha;\neg\gamma)\},Gx(\alpha;\neg\gamma)\in C_N(\Delta_3)$，$\Delta_3$是 $Gx(\alpha;\neg\gamma)$的极小前提集。

$\Delta_4=\{\forall x(\delta\to\alpha)\},Gx(\delta;\alpha)\in C_N(\Delta_4)$，$\Delta_4$是 $Gx(\delta;\alpha)$的极小前提集。

$\Delta_5=\{Gx(\beta;\gamma),\forall x(\alpha\to\beta)\},\{Gx(\beta;\gamma),Gx(\alpha;\beta),Gx(\alpha;\gamma)\}\subseteq C_N(\Delta_5)$，$\Delta_5$是 $Gx(\alpha;\gamma)$的极小前提集。

$\Delta_6=\{Gx(\beta;\gamma),Gx(\alpha;\neg\gamma)\},\{Gx(\beta;\gamma),Gx(\alpha;\neg\gamma)\}\subseteq C_N(\Delta_6)$

$\Delta_7=\{Gx(\beta;\gamma),\forall x(\delta\to\alpha)\},\{Gx(\beta;\gamma),Gx(\delta;\alpha)\}\subseteq C_N(\Delta_7)$

$\Delta_8=\{\forall x(\alpha\to\beta),Gx(\alpha;\neg\gamma)\},\{Gx(\alpha;\beta),Gx(\alpha;\neg\gamma)\}\subseteq C_N(\Delta_8)$

$\Delta_9=\{\forall x(\alpha\to\beta),\forall x(\delta\to\alpha)\},\{Gx(\alpha;\beta),Gx(\delta;\alpha),Gx(\delta;\beta)\}\subseteq C_N(\Delta_9)$，$\Delta_9$是 $Gx(\delta;\beta)$的极小前提集。

$\Delta_{10}=\{Gx(\alpha;\neg\gamma),\forall x(\delta\to\alpha)\},\{Gx(\alpha;\neg\gamma),Gx(\delta;\alpha),Gx(\delta;\neg\gamma)\}\subseteq C_N(\Delta_{10})$，$\Delta_{10}$是 $Gx(\delta;\neg\gamma)$的极小前提集。

$\Delta_{11}=\{Gx(\beta;\gamma),\forall x(\alpha\to\beta),Gx(\alpha;\neg\gamma)\},C_N(\Delta_{11})=\varnothing$

$\Delta_{12}=\{\forall x(\alpha\to\beta),Gx(\alpha;\neg\gamma),\forall x(\delta\to\alpha)\},\{Gx(\alpha;\neg\gamma),Gx(\delta;\alpha),$
$Gx(\delta;\neg\gamma),Gx(\alpha;\beta),Gx(\delta;\beta)\}\subseteq C_N(\Delta_{12})$

$\Delta_{13}=\{Gx(\alpha;\neg\gamma),\forall x(\delta\to\alpha),Gx(\beta;\gamma)\},\{Gx(\alpha;\neg\gamma),Gx(\delta;\alpha),Gx(\delta;\neg\gamma),Gx(\beta;\gamma)\}\subseteq C_N(\Delta_{13})$

$\Delta_{14}=\{\forall x(\delta\to\alpha),Gx(\beta;\gamma),\forall x(\alpha\to\beta)\},\{Gx(\delta;\alpha),Gx(\beta;\gamma),Gx(\alpha;\beta),Gx(\delta;\beta)\}\subseteq C_N(\Delta_{14})$

$\Delta_{15}=\{Gx(\beta;\gamma),\forall x(\alpha\to\beta),Gx(\alpha;\neg\gamma),\forall x(\delta\to\alpha)\}$, $C_N(\Delta_{15})=\varnothing$

$\Delta_3>\Delta_5$。

综上，$\langle\Gamma_4,>\rangle\vdash_{G_D}Gx(\alpha;\neg\gamma)$

$\langle\Gamma_4,>\rangle\vdash_{G_D}Gx(\delta;\neg\gamma)$。■

5.4 通过归纳方式得概称句的推理的优先序

5.4.1 通过归纳方式得概称句的推理的优先序

5.4.1.1 直观分析

通过归纳方式得概称句的推理也有自己的优先序。我们总结为概称句优先和类概称句优先。

概称句优先。关于概称句性质的讨论存在这样的问题，即使“所有逻辑学家的身份证号是奇数”是事实，也不一定得到“逻辑学家身份证号是奇数”这样的概称句。作者认为，这种现象应该通过概称句的推理前提集带排序来解释。对于结论是概称句的推理，当前提集中包含具相同主项的事实句（$\forall x(\alpha\to\beta)$）和概称句（$Gx(\alpha;\gamma)$）时，由于最终是要得到概称句，因此相对事实命题来讲，前提集中的概称句对结论的影响更大，此时，概称句 $Gx(\alpha;\gamma)$ 的推理优先于事实句 $\forall x(\alpha\to\beta)$ 的推理。由此，由“所有逻辑学家的身份证号是奇数”得不到“逻辑学家身份证号是奇数”是因为推理的前提集中已经包含了可推出反面结论[1]的概称句，例如推理的前提集中已经包含了“逻辑学家身份证号是随机的”这样的概称句，并由此可得出

---

[1] 设事实命题为 $\forall x(\alpha\to\beta)$，则其对应的概称句是 $Gx(\alpha;\beta)$。假设前提集还包含与事实命题同一主项的概称句 $Gx(\alpha;\gamma)$，如果由概称句 $Gx(\alpha;\gamma)$ 可得出 $Gx(\alpha;\neg\beta)$ 或 $\neg Gx(\alpha;\beta)$，就称概称句 $Gx(\alpha;\gamma)$ 推出了 $Gx(\alpha;\beta)$ 的反面结论。

“并非逻辑学家的身份证号是奇数”，而由于可推出反面结论的概称句在推理中优先，就不会得出“逻辑学家的身份证号是奇数”了。但是，假设推理前提中没有可得到反面结论的概称句，我们就会得到“逻辑学家的身份证号是奇数”这一概称句；假设没有先入之见，对于未知的情况，如果看到的全部实例都是真的，我们一般就接受由事实命题而来的概称句（这在某种程度上可以解释鸟会飞最初是从哪里来的），即使还没有找到什么内在的规律，我们也会认为存在潜在的规律，或者认为这就是规律。

类概称句优先。“天鹅是白的？”问题是归纳推理研究中经常讨论的。为什么我们观察到很多只白色羽毛的天鹅，而我们仍旧不认同“天鹅是白的”的这一结论？

这道理类似于上文讨论过的“逻辑学家的身份证号是奇数”的例子。我们得不出“天鹅是白的”，即使我们当下观察到的所有天鹅是白的[①]。这实际上是由于推理的前提集中已经包含了“天鹅的羽毛颜色是多样的”这样的概称句，由于已经有了这一概称句，我们就不再通过归纳方式得出概称句“天鹅是白的”了。这个“得不出”的推理过程隐藏了一个优先原则，即概称句优先。然而，还有一个关键问题在于：“天鹅的羽毛颜色是多样的”从哪里得来？这一问题莱辛巴赫在讨论交叉归纳法时曾谈到过（邓生庆、任晓明，2006：162），我们来重新分析一下。人们由经验到的白色、黑色、灰色等各种颜色羽毛的鸭子得出“鸭子的羽毛颜色是多样的”；由经验到绿色、白色、绿色或与其他颜色相间等颜色羽毛的鹦鹉得出“鹦鹉的羽毛颜色是多样的”；由观察到白色、灰色、黑白相间等颜色羽毛的家鹅得出“家鹅的羽毛颜色是多样的”；等等。以上种种，都是事实句，由这些事实句出发，通过归纳推理，我们得到概称句“禽类的羽毛颜色是多样的”，而再由“天鹅是禽类”，根据 Gaa 式，我们得到“天鹅的羽毛颜色是多样的”。也许读者很自然地会想到，同样包含归纳推理，为什么我们要根据观察鸭子、鹦鹉等其他家禽得到“天鹅的羽毛颜色是多样的”，而不是根据观察到的多只白天鹅，得出“天鹅是白的”呢？莱辛巴赫把这一现象解释为

---

① 后来在澳洲发现了黑天鹅。

交叉归纳法。而作者认为，这一推演或思维的过程，仍旧包含着前提集的排序。作者把这一规律称为类概称句优先。在上面的归纳推理中，同样通过归纳所获得的结论：“天鹅的羽毛是白色的”，“禽类的羽毛颜色是多样的”，而我们又知道天鹅是禽类的一种，天鹅比禽类更具体，根据归纳推理的类概称句优先原则，概称句“禽类的羽毛颜色是多样的”优先于“天鹅的羽毛是白的”。

类概称句优先与之前的具体概称句似乎是反方向的排序，然而，如果考虑到演绎和归纳也是“反方向”（从一般到个别和从个别到一般）的推理，有这样的结论也就不足为奇了。

5.4.1.2 形式化表达

定义 5.20 设 Γ 是任意公式集，$>_{G_I}$是 Γ 上的 G_I – 优先序，当且仅当，$>_{G_I}$是 Γ 上的一般优先序，并且满足条件：

（1）对任意的公式 α，β，如果 $\forall x(\alpha\to\beta)\in\Gamma$，且 $Gx(\alpha;\gamma)\in\Gamma$，则 $Gx(\alpha;\gamma)>_{G_I}\forall x(\alpha\to\beta)$；（概称句优先）

（2）对任意的公式 α，β，γ，δ，如果 $\forall x(\alpha\to\beta)\in\Gamma$，且 $Gx(\alpha;\gamma)$，$Gx(\beta;\delta)\in\Gamma$，则 $Gx(\beta;\delta)>_{G_I}Gx(\alpha;\gamma)$。（类概称句优先）

由 $>_{G_I}$ 得到的 $\mathscr{P}(\Gamma)$ 上的严格优先序记作 $>_{G_I}$。根据定义 5.9 和 5.20，有

$$\langle\Gamma,>_{G_I}\rangle\vdash_{G_I}Gx(\alpha;\beta)$$

这是以 G_I 为基础的，以 G_I – 优先序为前提集优先序，从 Γ 到 $Gx(\alpha;\beta)$ 的通过归纳得概称句的推演。

5.4.2 分析及验证

（1）概称句优先的例子

Γ_1 = {所有逻辑学家的身份证号是奇数} ⊢ {所有逻辑学家的身份证号是奇数}

Γ_2 = {逻辑学家的身份证号是随机的；如果逻辑学家的身份证号是随机的，则并非逻辑学家身份证号是奇数；所有逻辑学家的身份证号是奇数} ⊢ {逻辑学家身份证号是随机的}

用 $\forall x(\alpha\to\beta)$ 表示“所有逻辑学家的身份证号是奇数”，$Gx(\alpha;\gamma)$ 表示

“逻辑学家的身份证号是随机的”，$Gx(\alpha;\gamma)\rightarrow\neg Gx(\alpha;\beta)$表示“如果逻辑学家的身份证号是随机的，则并非逻辑学家身份证号是奇数”。

$\Gamma_1=\{\forall x(\alpha\rightarrow\beta)\}$

$\langle\Gamma_1,>_{G_1}\rangle\vdash_{G_1}Gx(\alpha;\beta)$

$\Gamma_2=\{Gx(\alpha;\gamma),Gx(\alpha;\gamma)\rightarrow\neg Gx(\alpha;\beta),\forall x(\alpha\rightarrow\beta)\}$

$>_{\Gamma_2}=\{Gx(\alpha;\gamma)>\forall x(\alpha\rightarrow\beta)\}$

$\Delta_1=\{Gx(\alpha;\gamma)\},Gx(\alpha;\gamma)\in C_N(\Delta_1)$，$\Delta_1$是$Gx(\alpha;\gamma)$的极小前提集。

$\Delta_2=\{Gx(\alpha;\gamma)\rightarrow\neg Gx(\alpha;\beta)\}$

$\Delta_3=\{\forall x(\alpha\rightarrow\beta)\},Gx(\alpha;\beta)\in C_N(\Delta_3)$，$\Delta_3$是$Gx(\alpha;\beta)$的极小前提集。

$\Delta_4=\{Gx(\alpha;\gamma),Gx(\alpha;\gamma)\rightarrow\neg Gx(\alpha;\beta)\},\neg Gx(\alpha;\beta)\in C_N(\Delta_4)$，$\Delta_4$是$\neg Gx(\alpha;\beta)$的极小前提集。

$\Delta_5=\{Gx(\alpha;\gamma)\rightarrow\neg Gx(\alpha;\beta),\forall x(\alpha\rightarrow\beta)\},Gx(\alpha;\beta)\in C_N(\Delta_5)$

$\Delta_6=\{\forall x(\alpha\rightarrow\beta),Gx(\alpha;\gamma)\},\{Gx(\alpha;\beta),Gx(\alpha;\gamma)\}\subseteq C_N(\Delta_6)$

$\Delta_7=\{Gx(\alpha;\gamma),Gx(\alpha;\gamma)\rightarrow\neg Gx(\alpha;\beta),\forall x(\alpha\rightarrow\beta)\},C_N(\Delta_7)=\varnothing$

$\Delta_4>\Delta_3$。

综上，$\langle\Gamma_2,>_{G_1}\rangle\vdash_{G_1}Gx(\alpha;\gamma)$。■

(2)“天鹅是白的？”类概称句优先的例子（与概称句优先共同作用）

$\Gamma_1=$\{天鹅是白的\} $\vdash$ \{天鹅是白的\}

$\Gamma_2=$\{禽类的羽毛颜色是多样的，天鹅是禽类\} $\vdash$ \{天鹅的羽毛颜色是多样的\}

$\Gamma_3=$\{天鹅是白的，禽类的羽毛颜色是多样的，天鹅是禽类\} $\vdash$ \{天鹅的羽毛颜色是多样的\}

用$\forall x(\alpha\rightarrow\beta)$表示“所有天鹅是禽类”，$Gx(\alpha;\gamma)$表示“天鹅是白的”，$Gx(\beta;\neg\gamma)$表示“禽类的羽毛颜色是多样的”，$Gx(\alpha;\neg\gamma)$表示“天鹅的羽毛颜色是多样的”。①

① 严格来讲，$Gx(\beta;\gamma)$表示“并非禽类的羽毛是白色”，这里在不影响语义和真值的情况下，用$Gx(\beta;\neg\gamma)$表示“禽类的羽毛颜色是多样的”。

$\Gamma_1 = \{Gx(\alpha;\gamma)\}$

$\langle\Gamma_1, >_{G_I}\rangle \dashv_{G_I} Gx(\alpha;\gamma)$

$\Gamma_2 = \{Gx(\beta;\neg\gamma), \forall x(\alpha\rightarrow\beta)\}$

$\langle\Gamma_2, >_{G_I}\rangle \dashv_{G_I} Gx(\alpha;\neg\gamma)$

$\Gamma_3 = \{Gx(\alpha;\gamma), Gx(\beta;\neg\gamma), \forall x(\alpha\rightarrow\beta)\}$

$>_{\Gamma_3} = \{Gx(\alpha;\gamma) > \forall x(\alpha\rightarrow\beta), Gx(\beta;\neg\gamma) > Gx(\alpha;\gamma)\}$

$\Delta_1 = \{Gx(\alpha;\gamma)\}, Gx(\alpha;\gamma) \in C_N(\Delta_1)$，$\Delta_1$是 $Gx(\alpha;\gamma)$的极小前提集。

$\Delta_2 = \{Gx(\beta;\neg\gamma)\}, Gx(\beta;\neg\gamma) \in C_N(\Delta_2)$，$\Delta_2$是 $Gx(\beta;\neg\gamma)$的极小前提集。

$\Delta_3 = \{\forall x(\alpha\rightarrow\beta)\}, Gx(\alpha;\beta) \in C_N(\Delta_3)$，$\Delta_3$是 $Gx(\alpha;\beta)$的极小前提集。

$\Delta_4 = \{Gx(\alpha;\gamma), Gx(\beta;\neg\gamma)\}, \{Gx(\alpha;\gamma), Gx(\beta;\neg\gamma)\} \subseteq C_N(\Delta_4)$

$\Delta_5 = \{Gx(\alpha;\gamma), \forall x(\alpha\rightarrow\beta)\}, \{Gx(\alpha;\gamma), Gx(\alpha;\beta)\} \subseteq C_N(\Delta_5)$

$\Delta_6 = \{\forall x(\alpha\rightarrow\beta), Gx(\beta;\neg\gamma)\}, \{Gx(\alpha;\beta), Gx(\beta;\neg\gamma), Gx(\alpha;\neg\gamma)\} \subseteq C_N(\Delta_6)$

$\Delta_7 = \{Gx(\alpha;\gamma), Gx(\beta;\neg\gamma), \forall x(\alpha\rightarrow\beta)\}, C_N(\Delta_7) = \varnothing$

$\Delta_6 > \Delta_5$，$\Delta_6 > \Delta_4$。

综上，$\langle\Gamma_3, >_{G_I}\rangle \dashv_{G_I} Gx(\alpha;\gamma)$。■

5.5　三种方式的融合

为了研究需要，我们将概称句推理分为三种类型分别进行讨论，但这只是技术上的分类，在实际生活中，有关概称句的推理通常是归纳演绎共同作用的结果。例如，在“天鹅是白的”这个例子中，我们看到，要想真正把这一思维过程解释清楚，除了纯归纳推理，还涉及了 GAG 以及 Gaa 式的推理，而这两者正是前面讨论的两种演绎方式的概称句推理中的典型性推理。

当我们进行归纳推理时，在最初阶段，可能有一些结论是基本上通过简单枚举的方式得来的。而随着获得概称句的增多，这些概称句就开始对新的归纳产生影响，逐渐构成了我们今天的推理模式。这样，到了今天，当我们讨论结论是概称句的推理时，归纳固然不可或缺，而演绎的方式却起着越来越重要的作用。

上述三种类型的概称句推理在日常生活中经常是交错在一起的，而具体的研究过程中，由于这几种类型的推理有不同的性质，所以我们暂时分别进行研究。目前，三种推理的排序已经得到了形式化的严格表述。我们还分别对三种推理类型中的典型例子作了分析和验证。我们看到，通过归纳得概称句的推理的例子还涉及了前两种推理类型。我们的终极理想目标当然仍是尽可能将三者融合，就像日常生活中那样。由于排序是形式刻画中更“粗线条”的骨架式的部分，因此，一个自然的想法是以排序为纽带，将这三种在日常生活中本来就紧密相连的推理融合在一起。然而，由于结论是事实句的概称句推理和结论是概称句的推理在定义排序时所依赖的蕴涵不同（分别是常识蕴涵“$>$”和实质蕴涵“$\rightarrow$”），这增加了三者融合研究的难度。怎样把三种类型的推理顺畅地融合在一起，是未来要进一步研究的问题。

第六章　概称句推理与归纳推理

本章是第三、四、五章有关概称句推理研究基础上的扩展讨论，探讨的是概称句推理与归纳推理之间的关系。在概称句推理研究之初，关于通过归纳得概称句的推理部分，作者的思路是借用归纳推理研究领域已有的结果来刻画。随着研究的深入，我们最终发现，不是要借用归纳推理领域已有的方法来解决概称句推理研究的分支，而是整个概称句推理的整体可以用来解释归纳推理，也就是，我们无心插柳地发现了一种处理归纳推理的新方法，这种方法平行于目前较为流行的概率方法。此外，我们还将探讨概称句推理视角下的休谟问题。

本章分五节：6.1 介绍归纳推理的特点，以及该领域已有研究分支、研究方法；6.2 在 6.1 基础上分析已有概称句结果和归纳推理领域分支的对应性，展示概称句推理视角下的归纳推理解释；6.3 对概称句方法和概率方法作一比较；6.4 进一步从概称句视角探讨归纳推理领域的经典问题——休谟问题；6.5 是本章小结。

6.1　归纳推理研究简述

6.1.1　归纳推理的界定

我们先来看两个推理：

（1）硫酸（H_2SO_4）中含有氧元素；

　　硝酸（HNO_3）中含有氧元素；

　　碳酸（HCO_3）中含有氧元素；

　　……

硫酸、硝酸、碳酸都是酸；

酸中都含有氧元素。

（2）种瓜得瓜，种豆得豆；

小红在地里种了一颗西瓜种子，

小红会收获大西瓜。

从今天的眼光来看，例（1）（2）都算作归纳推理研究的范围，它们分属于不同的类型，其中例（1）从多个有关个体的结论得到一般性结论，例（2）从一般性结论出发得到有关个体的结论。然而，从历史的发展角度看，归纳推理的界定却经历着变化。

早在古希腊时期，亚里士多德提出“归纳法是从个别到一般的过程”（邓生庆、任晓明，2006：11），以示和演绎推理相区别，这一断言或说界定影响了相当长的一段时间①。在归纳推理研究的古典时期，代表人物培根致力于发现科学的第一性原理；而穆勒认为，所谓归纳，就是“发现和证明普遍命题的活动”（邓生庆、任晓明，2006：41）。可以说，从亚里士多德时代一直到古典时期的成熟期，对归纳推理的界定的主流都锁定在推理（1）这种类型，根据若干有关个体的实例，总结出关于类的性质或结论。同时，古典时期的研究者（如培根、穆勒等）致力于通过归纳推理得到“确定无误的结论”（邓生庆、任晓明，2006：24，68）。

而在归纳推理研究的现代时期（从凯恩斯开始），研究者们不再认为通过归纳推理可以得到确定无误的结论。受到古典概率论的影响，研究者们把归纳推理的结论处理成具有一定概率的结论。这一阶段，类似于推理（2）的得到关于个体的结论的推理被明确纳入归纳推理的研究范围，掷色

① 当下国内的普通逻辑教材在提及归纳和演绎的区别时，仍沿袭这一说法。按照这一定义，简单枚举法属归纳推理，但获得关于个体的结论的类比法不属归纳推理。但有一点需要注意，亚里士多德本人却并没有一直保持一致，如在《论题篇》中可以找到亚里士多德对归纳推理的另一种定义：“从知道的推到不知道的”。按照这种定义，简单枚举法和类比法都属于归纳推理的范畴。

子、抛硬币、摸球的概率成为这时期归纳推理讨论中的经典案例。

概率方法在归纳推理领域影响如此之深，甚至目前有关归纳推理的通行定义中都引入了概率字眼："从广义上说，归纳推理就是结论断定范围超出前提断定范围的概然推理。"（李小五，1996：58）而作者认为，"归纳推理的结论不是确定无误的"这一点毫无疑问。而作为研究这一推理的方法和手段而言，引入概率论的观念和方法仅是其中一个方向。

逻辑学发展至今，我们对归纳推理有了进一步的界定：有别于演绎推理，归纳推理的前提和结论之间具有或然性关系：当其前提真时其结论可能真但不必然真。这意味着归纳推理的结论可能随着前提的增加或改变而被收回，因此，归纳推理是非单调推理。在这样的界定下，推理（1）（2）都在归纳推理的研究范围之内。

6.1.2 归纳推理研究发展简述

归纳推理研究的发展经历了两个时期：古典时期和现代时期。古典时期的代表人物是培根和穆勒。培根致力于发现科学的第一性原理，他认为，三段论无助于发现科学的第一性原理，亚里士多德虽然也研究了归纳推理，但他仅仅粗略地研究了简单枚举法，这是不够的。在这样的背景下，培根给出了著名的"三表"（存在与具有表、差异表、程度表），《归纳逻辑百年历程》一书中将"三表法"总结为一种归纳方法，这种归纳方法既包括归纳推理，也包括演绎推理，还包括整理经验材料的方法（邓生庆、任晓明，2006：21）。不同于培根，穆勒对归纳逻辑的研究兴趣源于他对社会科学研究方法论问题的关注。穆勒认为，所谓归纳，就是"发现和证明普遍命题的活动"（邓生庆、任晓明，2006：41）。而穆勒给出了穆勒四法[①]，消除不相干因素的过程本质上是演绎推理的过程，穆勒四法中契合法和差异法分别是一种归纳方法，其中包含有演绎推理，同时也包含有归纳推理（邓生庆、任晓明：2006：62）。

---

① 有些文献将之称为穆勒五法。本文采取穆勒原书中的叫法：穆勒四法。

归纳推理研究的现代时期，研究者不再认为通过归纳推理可以得到确定无误的结论，转而寻求方法来表示不确定性，而结合当时古典概率论的发展，凯恩斯建立了归纳推理的第一个逻辑系统——一个概率逻辑系统，这也标志着现代逻辑的正式建立。通过表 6－1 我们可以看出，现代归纳逻辑的发展一直受到现代逻辑新技术发展的影响。归纳逻辑随着现代逻辑中命题逻辑、谓词逻辑、模态逻辑的发展而逐步发展，并逐渐将这些领域的方法引入归纳逻辑研究之中。

20 世纪 70 年代，命题逻辑、谓词逻辑、模态逻辑的发展已经较为成熟，而随着人工智能科学的兴起，非单调推理这一对应非经典后承的推理研究开始发展起来，这些研究又将对归纳推理研究带来什么样的影响？后文中还将继续讨论这一问题。

表 6－1　归纳逻辑研究发展简表

时期	代表性人物	关注的问题	方法	同时期逻辑学发展
古典	培根（1561～1626） 穆勒（1806～1873）	怎样通过归纳得到确定的结论	三表法 穆勒四法	
现代	凯恩斯（1883～1946）	怎样通过归纳得到（不确定）结论	命题逻辑＋概率；第一个概率演算系统；未给出求初始概率的方法	罗素、怀特海的《数学原理》
	莱辛巴赫（1891～1953）		谓词逻辑＋概率 频率 初始概率 权重	谓词逻辑
	卡尔纳普（1891～1970）		模态逻辑＋概率	模态逻辑
	科恩（Cohen. L. J）			
	勃克斯			
	…			
	??		??	非单调推理

6.1.3　归纳推理研究中的已有分类

6.1.3.1　依据结论类型的分类

以上一节的介绍为基础，我们来看归纳推理分类情况。根据归纳推理结论类型来分，有：

（1）结论是有关类的性质的。如 6.1.1 中例（1）。归纳推理研究的古典时期，培根和穆勒主要都在关注这种类型的归纳推理。

（2）结论是有关个体的性质的。如 6.1.1 中例（2）。这种推理对指导日常生活有很大的作用。

6.1.3.2　依据推理方式的分类——是否带权重

早在归纳推理发展的古典时期，穆勒就曾探讨过简单枚举法和完善的归纳的差别①。归纳逻辑的现代时期，凯恩斯建立了第一个归纳推理的逻辑，由于是第一个归纳逻辑系统，很多问题未及讨论，如求初始概率等。而紧随其后的莱辛巴赫就建立了初等概率演算、高等概率演算和高阶概率演算，探讨了求初始概率等问题。在莱辛巴赫那里，对简单枚举法、交叉归纳法以及有权重的归纳等研究占了相当的篇幅。莱辛巴赫认为，有权重的认定是在二阶或高阶概率作为指导的条件下对一阶或低阶概率（极限概率）的认定。简单枚举法不属于有权重的认定。

进一步的，莱辛巴赫区分了初级归纳法和高级归纳法。其中初级归纳法即简单枚举法。高级归纳法即以高阶概率知识为权重的归纳。培根的三表法、穆勒四法、交叉归纳法和解释归纳法都属于高级归纳法。莱辛巴赫认为高级归纳法的本质是有权重的认定。这些归纳法在运用时总或多或少地参考或依据了以前的归纳结论。

---

① 简单枚举法这一名称是培根给出的，并在《新工具》一书中，培根对简单枚举法作了批评。穆勒赞同培根对简单枚举法的态度，他认为，只应用简单枚举法，即使有上千上万个正面例子，所得的归纳结论也不见得可靠（如白天鹅的例子），但是完善的归纳（complete induction）有时只有一个实例也能得到可靠的结论。本书作者同意穆勒所注意到的推理现象存在，但是对简单枚举法和其他推理的关系的讨论有所不同。

6.2 概称句视角下的归纳推理

需要首先说明的是，本章讨论的归纳推理主要涉及知识习得和信念改变的推理。而需要在有限时间内做决策类型的归纳推理如天气预报、火灾、地震时的决断等不在本章（本书）的讨论范围之内。作者认为，这些情况下进行的归纳推理运用概率方法处理最合适。

6.2.1 语句解释——用概称句替代全称句

从之前归纳推理的例子我们看到，归纳推理中最核心的两种句子是表达知识、信念的关于类的结论，以及陈述关于个体事实、性质的事实句。这两种句式在前提和结论中都可能出现。

从形式化角度看，我们需要一种表达方式，它能表达出归纳推理结论的不确定性。古典时期表达知识的关于类的结论被当作没有例外的全称句，这显然是不合适的，所以现代归纳逻辑时期的研究者引入概率来表示结论的不确定性。而今我们再来看，容忍例外的概称句表达正符合这一要求。对于类的描述，概称句表达 $Gx(Sx, Px)$ 比全称句 $\&x(Sx, Px)$ 更精确地表达了容忍例外这一特性以及结论可收回这一特性。对于个体的描述，概称句的处理方式仍保持原来的表达形式 Pa。至于推理的非单调性，概称句容忍例外的特性也导致了包含概称句的推理是非单调的，即当前提增加时，结论可能被收回。对这种非单调推理的具体刻画不同研究分支给出了各自的处理方式，这里我们将介绍其中一种：用前提集排序的方式来刻画非单调推理。

6.2.2 归纳推理——前提集带排序的非单调（概称句）推理

我们根据 6.2.1 中不同的表达方式，归纳推理依结论可以很自然地分为结论是关于个体的（i）和结论是关于类的（ii）。事实上，这也是归纳推理研究史上的自然分类。一类研究侧重于怎样根据规律、知识来指导具体个案和判断；一类侧重于知识的获得。

如果用概称句的视角来看这两类推理，（i）可解释为结论是事实句的概称句推理（i_G），（ii）可解释为结论是概称句的推理（ii_G）。而这恰好对应本书第一章给出的概称句推理分类。本书的第三、四、五章所研究的正是这两种类型的推理。

本书中给出的概称句推理研究结果第一次全面地覆盖了概称句推理的多种类型，相应的，也是第一次全面展现了概称句方法来刻画归纳推理的可能性。事实上，除了本书给出的刻画方法，概称句推理领域还有其他的研究分支，如 Reiter（1980）的规则说、McDermott 和 Doyle（1980）的自认知推理、Mao（2003）、Veltman（2001）、Horty（2007）等。本书的第四章中我们提到，这些分支的研究工作的关注点集中在推理类型（i_G），因此不大容易看出概称句推理和归纳推理的对应性。而本书由于对两种类型的概称句推理进行了全面的考察，归纳推理和概称句推理的对应性也就自然地呈现出来。

从上一段的说明中我们看到，同样是考虑用概称句及其推理解释归纳推理，处理方法也可能有很多种①。这里采用本书中给出的刻画方法。以下用归纳推理的语言重新叙述前几章的工作。

归纳推理（概称句推理）是一种非单调推理，当其前提真时其结论可能真但不必然真。当下，这种推理又有两大基本类型：一种是从个别到一般的经典类型，从多个个例得出一般性结论的推理（结论是概称句的推理）（ii_G）；另一种是根据归纳结论（概称句）做出关于个体的推测的推理（结论事实句的概称句推理）（i_G）。这两种推理类型都是非单调的。研究中，我们首先用概称句来表达关于类的归纳结论，之后给出刻画局部推理（一步一步推的过程）的逻辑，在这些逻辑的基础上，定义前提集的排序，进而定义逻辑后承，最终刻画非单调推理。具体的，（i_G）型推理的刻画见第三章和 5.2；（ii_G）型推理的刻画见第四章和 5.3 及 5.4。

再次陈述这种刻画方式的结构：对于非单调推理，我们可以考虑区分整体推出和部分推出。整体推出是说，在进行非单调推理时必须用到全部

① 甚至概率方法也是概称句处理方法中的一个分支，关于概称句处理中的概率方法和现代归纳逻辑研究中的概率方法之间的关系讨论，详见 6.3.4。

给定的前提；因为非单调推理指的就是在增加前提后原有的结论有可能不再是结论，因此，不能只凭部分前提就得出最终的结论，而必须要考虑到全体前提。而部分推出是说，非单调推理中有两个层次的结论，中间结论和最终结论；推理是一步步完成的，每一步都有该步的结论，但因为推理的非单调性，每步的结论都可能在下一步因增加前提被取消，为此要把推理的结论分为中间结论和最终结论。确切地说，中间结论就是部分前提的结论，最终结论就是最后考虑到全部前提后的结论。局部推出的结论就是中间结论，中间结论不一定就是最终结论。如果出现矛盾，就要去掉一些中间结论。而当前提集中不同子集所得到的局部推理的结论相结合不合常理时，就要考虑通过排序的手段得到最终的结论。

6.3 概称句解释与概率解释比较

本节将从表达不确定性的方式、处理范围和应用性等多个方面对归纳推理的概称句解释和概率解释作一个比较。

6.3.1 表达不确定性的方式

概率解释和概称句解释同样想要表达归纳推理结论的不确定性，却采取了不同的方式。如表6-2所示，概率解释给关于个体的结论和关于类的结论都赋予取值在［0，1］之间的概率；而关于类的结论，概称句解释是首先用容忍例外的概称句替换了全称句，具体的解释不同分支有所不同，本书所采取的解释是：“（正常的S）（在正常的情况下P）”，关于个体的结论，概称句解释的表达仍维持原来的“Ra”不变。

这两种解释都达到了表达归纳推理结论的不确定性这一目标。作者认为，全称句加概率的处理方式所得到的一个个精确数字并不贴合人们推理的直观；相较而言，概称句表达更直接，也更合乎人类的思维习惯。对于个体的描述，概称句的处理方式仍保持原来的表达形式Pa，比概率处理方式也更为简洁直接。

表 6-2 不同时期关于个体和类的概率解释

	陈述个体事实、性质的事实句	表达知识、信念的关于类的结论
古典时期	Ra	$\&x(Sx, Px)$
现代——概率视角	$P(Ra) \in [0,1]$	$P(\forall x(Sx, Px)) \in [0,1]$
现代——概称句视角	Ra	$Gx(Sx, Px)$

6.3.2 处理范围

从前面的分析中可以看到，概称句的处理方法非常自然。但是不可否认的是，概率方法和概称句方法各有优长。

对于需要在有限时间内做决策类型的归纳推理，天气预报、火灾、地震时的决断等，作者认为，这些情况下进行的归纳推理，运用概率手段是有帮助的。

而概称句的处理方式凸显内涵性。涉及知识习得和信念改变的推理用概称句解释非常自然。同时，对于即使没有一个现实世界的实例满足概称句的谓项条件，概称句仍可以真。例如：对“俱乐部的会员在危急关头互相帮助”“这台机器榨橙汁”及“小王处理从南极洲来的信件”，此时概率处理方式就失灵了。

6.3.3 应用性

概率处理方式一直被研究者们接受并使用的一个重要原因在于其应用性较强。尽管精确的数值（如鸟会飞的概率百分之九十，今天的降水概率百分之六十）表示并不是太符合人类认知的直观，但数字表达是计算机最容易理解的语言，数字计算是计算机的长项。计算机处理数字上的方便使得统计方法目前仍是应用最多的，尽管应用者自己也许并不认为这种做法背后的原理和人的智能原理相似。

然而本书给出的语义分析路线的概称句处理方式的应用性如何呢？对于我们上面介绍的局部推理加排序的方式，除了刻画局部推理的逻辑外，这背后有语义定义的优先序规则，更符合逻辑研究思维规律的精神。就目前而言，这种方法还没有和实际应用相结合。然而，目前新兴的语义网理论与概称句的处理方式有很大的契合度，这预示着概称句处理方式及排序方式有很大的可应用空间。下一章我们将继续探讨语义网和前提集带排序的概称句推理之间的关联。

6.3.4 小释疑

在已有的概称句推理研究中，有众多的研究分支。其中一种是用概率方法去解释概称句。如 Cohen（1999）曾用概率方法很全面地探讨了概称句和概称句推理。基于这样的事实，本书有可能会遇到一种质疑：本书说概称句推理可以被用来解释归纳推理，而概率方法也被用来解释概称句推理；而另外，本书又说概称句解释是平行于概率解释处理归纳推理的新方法。这中间是否存在一个循环？

基于可能的质疑，作者可以说的是：

第一，概称句研究下有很多不同的刻画概称句推理的方法。本书给出的基于双正常语义的前提集带排序的推理是其中一种；Cohen（1999）概率方向也代表了其中的一种方向。从本书第二章的介绍中我们看出，概称句研究领域的主流方法仍是考虑在全称句基础上作限制，发展出了有延续性的“相关限制”“不正常限制”“典型说”“模态条件句方向”“带模态的典型说”“双正常语义”等多个研究分支；而概称句的概率解释则作为相对独立的一个研究分支出现，从第二章的分析中我们知道，概率解释并不能涵盖概称句的全部特征，因此在概称句推理研究中并没有被本书的研究者所采用。

第二，概称句研究可以有不同的研究方法恰恰提示我们：归纳推理和概率解释是可以分开的，概率解释只是归纳推理诸多可能解释中的一种而已。

另一点需要说明的是，本书强调概率解释和归纳推理研究的分离，不意味着要摒弃概率方法。正如前文所述，我们发现，概称句解释和概率解释有不同的处理范围。而事实上，由于概率方法的深入人心，概率已经成为人们的认知方式之一，如何协调概率方法和概称句视角是未来研究中不可回避的一个重要问题。

6.4 概称句推理视角下的休谟问题

6.4.1 休谟问题

休谟问题指的是如何来证明由已经验到的事例推出其断定范围超过这些事例的结论为合理的问题，也被称作归纳问题。它是英国哲学家大卫·休谟（David Hume，1711～1776）在其著作《人性论》（1740年）中首先提出并加以论述的。休谟的论述显示，在这个问题上，我们能找到的所有证明（演绎的与归纳的）都无济于事。

休谟论证的主要观点是：关于事实的知识当以因果关系为基础，只有因果关系才能使我们超出感觉和记忆的范围；对因果关系并不能先验地认识，只能借助于经验；要由经验得出超出经验的任何知识（包括因果关系的知识）又必须假设因果关系。可见，要证明超出感觉经验得到关于事实的知识的合理性是不可能的。

休谟指出，人类推理可分为两类：一类是有关观念间的关系的推理(relation of idea)，这类推理与物理世界是无关的，具有直观必然性，如“2+2=4”“单身汉是未结婚的人”等都属于这种类型的推理；一类是有关经验事实的推理，这类推理来源于经验，与第一种不同，可以找到反例，如“明天太阳会升起”“物体下落”“$E=mc^2$”等。

归纳法根据过去发生的事情推断将来要发生的事情，或者根据某个/某些对象的信息，推断某类对象的信息。这种推理是有关经验事实的，而所有有关经验事实的推理看来都建立在因果关系之上，有关因果关系不是通过先验获得的（priori），而是完全来自经验。因为果与因是完全不同的，因此不可能只根据因发现果。因此，归纳法不是第一种推理。而根据过去的经验，我们可以得到明确的对象在确定的时期的信息，而为什么这种经验可以被扩充到将来以及其他的对象上呢？这一切如果要成立，都依赖了一个前提预设：将来和过去的相似性。而来自经验的所有论断都不能证明这一条的合理性，因为这些论断都是建立在这一预设基础之上的。也许有人会说："也许我们不能证明它，但是既然成功地实践过上亿次，我们就接受它好了。"这一想法背后包含的推理是：

归纳法已经在过去是有用的；

因此，下一次我用它的时候还是有用的；

这是一个循环论证。我们来换个视角看看，如果我们接受的规律是"反归纳"（counter-induction）：

反归纳在过去从来没有有用过；

因此，下一次我们用它的时候它会有用的。

根据这条，我们有：

归纳法在过去一直是有用的；

因此，下一次我们用它的时候它就不起作用了。

这里也有一个循环论证。用反归纳来为反归纳作辩护。如果归纳法用你自己的方法来确认你自己的方法，为什么反归纳不可以？进一步的，如果你用你的方法来判断我的方法（的优劣），我也可以这样做。

以上就是休谟论述的要点。

一种对休谟的质疑是：你难道在现实生活中使用的是反归纳法吗？

对此，休谟的回应是：作为一个主体，我非常满意归纳法。但作为一个哲学家，我想了解这种推理的基础。我的答案是否定的。

6.4.2 概称句视角下的休谟问题

概称句推理的研究定位是日常推理，试图用逻辑学的方法找出一些人们（主体）日常推理中的（逻辑）规律，这某种意义上是一种客观的描述，描述目前人们正在进行的推理中有哪些规律。这种描述并不附带认为，我们正在进行的推理是合理的。

概称句最鲜明的特点是容忍例外，包含概称句的推理是非单调推理。这意味着研究之初我们就要求概称句推理要有容错能力。概称句视角下的归纳推理也是如此，这与归纳推理研究的古典时期要得到确定无误的结论有很大的差别。在这样的思路下，休谟问题对概称句处理方式并不会造成困扰。

然而，这不意味着休谟问题不存在了。休谟问题以及休谟问题所代表的思辨精神应该是一直保持的。同时，通过概称句推理（归纳推理）所得的规律在未来也可能随着一些重大的发现会有所改变，也可能在某一天出现逆转，尽管身在其中的人们在当下无法预见到怎样变化，何时变化。

6.5　本章小结

自现代归纳逻辑开创以来，概率方法一直是研究归纳推理的默认模式，以至于归纳推理的定义中都出现了概率字眼。作者指出，把归纳推理的结论加上一定的概率，是为了表达归纳推理结论的不确定性和推理的非单调性；而要想表达归纳推理的特性，并非只有概率方法一种，用概称句和包含概称句的推理来刻画归纳推理是另一种可行而十分自然的方法。同时，本章展示了概称句方法思路下的一种处理归纳推理的方法：刻画局部推理的逻辑加前提集的排序。这种处理方法顾及了大部分归纳推理的类型。

本章是概称句推理研究的衍生品，是偶然所得但又顺理成章。作者认为这一章所带来的观念上的改变意义重大。图 6 – 1 展示了作者研究过程中对归纳推理、概称句推理以及概率方法这三者关系的认知过程。作者最初考虑从归纳逻辑研究领域寻找可以刻画主要通过归纳得概称句推理的方法，就是概率方法。随着深入研读归纳逻辑研究领域的文献，考察历史上各归纳逻辑系统的本质，最终才发现，原来不是从已有的归纳逻辑研究领域借用方法，而是反过来，作者所做的概称句推理研究（几种类型都算在内）

整体上刚好可以用来研究归纳推理，于是有了图中箭头的反转。

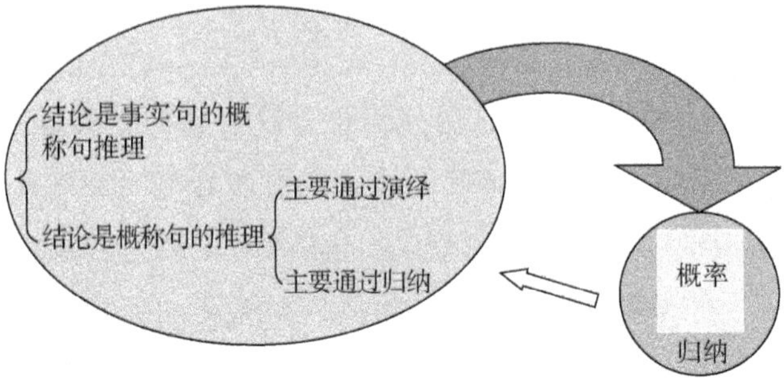

图 6-1　归纳推理、概称句推理、概率方法三者关系认知过程

第七章　概称句与语义网

6.3.3 中提到，新兴的语义网理论与概称句的处理方式有很大的契合度，本章将展开这一话题。本章分为三节：7.1 是背景知识，介绍从万维网到语义网的发展过程；7.2 介绍语义网分层系统中排序的作用；7.3 分析已有的概称句及其推理研究和语义网理论相结合的可能性。

7.1　从万维网到语义网

万维网（World Wide Web，简称 WWW）的出现很大程度上改变了人们的生活、交流和知识获取的方式。最初，计算机仅仅用于数值计算，而今则主要用于信息处理，我们已经习惯于通过网络查找和使用信息、联系他人和购买商品。然而，万维网也爆炸式地扩展了计算机的应用范围。怎样处理万维网背景下产生的海量数据，怎样从爆炸式发展的信息中迅速找到自己所需，目前依据概率统计方法的搜索引擎面临着很多问题，如：检索结果对词汇高度敏感；检索结果是单一的网页；搜索引擎的应用往往是孤立的，搜索结果不易被其他软件进一步处理。

造成这一现象的原因是万维网并没有提供某种机制，让机器也能参与信息的理解和整合，而这主要是因为传统的万维网中信息的提供者无法以机器可理解的方式来描述信息本身的含义。要改善这种状况，一种办法是用更容易被机器处理的表示方式来描述网上的内容，并采用智能方式来利用这种表示方法所提供的便利。而语义网（semantic web）概念就是在此背景下，由万维网之父蒂姆·伯纳斯·李（Tim Berners-Lee）于 1998 年提出的，他给出了语义网分层系统图（图 7-1）。语义网概念的核心是：通过给万维网上的文档添加能够被计算机所理解的语义，从而使整个互联网成为一个通用的信息交换媒介。语义万维网通过使用标准、置标语言和相关的处理工具来扩展万维网的能力。现有的语义网技术是由传统的知识库方法发展而来的，语义网与本体技术实际上是人类知识领域的概念标准化运动，这就涉及逻辑和推理技术。我们从图 7－1 看到，语义网分层系统中有一层专为逻辑而设，除此之外，作者认为本体词汇表、资源描述框架结构和可扩展置标语言结构等部分也都和逻辑有密切的关联。目前，语义网技术所依托的逻辑是基于一阶谓词逻辑的描述逻辑。

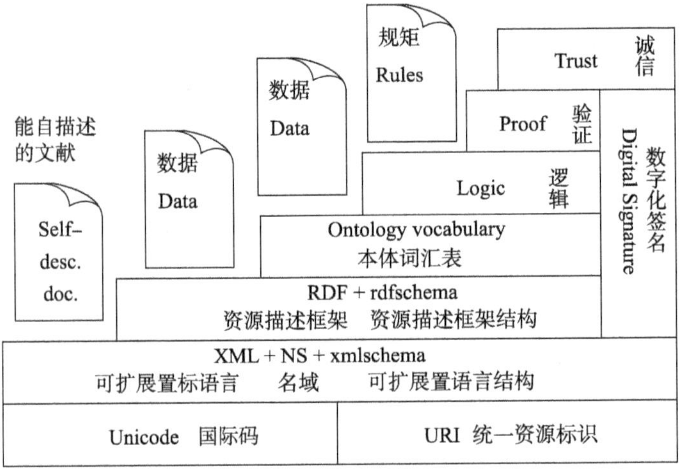

图 7－1 蒂姆·伯纳斯·李的语义网分层系统[①]

语义网技术为解决万维网上浩瀚的信息资源处理提供了技术基础。目前，语义网的发展受到了产业界的大力支持以及各国政府的大量资助。如欧盟和美国政府已经在语义网与本体技术上投入了大量的研究资金，其技术已经在垂直搜索技术和专业语义信息处理等方面成为国际标准，已经应用于生命科学领域（如大规模基因本体库）、出版领域（如 Dubin Core 标准和知识分类本体库）、医疗保健领域和文化传承领域。国际 IT 大公司如雅虎、eBay 和 IBM 等已经在语义网上投入了许多研究力量。

① 图片来自 http：//www.w3.org/2000/Talks/1206 - xml2k-tbl/slidelo-o.html，最后访问日期：2013 年 9 月 29 日。中文翻译部分有改动。

7.2 语义网与排序

在语义网分层系统中，排序起到了非常重要的作用，排序分布在分层系统的方方面面，以下简述其中的一部分。

（1）规则之间的排序。

《语义网基础教程》（安东尼奥、海尔梅莱茵，2008：124～125）中提到规则间的优先序。当已有的规则共用会产生冲突时启用优先序。该书中总结的优先序规则有三个：一条规则的来源可能比另一条更可靠更权威；一条规则可能比另一条更优先，因为它在时间上更近；一条规则可能比另一条规则更优先，因为它更特殊。

（2）从信息本身和信息之间的相互关联着手，评价语义网元素的重要性或流行性的排序问题和相应的算法。

本体的排序。语义网中有本体的概念，本体和网页不同，本体之间缺乏显式的链接，所以采用链接分析的方法就需要挖掘出本体之间隐式的关联。本体搜索引擎需要对搜索的结果进行排序。马里兰大学开发的 Swoogle 使用了类似于 PageRank 的链接分析方法，对本体的“重要性”进行评估并排序。所谓“重要性”反映了一个本体对于其他本体的影响力，这在一定程度上体现了本体的质量。除了“重要性”这个与查询无关的排序指标，南安普顿大学还提出了 AKTiveRank 排序算法，在 Swoogle 排序算法的基础上进一步考察本体的结构，并计算本体与指定的多个关键字之间的匹配度，从而给出更符合用户查询意图的本体排序结果。

词汇的排序。除了本体的排序，语义网还面临着更多的排序问题，词汇的排序就是其中一个重要的问题。在本体内部或跨越本体的边界，将词汇按照重要性排序，这为本体的呈现、理解和重用带来了帮助。

对实例层数据和实例之间的语义关联的排序。一些学者还提出了在语义网环境下对实例层数据和实例之间的语义关联的排序方法，这些排序问题都是传统的万维网中没有碰到的。

(3) 基于对主体的信任和主体信誉度的排序。

而目前语义网的另一个研究热点就是以语义网技术来描述主体（Agent）之间的社会网络、信任关系和人的信誉度。使用 FOAF 本体中的词汇，用户可以很方便地描述他和其他人的朋友关系，而通过使用 FOAF 的扩展词汇，还可以描述朋友之间的信任程度和人的声誉，并以此建立以人为基本单位的社会网络。可以预见的是，语义网中对信任和信誉度的研究将会对排序问题产生重要的影响：信息使用者往往偏向于采用他更信任的或信誉度较高的人提供的信息。如何在语义网环境下，将信息提供者和社会网络的因素与已有的排序方法相综合，这将成为未来重要的研究课题。

7.3 概称句与语义网

以上介绍了语义网出现的背景，语义网的分层系统以及语义网分层系统中体现排序的方方面面。本节我们探讨了概称句和语义网的关联。

语义网的提出是为了处理万维网背景下产生的海量数据，这些海量数据都是与人类生活的方方面面息息相关的。这就少不了用来表达日常生活中的知识以及信念等的概称句。然而，目前语义网背后的逻辑是一阶谓词逻辑基础上的描述逻辑，但这是不够的，需要进一步考虑把概称句加入结构之中。所幸的是，据作者所知，北京大学的博士生马丽正在做把概称句加入语义网之中的工作。

在 7.2 中我们看到，排序是语义网处理中的重要概念和方法，排序体现在各个方面，无论是规则之间的排序，还是信息本身和信息之间的排序，或者基于对主体信任和主体信誉度的排序。这说明，排序和排序算法是语义网后台运作的重要方法。联想概称句推理研究，本书通过基础逻辑加前提集排序的方法来刻画非单调的概称句推理。这可能意味着，如果把概称句及概称句的推理模式引入语义网开发之中，它们会有一个很好的融合。

目前，语义网仍处于发展起步阶段，研究结果还未被广泛使用，我们此时考虑加入概称句元素是非常好的时间点，如果等技术已经完全成熟并被广泛应用之后再考虑加入，工作量会增加很多。

参考文献

中　文

〔希〕安东尼奥、〔荷〕海尔梅莱茵：《语义网基础教程》，陈小平等译，机械工业出版社，2008。

邓生庆：《从古典归纳逻辑到现代归纳逻辑——穆勒、凯恩斯和莱辛巴赫的归纳逻辑理论》，北京大学哲学系博士论文，1988。

邓生庆、任晓明：《归纳逻辑百年历程》，中央编译出版社，2006。

李小五：《现代归纳逻辑与概率逻辑》，科学出版社，1992。

李小五：《何谓现代归纳逻辑》，《哲学研究》1996 年第 9 期。

李小五：《条件句逻辑》，人民出版社，2003。

刘奋荣：《非单调推理的逻辑研究》，中国社会科学院研究生院哲学系博士论文，2001。

刘壮虎：《素朴集合论》，北京大学出版社，2001。

毛翊：《条件句逻辑与邻域语义学》，张家龙等《理有固然》，社会科学文献出版社，1995。

叶峰：《一阶逻辑与一阶理论》，中国社会科学出版社，1994。

张立英：《概称句的语义分析及一种类型的概称句推理》，北京大学哲学系博士论文，2005。

张立英：《概称句推理与排序》，《逻辑学研究》2009 年第 2 期。

张立英、周北海：《基于主谓项涵义联系的概称句推理的几个逻辑》，《哲学动态》2004 年增刊。

张祥、瞿裕忠：《语义网中的排序问题》，《计算机科学》2008 年第 2 期。

周北海：《模态逻辑导引》，北京大学出版社，1997。

周北海：《概称句本质与概念》，《北京大学学报》（哲学社会科学版）

2004 年第 4 期。

周北海：《涵义语义与关于概称句推理的词项逻辑》，《逻辑学研究》2008 年第 1 期。

周北海、毛翊：《一个关于常识推理的基础逻辑》，《哲学研究》2003 年增刊。

周北海、毛翊：《微缩框架与常识推理基础逻辑系统 M 的完全性》，《逻辑与认知》2004 年第 1 期。(a)

周北海、毛翊：《常识推演——常识推理的形式刻画》，《哲学动态》2004 年增刊。(b)

邹崇理：《自然语言的逻辑研究》，北京大学出版社，2000。

英 文

Anderson, J. R., "A Theory of the Origins of Human Knowledge." *Artificial Intelligence* 40: 313 - 351, 1989.

Alchourrón, C. E, and Makinson, D., "Hierarchies of Regulations and Their Logic." *New Studies in Deontic Logic*, edited by Hilpinen, R., pp. 125 - 148. D. Reidel Publishing Company, 1981.

Asher, N. and Morreau, M., "Commonsense Entailment: a Modal Theory of Nonmonotonic Reasoning." *Proceedings of the Twelfth International Joint Conference on AritificialIntelligence*, edited by J. Mymopoulos, and R. Reiter, pp. 387 - 392. Los Altos, California: Morgan Kauffman, 1991.

Asher, N. and Morreau, M., "What Some Generic Sentences Mean." *The Generic Book*, edited by G. Carlson, and F. Pelletier, pp. 300 - 338. Chicago: The University of Chicago Press, 1995.

Bacchus, F., Grove, Adam J., Halpern, Joseph Y., and Koller, D., "Generating New Beliefs from Old." *Proceedings of the Tenth Conference on Uncertainty in AI*, pp. 37 - 45, 1994.

Blackburn, P., Rijke, M., and Venema, Y., *Modal Logic*, Cambridge,

New York: Cambridge University Press, 2001.

Boutilier, C., "Conditional Logics of Normality: a Modal Approach." *Artificial Intelligence* 68: 87 - 154, 1994a.

Boutilier, C., "Unifying Default Reasoning and Belief Revision in a Modal Framework." *Artificial Intelligence* 68: 33 - 85, 1994b.

Carlson, G. N., "Truth Conditions of Generic Sentences: Two Contrasting Views." *The Generic Book*, edited by G. Carlson, and F. Pelletier, pp. 224 - 237. Chicago: The University of Chicago Press, 1995.

Cohen, A., *Think Generic: The Meaning and Use of Generic Sentences*, Stanford, Calif, 1999.

Cohen, A., "Genericity." *Linguistische Berichte* 10: 59 - 89, 2002.

Dahl, Ö., "On Generics." *Formal Semantics of Natural Language*, edited by E. L. Keenan, pp. 99 - 111. Cambridge: Cambridge University Press, 1975.

Declerck, R., "The Manifold Interpretations of Generic Sentences." *Lingua* 68: 149 - 188, 1986.

Declerck, R., "The Origins of Genericity." *Linguistics* 29: 79 - 102, 1991.

Delgrande, J., "A First-order Conditional Logic for Prototypical Properties." *Artificial Intelligence* 33: 105 - 130, 1987.

Delgrande, J., "An Approach to Default Reasoning Based on a First-order Conditional Logic: Revised Report." *Artificial Intelligence* 36: 63 - 90, 1988.

Eckardt, R., "Normal Objects, Normal Worlds and the Meaning of Generic Sentences." *Journal of Semantics* 16: 237 - 278, 2000.

Ebbinghaus, H. D., Flum, J., and Thomas, W., *Mathematical Logic*, New York: Springer-Verlag, 1994.

Fagin, R., Halpern, J. Y., Moses, Y., and Vardi, M. Y., *Reasoning about Knowledge*, Cambridge, MA: The MIT Press, 1995.

Felscher, W., *Lectures on Mathematical Logic (II)*, Amsterdam, the Netherlands: Gordon and Breach Science Publishers, 2000.

Friedman, N. and Halpern, Joseph Y., "Conditional logics of belief *change.*" *Proceedings of the Twelfth National Conference on Artificial Intelligence*, pp. 915 – 921, 1994a.

Friedman, N. and Halpern, Joseph Y., "A Knowledge-based Framework for Belief Change, Part I: Foundations." *Theoretical Aspects of Reasoning about Knowledge: Fifth Conference (TARK' 94)*, pp. 44 – 64. San Francisco, CA: Morgan Kaufmann, 1994b.

Friedman, N. and Halpern, Joseph Y., "A Knowledge-based Framework for Belief Change, Part II: Revision and Update." *Principles of Knowledge Representation and Reasoning: Proc. Fourth International Conference (KR' 94)*, edited by J. Doyle, E. Sandwell, and P. Torasso, pp. 190 – 201, 1994c.

Gabbay, D. M., and Guenthner, F., eds. *Handbook of Philosophical Logic* 4, Kluwer Academic Publishers, 2002.

Gädenfors, P. "Belief revision: an Introduction." *Belief Revision*, edited by P. Gädenfors, pp. 1 – 20. Cambridge University Press, 1992.

Halpern, Joseph Y., "The Relationship BetweenKnowledge, Belief, and Certainty." *Annals of Mathematics and Artificial Intelligence* 4, pp. 301 – 302, 1991.

Heyer, G., "Generic Descriptions, Default Reasoning and Typicality." *Theoretical Linguistics* 11: 33 – 72, 1985.

Horty, J., "Defaults with Priorities." *Journal of Philosophical Logic* 36: 367 – 413, 2007.

Jackson, F., *Conditionals*, New York: Oxford University Press, 1991.

Kern-Isberner, G., *Conditionals in Nonmonotonic Reasoning and Belief Revision: Considering Conditionals as Agents*, Berlin: Springer-Verlag, 2001.

Krifka, M., Pelletier, F. J., Carlson, G. N., Meulen, A., Chierchia, G., and Link, G., "Genericity: an Introduction." *The Generic Book*, edited by G. Carlsonand F. Pelletier, pp. 1 – 124. Chicago: The University of Chicago Press, 1995.

Lehmann, D. and Magidor, M., "What Does a Conditional Knowledge Base

Entail?" *Artificial Intelligence* 55: 1 – 60, 1992.

Levesque, H. J., "All I Know: a Study in AutoepistemicLogic." *Artificial Intelligence* 42: 263 – 309, 1990.

Lifschitz, V., "On the Satisfiability of Circumscription." *Artificial Intelligence* 28: 17 – 27, 1986.

Makinson, D. and Gädenfors, P., "Relations Betweenthe Logic of Theory Change and NonmonotonicLogic." *The Logic of Theory Change*, edited by A. Fuhrmann, and M. Morreau, pp. 185 – 205. Berlin: Springer-Verlag, 1989.

Mao, Y., "*A Formalism for Nonmonotonic Reasoning Encoded Generics.*" PhDdiss., The University of Texas atAustin, 2003.

Mao, Y. and Zhou, B., "An analysis of the meaning of generics." *Social Sciences in China* (XXIV) (3), pp. 126 – 133, 2003.

McCarthy, J., "Circumscription-a Form of Non-monotonic Reasoning." *Artificial Intelligence* 13: 27 – 39, 1980.

McDermott, D. and Doyle J., "Non-monotonic Logic I." *Artificial Intelligence* 13: 41 – 72, 1980.

Morreau, M., "AllowedArguments." *Proceedings of the Sixteenth International Joint Conference on Artificial Intelligence*, edited by J. Mymopoulos, and R. Reiter, pp. 1466 – 1472. Los Altos, California: Morgan Kauffman, 1995.

Nute, D., "Topics in Conditional Logic." Dordrecht, Holland: D. Reidel Publishing Company, 1980.

Wang, P., "The Generation and Evaluation of Generic Sentences."《哲学动态》2004 年增刊, pp. 35 – 44。

Papafragou, A., "*On Generics.*" UCL Working Papers in Linguistics 8, 1996.

Pelletier, F. J. and Asher, N., "Generics and Defaults." *Handbook of Logic and Language*, edited by J. vanBenthem and A. ter Meulen, pp. 1125 – 1177. Cambridge, MA: The MIT Press, 1997.

Pelletier, F. J. and Asher, N., "A Philosophical Introduction to

Generics." *Kinds, Things and Stuff*, edited by F. J. Pelletier, pp. 3 – 15. Oxford University Press, 2009a.

Pelletier, F. J. and Asher, N., "Are All Generics Created Equal." *Kinds, Things and Stuff*, F. J. edited by Pelletier, pp. 3 – 15. Oxford University Press, 2009b.

Poole, D., "A Logical Framework for Default Reasoning." *Artificial Intelligence* 36: 27 – 47, 1988.

Poole, D., "The Effect of Knowledge on Belief: Conditioning, Specificity and the Lottery Paradox in Default Reasoning." *Artificial Intelligence* 49: 281 – 307, 1991.

Putnam, H., *Mind, Language and Reality*, Cambridge University Press, 1975.

Reiter, R., "A logic for Default Reasoning." *Artificial Intelligence* 13: 81 – 132, 1980.

Restall, G., *An Introduction to Substructural Logics*, London: Routledge, 2000.

Reichenbach, H., *The Theory of Relativity and a Prior Knowledge*, University of California Press, 1965.

Reichenbach, H., *The Theory of Probability: an Inquiry into the Logical and Mathematical of the Calculus of Probability*, University of California Press, 1971.

Rosch, E., "Principles of Categorization." *Cognition and Categorization*, edited by Rosch, E., and Lloyd, B. B., pp. 27 – 48. Hillsdale, N. J.: Lawrence Erlbaum, 1978.

Saint-Cyr, F. D., Duval, B. and Loiseau, S., "A Priori Revision." *Symbolic and Quantitative Approaches to Reasoning with Uncertainty (6th European Conference, ECSQARU 2001)*, edited by Benferhat, S. andBesnard, P., pp. 488 – 494. Berlin Heidelberg: Springer-Verlag, 2001.

Skyrms, B., *Choice and Chance: an Introduction to Inductive Logic*, Belmont, California: Wadsworth Publishing Company, 1986.

Spohn, W., "A GeneralNon-probabilistic Theory of Inductive Reasoning." *Uncertainty in Artificial Intelligence* 4, edited by Shachter, R. D., Levitt, T. S., Kanal, L. N. and Lemmer, J, F., pp149 - 158. Elsevier Science Publishers, 1990.

Veltman, F., *Making the Right Exceptions*, to appear.

Wobcke, W., "Belief Revision, Conditional Logic and Nonmonotonic Reasoning." *Notre Dame Journal of Formal Logic* 36, 1995.

Wobcke, W., "AInformation-based Theory of Conditionals." *Notre Dame Journal of Formal Logic* 41 (2): 95 - 141, 2000.

索　引

Y

Z

后　记

最早接触到概称句这个词是在2002年，那时候我在给自己的博士论文选题，恰逢我的导师周北海教授从美国访学回来，带回了这个新鲜课题。简单的了解之后觉得这正是我感兴趣的，于是就开始了与概称句的缘分。转眼之间，11年过去了。其间我博士毕业，从学生变成了老师。但对概称句问题的学习和研究一直持续着。我用博士三年了解到了概称句推理研究有多难，也自量其力地只选取了一种类型的概称句做研究对象，留下了更难的类型待"进一步的研究"。毕业之后，走上讲台。未完待续的概称句推理问题时不时地出现在脑海之中，备课中，与学生交流中，灵感时而显现。8年的时间，看看、听听、想想、说说，进一步的研究细水长流式地继续着。而今，又到了总结的时候。

我不认为这是一个最终的总结，正如非单调的概称句推理一样，这里得到的只是暂时的、依赖于有限信息的"局部推理"的结论。但是，这却是我当下的所思所想。我勇敢地呈现给大家，期待大家的批评指正，以期未来它能变得更精确和完善。

最需要说的是感谢。感谢我的导师周北海教授，是您引领我进入概称句研究领域，也是您引领我进入逻辑学领域。感谢我的老师刘壮虎教授，每次向您请教问题都让我茅塞顿开，最需要感谢的是您教授我们的逻辑学课程，给我们做研究打下了坚实的基础。感谢毛翊博士，是您关于概称句研究的博士论文打开了我对概称句研究现状的国际视野，我从中获益良多。感谢Frank Veltman教授，在荷兰访学期间您定期和我交流概称句推理问题使我受益匪浅。感谢陈波老师、陈慕泽老师、刘晓力老师、邢滔滔老师、王路老师、徐明老师、叶峰老师、张家龙老师、张清宇老师给我的教导、建议和鼓励！感谢我的师姐师妹师兄师弟们给我的支持和温暖。感谢我的学生们，是你们激发了我点点滴滴的灵感。

感谢国家社会科学基金后期资助项目（11FZX025）的资助，使这一研究成果得以出版。

感谢社会科学文献出版社的魏小薇老师、李建廷老师和其他为本书付出艰辛劳动的各位老师们，没有你们，就没有这本书！

张立英

2013年8月9日于家中

图书在版编目(CIP)数据

概称句推理研究/张立英著. -- 北京：社会科学文献出版社，2013.11（2017.9 重印）
（国家社科基金后期资助项目）
ISBN 978-7-5097-5183-1

Ⅰ.①概… Ⅱ.①张… Ⅲ.①句法-语言逻辑-研究
Ⅳ.①H043

中国版本图书馆 CIP 数据核字(2013)第 246011 号

·国家社科基金后期资助项目·
概称句推理研究

著　　者 / 张立英

出 版 人 / 谢寿光
项目统筹 / 宋月华　魏小薇
责任编辑 / 李建廷　孙以年

出　　版 / 社会科学文献出版社·人文分社（010）59367215
地址：北京市北三环中路甲 29 号院华龙大厦　邮编：100029
网址：www. ssap. com. cn
发　　行 / 市场营销中心（010）59367081　59367018
印　　装 / 北京京华虎彩印刷有限公司

规　　格 / 开　本：787mm × 1092mm　1/16
印　张：12.25　字　数：187 千字
版　　次 / 2013 年 11 月第 1 版　2017 年 9 月第 3 次印刷
书　　号 / ISBN 978-7-5097-5183-1
定　　价 / 48.00 元